修订版

Gonggongguanxixue

公共关系学

范铨远 张晓舟 贺 玲 编著

四川大学出版社

责任编辑:汪　萍
封面设计:刘梁伟
责任印制:王　炜

图书在版编目(CIP)数据

公共关系学/范铨远等编著. —3版. —成都：四川大学出版社，2001.8（2007.2重印）
ISBN 978－7－5614－2195－6

Ⅰ.公…　Ⅱ.范…　Ⅲ.公共关系学　Ⅳ.C912.3

中国版本图书馆CIP数据核字（2007）第017740号

书名　**公共关系学（修订版）**

作　者	范铨远　张晓舟　贺　玲
出　版	四川大学出版社
地　址	成都市一环路南一段24号(610065)
发　行	四川大学出版社
书　号	ISBN 978－7－5614－2195－6
印　刷	郫县犀浦印刷厂
成品尺寸	140 mm×202 mm
印　张	9.125
字　数	224千字
版　次	2003年1月修订第3版
印　次	2019年12月第15次印刷
定　价	25.00元

◆读者邮购本书，请与本社发行科联系。
电话：(028)85408408/(028)85401670/
(028)85408023　邮政编码：610065
◆本社图书如有印装质量问题，请寄回出版社调换。
◆网址：http://press.scu.edu.cn

内 容 提 要

公共关系学是本世纪初诞生的一门新兴学科，它被誉为是一门建树良好组织形象、协调组织内外关系、扩大组织知名度、提高组织美誉度的艺术。本书不仅系统地从理论上介绍了公共关系的概念、性质、职能、机构设置、工作程序，分析了公共关系的对象特点和工作重点，而且精心从国内外公共关系活动的经验中选用了许多典型事例来对理论进行深入浅出的说明。尤其是突出了公共关系人员素质培养、公共活动的组织等实践性、应用性较强的章节。对公共关系活动的具体要求、方法和技巧作了尽量详尽、具体的介绍。本书由四川省高等教育自学考试委员会指定为高等教育自学考试文秘专业必读教材。

目　　录

第一章　导　　论

我们党的工作重点转向经济建设后，社会经济生活和政治生活日益活跃，各种社会交往更加频繁，社会关系日趋复杂。在社会主义市场经济环境中，如何协调上下左右和内外的关系，成为许多社会组织必须解决的重要课题。此时，公共关系作为西方的一种先进的经营管理方式和艺术，随着改革开放大潮而引进我国，就成为势之必然。

公共关系学虽然是20世纪初诞生的一门新兴学科，但是它在当今世界的经济活动、政治活动和文化活动中却发挥着极其重要的作用。它不仅在各种商业性社会组织的经营管理中受到青睐，而且也受到了许多国家政府机构的重视，被广泛运用于国际交往和国内管理活动之中。实际上，公共关系在发展过程中，早已超出市场营运、经营管理和传播宣传的范围，而对社会的政治民主化和市场经济条件下的新型道德的发展，都具有不可忽视的重要意义。

第一节　公共关系与公共关系学

在现代社会活动中，任何组织都不可能成为独立于社会联系之外的一个封闭系统。如何平衡和协调自己组织与外部的各种联系，减少矛盾和摩擦，获得理解和支持，是每一个社会组织都面临的公共关系问题。对这一问题的不同处理方式，成为一个社会组织是否具有现代意识的一个重要分野。

一、国内外对公共关系的理解和认识

一个现代社会组织，不论其是否愿意，都必然和社会存在千丝万缕的联系，并且有一整套处理好这种关系的方法和技巧。中国文化源远流长，又较注重人际关系，因此在传统文化的土壤里发展起一整套“关系学”，就成为自然而然的事情了。当“公共关系学”传入中国，有人把它和国粹的“关系学”等同起来，认为中国早已有之，无非就是“拉关系”、“走后门”、“请客送礼”、“礼尚往来”那一套。因此，有人欲借“洋关系学”为自己的不正之风辩护、撑腰，也有人认为要抵制“新的不正之风”，也就毫不令人奇怪了。因为仅从字面上看，英文“Public Relations”可以译为“公众关系”、“公共关系”和“群众关系”，也有人主张译为“公众联络”。不论怎么译，它所涉及的都是一个社会组织与其他有关的社会组织以及有关的个人之间的关系。因此，按照中国的传统文化和传统做法，自然而然就把它等同于搞好外部关系的“关系学”了，把它等同于交际、接待、联络、应酬了。因此而派生出种种误解，或认为“公共关系活动”只与企业和商业活动有关，或认为“公共关系活动”就是聘请“漂亮小姐”、“风度先生”周旋应酬于交际场中。

也有人对“公共关系”有较多理解，知道它是扩大组织知名度、建树组织形象的一门科学和艺术，但是又把它等同于一般社会组织的宣传和商品的广告。

不用说，上述理解都是错误的和片面的，为了准确地理解公共关系，我们先介绍一下有关公共关系的定义。

给公共关系下定义似乎是一件简单的事情。但是，由于公共关系本身是个相当复杂的事物，加上公共关系的内容和活动、研究范围随社会发展而不断变化，以及下定义的专家学者所站的角度不同，对公共关系体验的深度不同，强调重点亦有所不同，因此，目前还没有一个全世界公认的、统一的定义。在基本认识一致的基础上，存在着各种五花八门的定义。尽管一些专家和学者曾为了有一个统一的、简明的定义，做过专门研究，希望提出一个大家能普遍接受的定义，但是最后还是未能如愿。下面我们就介绍几种经常被人们所引用的定义。

美国贝逊企业管理学院公共关系学系主任坎菲尔德（R·Canfield）是公共关系学的理论奠基人之一。他认为："公共关系是一种管理哲学，在所有决策及行动上都以公众利益为本，这一原则应贯穿在政策中，并向大众阐明，以期获得他们的谅解和信任。"

英国公共关系专家杰弗金斯（Frank Jefkins）给公共关系下的定义是："精心准备，按照计划并持续不断地努力建立和保持某个组织和它所面向的公众之间的相互理解。"

美国《公共关系新闻》下的定义是："公共关系是一种管理职能，它分析公众态度，以公众利益为基点来确定个人或组织的方针和工作程序，并实施具体行动来赢得公众的理解和信赖。"

《韦伯斯特二十世纪新辞典》1976 年第二版给公共关系下的定义是："公共关系：通过宣传与一般公众建立的关系；公司、组织或军事机构等向公众报告它的活动、政策等情况，企图建立有利的公众舆论的职能。"

《大英百科全书》则从公共关系工作的内容来揭示其定义："公共关系是旨在传递关于个人、公司、政府机构或其他组织的信息，以改善公众对他们的态度的政策和活动。公共关系部或公共关系公司的主要任务是发布新闻；安排记者招待会；回答公众的投诉，规划对社区活动的参与；准备电影、宣传资料、雇员刊物、给股东的报告以及标准信件；规划广告项目；规划展览会和参观访问；调查公众舆论。"

美国的哈罗博士（R·Harlow）于 1976 年在查阅了各种有关公共关系的书籍和杂志，并向 83 位公共关系领导人征求了对公共关系的意见后，搜集到 472 条理解公共关系的定义。他综合这些定义的主要内容，提出了一个冗长的定义：“公共关系是一种特殊的管理功能，它帮助一个组织建立和维持与其公众之间的相互沟通、认可和合作；涉及对问题或争端的处理；使管理部门了解民意并对之做出反应；规定和强调管理部门为公共利益服务的责任；帮助管理部门及时觉察并有效地利用发生的变化，从而起到早期警报系统预测趋势的作用；运用调查研究和健全的、合乎道德的传播技术作为其主要工具。”

1978 年 8 月在墨西哥城召开的世界公共关系协会大会上，会员们通过了下述定义：“公共关系的实施是一门艺术和科学，它分析趋势，预测后果，向组织领导提出建议，并执行一系列有计划的既为组织又为公众利益服务的行动方案。”

台湾地区的公共关系专家祝振华提出：“公共关系学，是以促进了解为基础，内求团结、外求发展的管理哲学。”

复旦大学的传播学专家居延安提出：“公共关系是一个社会组织用传播的手段使自己与公众相互了解和相互适应的一种活动或职能。”

中国社会科学院新闻研究所公共关系课题组下的定义是：“所谓公共关系，就是一个企业或组织，为了增进内部及社会公众的信任与支持，为自身事业发展创造最佳的社会关系环境，在分析和处理自身面临的各种内部和外部关系时，采取的一系列科学的政策与行动。”

除了这些较严格的定义，在公共关系实践中还产生了一些通俗易懂的表达：

“争取对你有用的朋友。”

“帮助一个机构和公众的沟通。”

“公共关系就是促进善意。”

“公共关系就是讨公众喜欢。”

“公共关系就是说服公众的技术。”

从上述定义中，我们至少可以概括出这样几点：

公共关系活动的主体：一个社会组织。

公共关系活动的客体：与该社会组织有关的内部和外部公众。

公共关系活动的直接目的：促进公众对组织的理解、支持和合作。

公共关系活动的间接目的：提高组织活动的效益。

公共关系活动的性质：是一门处理公众关系的科学和艺术。

公共关系活动的特点：按照计划而进行的持续不断的努力和活动。

综上所述，我们可以这样来理解：所谓公共关系，是一个社会组织为了促进相关的公众对它的理解、合作和支持，而采取的一系列有计划的努力和活动。

这里之所以不说公共关系主体是一个企业，是为了说明公共关系是任何社会组织都需要的。之所以说“相关的公众”，是表明任何社会组织的公众都是特定的，而不是泛泛的。之所以说“一系列有计划的努力和活动”，一是为了表明公共关系活动的自觉性特点，以便与自发活动相区别；二是为了说明公共关系活动方式和内容很丰富，并不局限于传播和沟通，或某几项具体方式；三是为了说明公共关系活动是一种持续不断的工作。而且可以预见，随公共关系活动的深入发展，其活动方式会越来越丰富。我们之所以没说它是管理科学或职能，是因为它具有综合学科的性质，是一门边缘学科。

二、公共关系的进一步辨析

尽管按照传统的思维习惯，我们对一门学科的理解喜欢从它的定义入手。但事实上，定义永远都无法准确地概括一门学科丰富的内容。因此，定义永远都只能是引导我们入门的一支拐杖，而不是限制我们研究和活动范围的最后界限。

当我们更深入细致地考察通常所说的公共关系时，就会发现对公共关系至少还可以做出五种更细的区别。

首先，公共关系指的是组织与公众之间的一种状态。任何社会组织，无论它愿意与否，或者自觉与否，它都必然与其公众有着某种特定的联系。处在这种联系中的社会组织与它的公众之间就有一种公共关系状态。这种公共关系状态可能是良好的，也可能是恶劣的；可能是平衡的，也可能是矛盾的。当该组织及其领导人没有意识到这种状态的存在，没有进行有目的的改善活动时，这种公共关系状态就是自然的，并自发地随组织的行为发展和公众的态度发展而变化。当该组织及其领导人意识到这种状态的存在，并有计划地去改善这种状态时，这种公共关系状态就属于自觉的公共关系状态。正如美国希尔－诺顿公司的董事长约翰·希尔所说："每一家公司都有公共关系业务，纵使资本家不重视舆论，只要他所经营的公司具有公司的名义，便必然有公共关系状态的存在。这是不可否认的事实。然而，企业家要着手改善公共关系状态时，其公共关系便又有一种新的意义了。"

其次，公共关系代表着一种观念或意识。随着市场经济、社会民主和现代文明的发展，社会组织及其领导人越来越认识到公众的重要性和社会组织的责任。当企业的经营指导思想由目光短浅的惟利是图转到注重长远效益时，当企业的经营指导思想不仅考虑利润，也考虑到社会责任时，公共关系观念和思想就产生了。它表明一个组织开始意识到它的活动必须符合公众的利益要求，必须争取公众和舆论的理解与支持。公共关系观念或意识主要是指在以公众利益为前提的基础之上产生的一种服务意识、沟通意识、信誉意识、形象意识和未来意识。实际上，公共关系工作就是在这种意识指导下展开的。

第三，公共关系更多是指公共关系活动。公共关系活动是一个社会组织有意识地、自觉地采取某些措施去改善自己与公众的关系状态的努力和活动。公共关系活动可以分为两种。一种是在传统经验范围内展开的，即类似自古以来就存在过的各种组织为改善自己与公众关系而努力的活动。在中国的传统“关系学”中也不乏努力争取公众理解、博取公众好感的经验和活动。一种是在现代公共关系意识指导下进行的公共关系活动。这两种意义上的公共关系活动实际上是不可同日而语的。现在之所以有人把公共关系活动的历史追溯到中国古代和古希腊、古罗马时代，其关键就是混淆了这两种公共关系活动的差别。

还有人提议把公共关系活动分为两类，一类是日常性公共关系活动，一类是专门性公共关系活动。这些人认为前者是指改善公共关系状态，人人都可以做的那些日常活动；后者指有计划、有系统地运用公共关系技术去达到公共关系目的的专门性活动。我们认为，后一种专门性活动实际上就是公共关系工作，即由一定的专职公共关系机构和公共关系从业人员所从事的、系统运用有关技术和手段、有计划地实现公共关系目的的专门性活动。因此把这两种活动的差别定为公共关系活动和公共关系工作的差别更为合适。

第四，公共关系经常也用来指公共关系技术。公共关系既然有理论、有活动，自然也就有技术。在一些公共关系工作者眼中，他们更愿意把公共关系当成是一门改善组织与公众关系的技术。日本电通广告公司的首任公共关系部长田中宽次郎指出：“所谓公共关系，就是 good public relations（良好的公共关系状态)，亦即与社会保持良好关系的技术。”有人认为，说成技术还贬低了公共关系，干脆说它是一门艺术。例如，在《韦氏第三版新国际词典》中，就直截了当地把公共关系说成是“发展相互了解和良好意愿的艺术或科学”。事情确实如此，公共关系工作要激发公众对一个组织的兴趣，促进其对组织的了解、关心、信任和支持，仅仅依赖于良好的态度和愿望显然远远不够，还必须依赖于一整套行之有效的技巧和方法，依赖于公共关系人员的素质和能力。考虑到社会关系的复杂性、人的心理的丰富性和变化性，把公共关系说成是艺术，是一点儿也不过分的。

最后，公共关系时常也成为公共关系学的代名词。换言之，公共关系又是一门学科，是一门总结公共关系工作经验，指导公共关系工作，研究人们怎样达到公共关系目的和系统进行公共关系活动的学科。公共关系学是一门综合性很强的边缘学科，其形成和发展与管理学、传播学、市场学、社会学、心理学等学科有极密切的关系。公共关系学的研究范围有三大领域：历史、理论、应用。从历史来看，它研究公共关系的起源、产生条件、发展趋势，研究公共关系发展的特点和范围的变化等；从理论来看，它研究公共关系的对象、任务、职能、机构设置等，还包括研究相关学科的理论和方法的借鉴移植；从应用来看，它研究公共关系实务所需的技巧和方法，包括案例分析和经验总结，它还研究各种具体业务活动开展的条件和特点。

在现实的公共关系活动中，有时没有必要做严格的五种意义上的划分，公共关系的根本特点代表了它们的一致性。但是有时如果不做上述五种意义上的划分，则可能造成概念和理论上的混淆，引起一些不必要的麻烦和误会。所以，我们在概念上对各自的范畴做了大致的表述。

三、公共关系活动的基本宗旨

现代的公共关系活动是在公共关系意识和观念指导下进行的，这种公共关系观念的核心是讲究信誉，注重形象。这种指导思想就决定了公共关系活动的基本宗旨、基本特征和工作准则。

在商品经济社会中，一切社会组织的活动都是围绕特定利益而展开的。任何社会组织与其公众之间的关系也建立在一定的利益基础之上。组织和公众之间由于在利益上有着某种共存性，才能使彼此联系起来。这种共存性可表现为利益的一致性、共同性，也可表现为相互依赖性。而无论是一致的利益，还是相互依赖的利益，都存在一个组织与公众之间如何进行利益分配和维护彼此利益的问题。在现代公共关系活动产生之前，组织可以只注重自己的利益，忽略公众的利益，侵占和掠夺公众的利益，为达目的甚至采取坑、蒙、拐、骗的手法，当然，此时的组织也可能为了某种目的而较注重照顾公众利益。但无论是组织还是公众，都还没有将此视为组织活动的基本宗旨。然而公共关系活动则基于对这种相互依存关系的自觉认识，明确提出了自己的宗旨：组织在维护自己利益的同时，还必须维护公众的利益，履行自己的社会责任。

由公共关系观念所指导，由公共关系基本宗旨所规范的公共关系活动，其意图在于不断改善组织与公众之间的公共关系状态，引导和促使公众理解组织的活动、支持组织的活动。要想公众支持组织的活动，理解是前提。理解又基于有效的意见交流。一方面，需要组织积极地向外传播，介绍组织的有关情况，向公众说明和解释自己的活动；另一方面也需要组织了解公众有哪些意愿和需求，以便根据公众的意愿去设计自身形象。此外，还需要组织了解公众有哪些意见和抱怨，以便对组织活动进行调整，对某些误会进行澄清。对公共关系活动的这一要求，在公共关系实践中，逐步演变成公共关系活动的一个基本特征：双向沟通，相互作用。

公共关系活动中的双向沟通、相互作用这一基本特征，并不是公共关系活动一产生就有的，而是在实践中逐步形成的。在20世纪初，公共关系活动的侧重点是“宣传自己”，以影响公众的舆论和防止公共商业政策的变化，在一定程度上具有影响和操纵舆论的性质，因此其基本特征是“单向劝服”。这种特征的公共关系活动一直持续到第一次世界大战期间。

20世纪30年代末，民主意识和大众传播媒介的进一步发展，使公共关系活动由单向劝服发展到双向交流。此时，公众不再只是听任组织宣传的消极的一方了，他们也需要向组织表明自己的言论，要求组织听听公众的反映和要求。社会组织只有用实际行动才能赢得公众的信任和理解。哈伍德·T·蔡尔兹此时出版的著作提出了与传统定义解释相对的公共关系定义：公共关系的实质是“不是陈述一个观点，不是调整训练思想态度的艺术”，而是“为了公共的利益，协调和修正我们个人和企业那些具有社会意义的行为”。[①] 公共关系活动这一基本特征的形成，不仅使公共关系活动发展到一个成熟的阶段，也促进了公共关系活动的迅速发展，为今天的公共关系活动奠定了坚实的基础。

公共关系活动的第二个基本特征是真诚合作、互利互惠。当由于商品经济的发展而形成广泛的买方市场时，组织在激烈的生存发展竞争中日益认识到，公众不再是受人愚弄的群氓，他们的选择和支持足以造成一个组织的毁灭或发展。任何组织不择手段、不计后果的坑蒙拐骗行为尽管也可促进其得逞于一时，但是最终只能是搬起石头砸自己的脚。而争取公众选择自己和支持自己最好的方式就是力求与公众真诚合作、互利互惠。组织不能只

① 《公共关系译文集》，《开发》1987年总第10～11期，第8页。

靠广告和宣传，更不能采取虚情假意的欺骗行为和临时性行为，为了长久的发展，必须是真心诚意地与公众合作，赢得理解和支持。

公共关系活动的宗旨和基本特征，决定了公共关系活动中的工作准则如下：

1. 尊重事实，实事求是。公共关系活动不是广告宣传，而是取信于民的活动。因此强调一切活动都必须以事实为依据，有一说一，有二说二，不文过饰非，不夸大其词，不弄虚作假。

2. 对公众负责，对社会负责。公共关系活动是建树组织形象的活动。一个组织要想建立和维持良好的组织形象，就必须采取对公众负责和对社会负责的言论和行为。因为任何组织都不仅是经济实体，而且是社会大家庭的一员，因此，它必须承担起自己作为社会成员的义务和责任。

3. 着眼于长远利益，着手于平时努力。公共关系活动是一项有计划的系统工程，它是从组织的根本利益出发而谋求发展的活动。因此在制定计划和进行公共关系活动时，要着眼于未来，注重长远利益，不能让眼前利益和暂时利益影响了长远利益。一个组织要赢得公众信任，要建立良好的组织形象，远非一朝一夕就能完成，而需要长期的辛勤劳动，日积月累方能完成。因此公共关系活动又重在平时，贵在积累。决不能把公共关系活动当成救急保险，“平时不烧香，临时抱佛脚”。急功近利，是公共关系之大忌。

4. 公开事实真相，实行门户开放。公共关系活动要赢得公众的理解和支持，在民主和开放的时代，就必须尽可能为公众提供充分的信息。除了涉及机密，应尽量公开事实真相，并欢迎公众参观、访问，了解组织的有关活动、政策、措施。即使工作中出了差错和事故，也应公开事实真相，公布补救措施，以消除隔阂、减少误会、增进理解。

第二节 公共关系学的学科地位

公共关系学作为一门新兴边缘学科，它的发展有一个特别优越的条件，就是能博采众家之长，广泛吸收其他学科的经验和理论成果来丰富自己。同时，这也给它带来一个麻烦，就是使它学科地位的独立性受到怀疑。有人根据公共关系学的主要特点，或让它归属于管理科学，或让它隶属于传播学，或将它划入市场学的范围。其实，公共关系学由于自身的发展和成熟，已经具有独特的性质、特点，独立的研究对象和研究范围。因此应将其视为一门独立于其他学科的新兴综合性学科。

一、公共关系学与相邻学科的关系

公共关系活动最初是由经济活动和传播活动发展而来的，这就注定了公共关系学与市场学、管理学、传播学关系最密切。正是由于这一特点，有人将公共关系学视为这三门学科的分支。那么，能否这样看呢？从公共关系学在实践中的发展和运用来看，它是一门同各类公众以各种形式组织起来的与人打交道的科学和艺术。它必然需要从各种研究人类活动的学科中去汲取自己的营养和养料，诸如经济学、哲学、社会学、社会心理学、伦理学、法学、历史学、统计学、广告学等等学科。那么，可否因此而将它视为这些学科的分支呢？显然不能。下面我们分别来看公共关系学与市场学、管理学、传播学的关系。

随着商品经济的发展，商品的生产供给大大丰富，企业和厂家都需要开拓更广泛的商品市场。以生产厂家为中心的“产品中心地位”逐步让位于以消费者为中心的“市场中心地位”。为了争取更多的顾客和消费者，占领更广阔的市场，扩大企业的生产经营规模，就必须对市场需求在量和质上的重大变化以及发展趋势做出相应的反应。这种对市场研究的需要和大规模研究市场问题的活动，促使了市场学的诞生。市场学是研究现代市场经营活动的一门新兴学科。它以研究市场营销为主，研究产品购销的组织活动及市场变化规律，研究市场调查和市场预测的技术和方法，研究市场经营策略和市场管理等。它的研究对象主要是消费者，包括消费者的购买能力、购买模式、购买动机、购买方式、服务要求等。它的研究目的是为了让企业采取相应的策略，尽可能吸引更多的顾客。因此，它实质上是进行促销策略研究的一门科学。

公共关系学与市场学有许多共同之处。在目标上，它们都关注组织的生存和发展；在方式上，都要创造性地满足社会的需要；在研究对象上，都要涉及消费者和市场变化的规律；在观念上，都具有西方合理利己主义精神和适者生存的精神，认识到利他必能利己；在努力方向上都不仅关注现在客户，也注意开发潜在客户。正是这些共同之处，使这两门学科能够相互借鉴理论、经验和方法，相互促进发展。公共关系学的发展，改变了市场营销的传统观念和传统做法，而市场学的发展，又丰富了公共关系学的理论，并为之提供了研究市场、研究消费者的技术和方法，提供了适应社会需要的新鲜经验。由于现代市场竞争已从产品的品种、质量、价格等方面的竞争，发展到组织形象的竞争，它们在建树组织形象上也有许多共同点。正是因为如此，有人才会将它们混为一谈。其实它们还有许多不同之处。一是公共关系活动的范围比市场经营研究的范围更大、更丰富，除了市场营销外，还有生产管理、人事管理、社会交往、公共传播等。二是公共关系活动所针对的对象更多，除了消费者外，还有各种内部公众和其他外部公众。三是公共关系活动的直接目标是建树组织整体形象和声誉，而市场营销的目标则是实现组织的经营目的。四是公共关系活动不具有明显的赢利性质，而市场营销的功利性质十分明显。因此公共关系活动和市场营销组织是两大不同的、但却互补的功能。这也就决定了公共关系学是与市场学相关但又相区别的一门学科。

任何时代、任何组织都离不开管理。按照美国管理学者小詹姆斯·H·唐纳利的观点，管理就是由一个或更多的人来协调他人活动，以便收到个人单独活动所不能收到的效果而进行的各种活动。用通俗的话来说，管理是指对人、物、事等组成的系统的运动、发展和变化，进行有目的、有意识控制的行为。管理学则是对有效管理的探索和研究，是对管理职能、管理组织、管理系统、管理行为、管理原则和管理活动的科学概括和总结。

管理活动，是社会组织最古老、最基本的活动之一。在长期的管理活动中发展起来的管理学，经过“早期管理理论”、“科学管理理论”、“现代管理理论”和“最新管理理论”四个发展阶段，在计划工作、组织工作、控制活动、人员配合、领导和激励员工方面，积累了丰富的经验和知识。这些知识和经验对公共关系学中一些相关理论的发展奠定了基础。尤其是管理学中关于“经济学”、“社会人”、“自我实现的人”、“复杂人”的理论，为公共关系学处理人际关系、调动员工积极性、协调内外关系提供了经验和理论。反过来，公共关系学的发展，以其注重民主化、公开化的原则，丰富的协调人际关系的理论，又推动了管理学理论的发展。

但是，二者毕竟是不同的学科。在直接的目标上，管理学更注重的是组织的秩序和效率，公共关系学更注重的是组织的信誉和形象。在研究范围上，管理学偏重于组织内部环境中各种事物的运转情况，公共关系学侧重于组织外部环境的协调、理解和支持。在具体手段上，管理学注重指挥和领导，公共关系学注重传播和沟通。因此，在性质上，管理学是研究有意识控制组织活动的学科，公共关系学是研究争取公众信任的学科，二者是不同的。

传播学是研究人类的各种传播行为和传播过程的发生、发展规律的科学。传播学研究的主要内容有传播现象的产生和发展的历史；社会中存在的各种传播模式；传播内容的结构，符号的意义和特点；传播中自我传播、人际传播、团体传播和大众传播等传播形式；传播的特点、功能和效果等。

公共关系学是在大众传播媒介普及的基础上发展起来的，本身也以传播作为自己的重要职能和手段，因此和传播学有千丝万缕的联系是毫不奇怪的。传播学的理论和应用研究，为公共关系中的传播活动提供了技术、技巧，提供了模式和方法，揭示了传播的规律和特点，有力地推动了公共关系的实践活动和公共关系学的研究。反之，公共关系学也以自己的经验丰富了传播学的传播模式和理论。再加上传播学也是一门综合性学科，它同样与政治学、管理学、心理学、逻辑学、社会学、行为科学有较密切的关系。因此，传播学和公共关系学还有着学科理论上的共同之处。

但是，这两门学科同样属于不同性质的学科。尽管两者都注重沟通的渠道、特点和效果的研究，但是传播学是以此为目的，而公共关系仅以此为建立形象的手段，更不用说在研究对象、范围、特点上的诸多不同了。

显而易见，把公共关系学作为任何一门学科的分支都是不正确的。不能因为它和某一学科联系较多，就将其归属于某一学科。也许，它在发展初期，曾在某一学科的襁褓中。但随着它自身的发展，现在它已成为一门成熟的学科，需要独立地研究人类社会活动中的某一特殊领域和对象，而且它也能胜任这一要求。将它强行划入任一学科的企图都将限制它的发展，因而是不恰当的。随着它被广泛运用，它的独立的学科地位必将更加牢固。因此，我们认为它是一门独立的综合性学科。

二、公共关系活动与类似活动的区别

公共关系活动作为建树组织形象、协调内外关系的一种活动，常需要借助和利用现有社会活动中一些相关的活动渠道和活动模式。这是由这些社会活动的共同性、相关性和继承性所决定的。由于这一特点，人们常常把公共关系活动和这些活动混淆或等同起来。公共关系活动借助最多、也最易发生混淆的社会活动主要有宣传、广告和交际。

宣传是有意识地采用某些传播工具，对某一信息进行传播、讲解和说明，以期达到鼓动和说服群众的目的的活动。宣传是社会组织和个人引起注意、扩大影响、引导群众行为的重要手段。宣传活动很早就见诸人们的经济、文化、政治、宗教等活动中，长期的实践使人们积累了丰富的宣传理论、经验和技巧。公共关系活动也要进行宣传，因为它也需要引起公众注意、扩大组织影响、引导公众行为。因此，它必然要利用在宣传活动中发展起来的各种传播工具，运用宣传活动积累的理论、经验和技巧。筹划宣传并且考虑宣传效果是公共关系活动的一个重要内容。国外一些公共关系专家根据公共关系活动的历史，认为公共关系活动实际上是由宣传演变过来的①。在这种背景下，人们把宣传和公共关系混淆起来，就不足为怪了。

但是，公共关系活动毕竟不等于宣传活动，它们在性质、内容、方式上都有较大区别。首先，公共关系中的宣传只是公共关系活动的内容之一，宣传活动在此仅仅是作为公共关系活动的一种手段。其次，公共关系活动的原则同样要体现在公共宣传之中，即要求它尊重事实、实事求是，并对社会负责。公共关系宣传还有一个主要目的，就是扩大组织透明度，既报喜，又报忧，

---

① 《公共关系译文集》，《开发》1987 年总第 10～11 期，第 12 页。

通过真诚来争取理解和合作。而一般的宣传既可以实事求是，又可以夸张渲染；既可能不掩饰真相，又可能文过饰非，其主要目的是控制和操纵群众的行为。第三，公共关系宣传注重的是双向传播、双向交流，既强调及时、准确地向公众传播和公开组织的有关信息，又注重了解和搜集公众的有关信息，并根据这些信息来调整组织的活动。而一般的宣传则偏重于单向灌输式的传播。因此，公共关系与宣传是既有联系又有区别的两种活动。

广告是把商品或劳务向人们宣传，以说服其产生购买行为的传播活动。有一本教科书曾这样给广告下定义："广告是由商业公司、非赢利组织和个人通过各种媒介所进行的花钱的、非个人性质的传播活动。而这些组织或个人可以在广告信息中以某种方式得到确认，它们也希望借此给某一类特殊受众的成员提供信息或对他们进行劝服。"① 广告是随着商品经济的发展而发展起来的一种传播活动，它通过引起人们的注意，唤起人们的欲望，引导人们对商品和劳务的确认，产生购买行为。为了达到这一目的，它对顾客的心理进行了深入研究分析，以便在文字、图像上给顾客以鲜明、生动、奇特、深刻的印象。它在诉诸顾客的理智和情感方面积累了丰富的经验和技巧。公共关系活动为了建树组织形象，扩大影响，并让公众产生深刻印象，常常需要借助广告这种形式和相关的经验和技巧。因此有人又把广告和公共关系混同起来。有一种说法是：公共关系是免费广告。这也是一种误解。

公共关系不仅借助于新闻稿件、有关报道、仪式活动等"免费广告"来扩大组织的影响，而且也常常运用花钱的广告来扩大组织的影响。公共关系与广告的区别在于：首先，公共关系仅仅是把广告作为一种建树组织形象的手段和工具来运用。其次，公

---

① 《公共关系译文集》，《开发》1987 年总第 10～11 期，第 12 页。

共关系中运用的公共关系广告“不是要大家买我，而是要大家爱我”。注重的是同公众在情感上的沟通，推销的是组织形象。而一般广告则以促销为目的，是为了推销产品和劳务。第三，公共关系活动中运用广告的原则是真实和真诚，让事实说话。而一般广告的基本原则是引人注目，煽起欲望。第四，公共关系活动中的广告是公益性广告，内容主要是劝导和祝愿人们进行有益于健康和有益于社会的活动。而一般广告的内容着重宣传有关商品和劳务的特点。

北欧航空公司丹麦分公司的一个公共关系经理曾这样说道：“好比一名青年追求伴侣，可以用许多方法，大献殷勤就是一种，这不算公共关系，而是推销。努力修饰自己的外貌和风度，讲究谈吐举止，这也是一种吸引人的办法。不过，这也不是公共关系，而是广告。如果这位青年经过周密的研究思考，制定出计划，并且埋头苦干，以成绩来获得他人的称赞，然后通过他人的口将对自己的优良评价传递开去，这就是公共关系了。”这段话，也许有助于我们区别广告和公共关系。

交往是人们相互往来、联系的一种社会活动。交往是巩固已有社会关系，扩大、形成新的社会关系的重要活动。此外，交往还具有促进信息交流、增进情感沟通、协调人际关系的作用。公共关系活动要协调组织内外的关系，必然要将交往作为自己的主要手段，要根据特定文化氛围中形成的交往习惯，采用相应的交往模式，来建立和发展组织与外界的关系，加强和保持与内外公众的良好联系。这包括采用通用的交往方式，遵守一般的交往规则，利用有关的交往技巧。

但是绝不能因此把公共关系和交往混同起来，更不能把公共关系学和庸俗的“关系学”混同起来。首先，公共关系中的交往只是公共关系活动的一部分。这种交往的基本原则是从符合社会整体利益、符合组织的整体利益出发的，它考虑的是组织的长远目标。而一般交往则既有从小团体利益出发的，也有从个人利益出发的。这些交往中还有不少短期行为。其次，公共关系活动中的交往要求以正当合法和合乎社会公德的手段去交往，注意建立和保持良好的形象，以争取公众的喜爱和支持。而一般的交往则不排斥采用不正当的手段，“关系学”则更是利用吃吃喝喝、拉拉扯扯、请客送礼等不正之风来建立和维持庸俗的关系。在这种关系中甚至大搞损公肥私的勾当。第三，公共关系活动中的交往强调通过正当的、公开的交际和接触来建立联系，沟通信息，密切感情，协调行为。庸俗“关系学”则倚重“拉关系”、“走后门”等偷偷摸摸的方式来处理人际关系。因此，公共关系与一般的交往是有区别的，与庸俗“关系学”更有天壤之别。

通过发展健康的公共关系，可以使社会组织与内外关系建立起制度化、合法化、科学化的联系，而这是克服和消除庸俗关系学的根本途径。

第三节　公共关系的历史和现状

公共关系作为组织化的事业还是很新的，但是，作为现代公共关系活动雏形的宣传、交流、沟通等建树形象的活动，却有着悠久的历史。当现代化大生产、商品经济、社会民主和科技的发展为公共关系的产生奠定基础之后，公共关系就随着社会的需要迅速发展起来，成为现代社会组织活动不可缺少的重要组成部分，成为现代社会的一项重要事业。

一、公共关系的历史回溯

公共关系活动始于何时，国内外许多公共关系学者众说纷纭，莫衷一是。最极端的看法，认为公共关系始于古代。弗雷特里克·惠特尼认为：“公共关系开始于古希腊，在那里，诗人即公共关系人员。”[①] 他的论据是，有韵律的诗歌便于记忆，也便于流传，有钱的王公贵族为了树立自己的形象便雇诗人给他们写赞美诗。而且在古希腊，用诗歌操纵舆论的做法也很普遍。他还认为，恺撒是古罗马第一个动用公共关系的著名人物。因为他在进军高卢的途中，用人民的语言把战报写得十分生动，使之广为传诵，为他夺取帝位奠定了基础。也有人认为亚里士多德的《修辞学》堪称最早问世的公共关系学的理论书籍，也有人提到早期基督教的布道和圣经是公共关系活动和公共关系的文字资料。

其实，古代的人们为了政治的、军事的、经济的目的，大造舆论，故作姿态，注意形象建树，争取民心和民众支持的事例可谓是车载斗量，在中国也有大量历史记载。如苏秦、张仪等人的合纵连横，诸葛亮的七擒七纵孟获，明太祖的“政犹水也，欲其常通”，都是这类事例。但是这些能看成是公共关系吗？它们虽然和公共关系相通，有某些共同之处，但毕竟和现代公共关系相去甚远，至多只能称为类似于公共关系的活动。

第二种看法认为公共关系活动始于近代，是商品经济产生后，基于美国政治需要而产生的。有人认为公共关系起源于美国独立战争期间，当时塞缪尔·亚当斯和其战友首先采用现代传播手段，进行反对英国殖民统治的宣传。从 1750 年到 1783 年间，他们出版了1 500多种攻击英国人的小册子，通过一系列有计划的传播活动，成功地为美国革命造了舆论。也有人认为公共关系活动始于本杰明·富兰克林。他任美国第一代驻法大使时，运用机智和炫耀气派的公共关系手段为自己的国家赢得了声誉。

历史学家阿伦·内文斯追溯美国公共关系的源头到亚历山大·汉密尔顿。他认为“1787 年—1788 年的美国北部联邦同盟文件”是今天公共关系的方法和途径的先驱，争取美国宪法获得批准的

① 《公共关系译文集》，《开发》总第 10～11 期，第 34 页。

运动的胜利是“迄今为止美国公共关系领域所取得的最大成果”。

也有人认为公共关系起源于美国的政治竞选。当安德鲁·杰克逊1828年改变早期政治选举方式，按照竞选纲领进行呼吁、宣传和辩论并获选后，就促使了有组织的公共关系活动的诞生。也有人认为公共关系的开端应为1888年，该年总统竞选时，共和党和民主党候选人面对广大人民对垄断资本的强烈不满，都打出“反托拉斯”的口号，力图树立代表公众利益的形象，拉拢选民，捞取选票。这种有计划地争取公众的活动，标志着公共关系的诞生。

毫无疑问，这些政治活动都有通过宣传、传播从而诱导公众舆论、建树组织形象、争取公众支持的特点。但是，按照现代公共关系活动的特点和原则来看，都不能算是公共关系活动，只能看成是公共关系活动的雏形。

第三种看法认为公共关系活动产生于19世纪中叶和下半叶报界富有戏剧性的新闻广告宣传。直接导因是由于“便士报运动”和“扒粪运动”。1833年本杰明·戴伊创办了第一份面向广大群众的通俗化报纸——《纽约太阳报》，从而掀起了一场便士报运动。由于价格低廉，普通劳动者都买得起，使报纸发行量迅速增长。一些急欲宣传自己的社会组织，为了省下广告费，专门雇佣一些人来撰写煽情性新闻，以扩大自己的影响。其中最有代表性的是一个马戏团老板菲力士·巴纳姆。他的信条是“公众就是要被愚弄”。他为了达到赚钱的目的，通过无中生有、制造奇闻怪事，以哗众取宠。他声称自己发现了一百年前曾养育过乔治·华盛顿的黑人女奴海斯。报纸发表这一消息后，立即引起了轰动。巴纳姆乘机用各种笔名发表读者来信，人为地引起了一场争论。他还迎合一些人的低级趣味来编造故事，诸如向报纸提供各种庸俗的笑料和街谈巷议。报业界老板为了扩大报纸销量，也乐得采用。此时的报纸全然不考虑公众利益，而以愚弄公众为特点。这一时期，又被称为巴纳姆时期。这一时期对现代传播手段的滥用，一方面促进了传播业的发展，另一方面促进了公众意识的觉醒，从反面促进了公共关系的产生。

19世纪下半叶，美国的经济有了较大的发展，开始由自由竞争走向垄断集中。到19世纪末、20世纪初，约1%的人口占据了美国3/5左右的财富，少数行业垄断寡头控制了国家的经济命脉，在铁路、金融、钢铁、煤炭、石油等行业都出现了高度垄断和集中。这些大财团和寡头们巧取豪夺，不顾一切地聚敛财富，甚至还控制了政府，大肆搜刮民脂民膏。他们对内，无视员工的利益和要求；对外，忽略社会大众的需求和态度。铁路大王范德比尔特曾说过一句极具代表性的“名言”：“去他妈的公众。”这些垄断寡头还把蓬勃发展的新闻媒介视为异己，对新闻界采取消息封锁的政策。他们的所作所为，激化了民众与他们之间的深刻矛盾，促使一大批深受欧洲人文主义思想影响的新闻工作者出来为社会民众鸣不平。这些新闻工作者以追求社会的公正和平等为信念，专门与垄断寡头们作对。他们自诩为“清垃圾者”，从各种途径搜集这些垄断寡头的丑闻劣行，在报刊上予以披露。这些寡头们的不法行径和不道德的行为被揭露后，更加激起了公众的愤慨和正直人士的谴责。寡头们曾试图以收买、诬告、雇流氓肇事等方式来制止新闻界的揭露，但是均告失败。据统计，仅1903年—1912年，就有2 000多篇专揭丑闻的文章发表，还有不少漫画和社论。这就是美国传播史上有名的揭丑运动，又称“扒粪运动”。

“扒粪运动”的冲击，使工商企业都看到了社会舆论的威力。许多企业开始聘请懂行的人专门从事改善组织与新闻媒介关系的工作，力求借助新闻媒介为自己建树一个好形象。这些新闻代理人一方面在报上刊登广告，一方面游说新闻媒介，邀请新闻记者到企业采访参观，或为企业的方针、政策做解释和辩护。新闻代理人的工作效果并不十分理想，一个企业在报上登广告，并不能阻止这家报纸继续批评他们，而新闻代理人泡制的大吹大擂、搪塞应付、隐瞒欺骗的文章最终也不能混淆视听。工商界终于认识到：建树组织的良好形象是现代经营的重要要素。而建树组织良好形象的有效方法是真实传播信息，真诚考虑公众需要。

正是在这种背景下，被誉为“公共关系之父”的艾维·李于1903年开创了现代公共关系事业。艾维·李是佐治亚州一个牧师的儿子，毕业于普林斯顿大学，曾任《纽约时报》等几家报纸的记者。在其五年的记者生涯中，他敏锐地感觉到，尊重民众的集体智慧，真实坦诚的公布事实真相的重要性。他于1903年成立了宣传顾问事务所，专门为企业和其他组织机构提供传播和宣传服务，协助客户建立与新闻界和公众的联系。1906年，他遇到了一个大显身手的机会。当时美国的无烟煤矿业的雇主运用暴力手段处理工人罢工，受到新闻界的强烈抨击。由于劳资双方矛盾的激化，艾维·李被聘请来解决和协调劳资关系，以及资方和新闻界的关系。在接受聘请时他提出了两个先决条件：第一，他要与最高层管理者打交道；第二，他认为必要时，必须有权向社会公开全部事实真相。他提出的这两个要求在当时是前所未有的。以后在解决罢工问题期间，艾维·李又进一步向报界发表了《原则宣传》：“这不是一个秘密的新闻机构。我们所做的一切都是公开的，我们旨在提供新闻。这不是一个广告事务所。如果你认为我们的新闻只应该专门适合于进入你的办公室，请别找我们。我们的新闻是准确的，我们对任何课题都迅速地提供更为详尽的材料。任何一位编辑都将十分愉快地在证实事实方面得到我们的帮助……简而言之，我们的计划是坦白和公开地代表企业单位及公众组织，对与公众有影响且为公众乐闻的课题，向报界及公众提供迅速而准确的消息。”[①] 换言之，他的根本原则是在日常商业活动中不能忽视公众，并且把向公众传播真实消息当作自己的责任。

在艾维·李的帮助下，笼罩在大公司与其公众关系上的神秘和冷漠气氛被驱散，雇主们彼此间、雇主与劳工间、公司和一般公众间、公司和新闻界的关系都得到了改善。记者的采访工作也好做了，报道更准确，内容更丰富。

同年，宾夕法尼亚铁路公司的铁路主干线发生了一次严重事故，惊恐万状的董事们邀请艾维·李处理善后事宜。他再次坚持改变传统做法，反对遮遮掩掩，认为这只能使事情复杂化，因为“血已洒在路上，伤者的悲泣也是掩盖不了的”。他立即做出安排，派出专列使记者们尽快抵达事故现场，然后向记者们提供一切可能的帮助，回答他们提出的所有合理的问题，让记者们了解造成事故的原因，向记者们解释技术性问题，让记者们目睹铁路公司为善后事情所做的种种努力，并提出系统检查铁路的路基，以保证不再发生类似事件，同时向死难者家属付出赔偿，为受伤者支付治疗费用。这样他就把一个铁路惨案变成了公共关系的一个胜利。铁路公司的董事们惊讶地发现，公司当局得到了有史以来历次事故中最公正、最善意的报道。

艾维·李从此名声大振，先后被多家巨型公司聘请，如美国电话电报公司、公平人寿公司、洛克菲勒集团等。他处理劳资纠纷和社会摩擦的成功向社会证明，只要你真诚、适宜地向公众通报消息，让他们根据事实形成自己的看法，是能赢得公众信任、理解和公正对待的。他所取得的令人瞩目的成就，推动了一大批工商企业改变了对待公众的态度，纷纷采取了更加开明的经营方

① 《公共关系译文集》，《开发》总第 10～11 期，第 50 页。

针，开始注重与员工和社会的沟通。正是由于艾维·李改变了传统的信息传播方式和沟通方式，提出了处理公共关系的真诚、开放原则，并且最先向客户提供公共关系劳务并收取费用，而且还以自己的成就推动了公共关系事业的发展，所以在当时众多的新闻代理人和宣传顾问公司中，人们把他称为公共关系的创始人。

二、公共关系的现代发展

艾维·李虽然开创了公共关系事业，但是由于种种原因，公共关系事业当时并没有迅速发展成一门有组织的活动和科学。这一方面是因为公共关系迅速发展的社会条件还不成熟；一方面是因为艾维·李的工作还有较大的局限性，他主要是凭着自己丰富的经验、敏锐的判断和超越常人的直觉进行工作，而缺乏相关的理论，对公众舆论调查也缺乏科学的方法。因此有人认为他是公共关系工作的艺术家，而不是公共关系的科学家。

使公共关系这一用语流传和普及开来，并使公共关系正规化、科学化的是美国人爱德华·伯内斯。而公共关系能够迅速发展起来则是社会的需要。

伯内斯原是奥地利人，一岁时随父母移居美国。他是美国第一批接受公共关系实践的学者。他深入研究了公共关系产生的原因和当时的状况，并于1923年将其研究成果写成《舆论之凝结》一书。在书中他提出了"公共关系咨询"的概念，提出了公共关系的原则。他在这部经典著作中，解释了"公共关系咨询"的双重作用：一是它能推荐导致工商企业执行合乎社会要求的行为的政策；二是它能通过宣传这些政策和行为，为企业赢得公众的好感和支持。他认为公共关系人员应促使企业履行社会责任和义务。同年，他在纽约大学开设了公共关系学课程。

伯内斯不仅是理论家，同时也是一位公共关系实践家。1913

年他被聘为福特汽车公司公共关系部经理，指导公司执行了一系列职工和社会服务计划，开创了企业承担责任的先河。第一次世界大战美国参战后一周，伯内斯又受威尔逊总统之聘，成为政府“公共信息委员会”的成员，卓越地完成了向国外新闻媒介提供美国参战的背景和解释材料的任务。伯内斯一生致力于公共关系研究和运用，于1952年写成了教科书《公共关系学》。他还同妻子合作进行公共关系咨询，帮助多位美国总统和大企业家成功地塑造了形象。

伯内斯在公共关系实践中发展了艾维·李尽可能向公众提供信息的思想，并进一步提出，要了解公众的喜好、要求和态度，然后再根据公众的意愿进行有的放矢和投其所好的工作。这就使艾维·李的单向提供信息的公共关系模式发展为双向非对称型的公共关系模式，即注意公众反应、注意信息反馈、调整信息传播和行为的公共关系模式。说它是双向非对称型是因为这种公共关系模式主要以实现组织利益为目的，运用科学理论和方法诱导公众接受组织的观点，没有也不可能把公众放到与组织平等的地位。

虽然早在1924年《芝加哥论坛报》就发表社论，宣布说公共关系已成为一项专门职业、一种管理艺术和一门科学，一些大公司也设立了公共关系部，但是，真正促使公共关系迅速发展起来的是社会需要。20世纪20年代末至30年代初，经济危机席卷整个资本主义世界，美国各工商企业面临严峻的社会现实的挑战。面对萧条所带来的各种生存竞争的激烈矛盾，更多的工商企业开始注重利用公共关系活动来争取公众、争取市场。例如1930年大萧条开始时，通用汽车公司老板问公司公共关系部主任保罗·加勒特，有什么办法使一个亿万美元的公司看起来很小(萧条时期的富有是受到怀疑的)。保罗·加勒特提出用一部分资金资助中等和高等教育，为工厂所在地的教育和市政发展做出显著的贡献，这样也将积累受过教育的职员的才智以备将来。他的工作是社区计划在工业中的第一次尝试。也正是在大萧条期间，工会和政府学会了运用公共关系。富兰克林·罗斯福的炉边谈话通过收音机深入每个美国家庭，鼓舞了灰心丧气的人们，同时也宣传了他的货币及社会改革的基本思想，为他赢得了尊敬。公共关系逐渐成为政治家们建树自己形象的必要方式。

20 世纪 30 年代中期，美国经济开始回升，许多企业认识到自己的发展有赖于良好的公共关系，自己的形象和声誉是企业经营的必要条件，于是纷纷成立了自己的公共关系部，从征求咨询发展到主动运用公共关系。公共关系作为一种经营管理方法，日益普及和职能化了。1937 年美国《商业周刊》发表了第一篇公共关系职业统计报告，估计当时全美有5 000名公共关系从业人员，有 250 家公共关系顾问公司，全美数百家最大的公司中有 20%设有公共关系部。

公共关系是在 20 世纪 20 年代中期传入英国的。1926 年英国政府成立了帝国市场委员会，负责安排和使用一个富翁赔偿的 100 万英镑。委员会的秘书长斯蒂芬·特伦茨爵士听说了艾维·李的传奇故事，艾维·李不仅奇迹般地确立了他本人的声誉，而且还改变了洛克菲勒的个性。这使特伦茨有勇气把这笔钱的 2/3 用于促进农业的科研，另外的 1/3 则用在各类宣传活动上。公共关系活动的开展，使他们成功地完成了销售水果的任务和其他任务。在 20 世纪 30 年代的经济危机期间，他们又全力支持英国首相“买英国货”的号召，广泛的宣传赢得了公众广泛的支持。这就使英国人认识到了公共关系的重要性。

第二次世界大战更加促进了公共关系的广泛运用和发展。美国政府成立了战争情报办公室，在艾尔玛·戴维斯的领导下，负责所有的公共关系和宣传事务。他们运用公共关系宣传解释美军出国远征的意义，号召人民支持政府和军队，用公共关系协调军队内黑白士兵之间的关系，协调驻外美军与驻在国之间的关系。他们不仅鼓舞了盟军，而且在敌人中埋下了怀疑和失望的种子。“精神战”的术语从此被收入字典。与此同时，美国的经济界、劳工界和政府在 20 世纪 40 年代开始大量聘用公共关系工作人员，以获取公众更大的信任和支持。这为美国战时经济发展做出了重要贡献。美国借第二次世界大战向全世界展示了公共关系的作用。

第二次世界大战后，随着经济的恢复和发展，经济民主和政治民主深入人心，使公众更加关心自己的权利和利益，这就促使公共关系进入了迅速发展的时代，并且更加成熟。其迅速发展的标志是随着战后美国对各国的经济援助，公共关系开始输入欧洲、亚洲、拉丁美洲、大洋洲。20 世纪 60 年代跨国公司为占领海外市场而争取海外公众理解和支持的活动，又将公共关系带入发展中国家。这些都促进了所在国公共关系事业的发展，使公共关系成为世界性的活动。公共关系成熟的标志是它介入了政治、经济、文化、法律、科学等各个领域，成为现代社会组织活动的必要组成部分，同资金、设备、人才一起并称为现代社会组织的四大支柱；成为一项职业活动，许多公共关系人员从事专门的公共关系工作；成为一门新兴的学科，许多专家学者从事专门的理论研究，并在大学、中学的课堂上讲授。公共关系模式也有了新的发展，由双向非对称型发展到双向对称型，即社会组织不仅要搜集公众反映，注意信息反馈，而且开始尊重公众意见，满足公众要求，有了“公众就是上帝”的说法。在传播信息时，也注意调整自己的活动，以实际行动来争取理解和支持。在这种模式中，更多的是对话和沟通，而不是自顾自的陈述；在这种模式中，社会组织不仅注意自己的利益，也较注意公众的利益和社会整体利益。

当然，今天公共关系在实践中也并非发展得十分顺利。一是职业水平并不是都很高。在具体的公共关系活动中，许多公共关系机构和公共关系人员还在运用艾维·李的单向传播模式，有的甚至采用巴纳姆的哗众取宠的传播模式。1984 年美国公共关系学者格伦宁和亨特经过调查发现，目前各类组织运用巴纳姆模式的约占 15%，运用艾维·李模式的约占 50%，运用伯内斯双向非对称型模式的约占 20%，运用现代双向对称型模式的仅有 15%。二是公共关系教育和培训落后。公共关系热造成受过专业训练的公共关系人员不能满足实际需要，大量未经培训的人员加入公共关系工作者行列。三是公共关系的职业道德虽屡经强调，并且许多国家的公共关系协会都有章程和道德规定，但是在实践中却得不到严格遵守，有些人甚至败坏了公共关系的声誉。尽管如此，公共关系事业还是在蓬勃发展，并且声誉日隆。美国科罗拉多州立大学进行过一次公共关系人员的"职业意识"调查，发现公共关系的从业人员认为自己的社会地位不低于物理学家、律师、建筑师、工程师和大学教授，高于飞机驾驶员、新闻记者、广告设计师和推销员①。公共关系事业随着社会的发展和人们的重视必将在实践中不断丰富和完善自己。

三、公共关系的国际和国内现状

美国是公共关系的发源地，因此在世界各国中美国公共关系事业也最兴旺。自 1948 年在美国公共关系理事会和全美公共关系理事协会合并的基础上成立美国公共关系学会以来，美国的公

① 王乐夫、廖为建：《公共关系学》，辽宁人民出版社 1986 年版，第 38 页。

共关系事业有了长足发展。据《商业周刊》统计，1960 年有 10 万名公共关系从业者和1 350多家公共关系咨询公司。《幸福》杂志估计 1967 年公共关系私人从业者达 11 万人。美国舆论研究公司的一项研究发现，美国拥有 50 万美元以上资产的公司中 85% 设有公共关系部或者外聘有公共关系顾问。这些公司为公共关系提供的全部预算每年超过了 20 亿美元。1984 年美国的公共关系从业人数达 13 万人，其中有 11 万人是美国公共关系学会会员。全美国数千家各种类型公共关系公司的业务遍及政治、经济、文化、科学各个领域，涉及调查、咨询、传播、公共关系实务等各个方面。在美国的各个大学中普遍开设了公共关系学的课程，许多学校还设置了公共关系学系或公共关系专业。美国联邦政府雇佣了12 000多人处理日常的公共关系，每年公共关系经费支出达 10 亿美元。正如日本金融界一位巨头所说，公共关系在美国，已经由企业家手中的小玩具发展成企业家所必须采用的政策，变成了企业家的重要哲学。

西欧各国的公共关系在第二次世界大战后开始发展起来。战后的经济重建和繁荣，民主意识的觉醒，市场竞争的激烈化，美国公共关系事业的欣欣向荣和成功，推动了西欧各国公共关系的发展。英国公共关系协会于 1948 年在伦敦成立，现为欧洲最大的职业公共关系组织，拥有来自 50 个国家和地区（以英联邦为主）的2 500名会员。英国公共关系协会被认为是发展公共关系教育的国际先行者。它的会员曾到亚洲、非洲、欧洲等 18 个国家讲学。英国办有四家大型的公共关系刊物，开设有专门的公共关系学院和学校。法国于 1955 年成立了公共关系协会。法国一开始就把公共关系当作一门新兴学科，在学校中设立了公共关系专业，聘请有经验的公共关系专家任教。在实践中，法国的公共关系人员发现组织客户、记者、市民、员工家属到企业参观，对建树组织良好形象、扩大组织知名度、提高组织美誉度、搞好社区关系效果尤佳。因此法国的企业特别重视开放企业，扩大企业的透明度。联邦德国和意大利等国的公共关系始于企业对传播关系和社区关系的重视。它们与法国相类似，积极推行开放企业的公共关系计划，注意培养素质较高的公共关系人员。在实践中，它们都丰富了公共关系的技巧和理论。其中著名的公共关系事例有法国白兰地远征美国，意大利航空公司开通日本航线等。英、法、比、荷、联邦德国、希腊等国还联合发起成立了欧洲公共关系中心，以协调各国的公共关系工作。

国际公共关系的热潮，也波及到拉丁美洲许多国家，如墨西哥、秘鲁、巴西等国，加拿大则早在 1947 年就在蒙特利尔和多伦多成立了第一批公共关系协会。加拿大的许多企业有专职公共关系人员，大学开设了公共关系课程。1959 年，墨西哥公共关系协会在墨西哥城主持召开了泛美公共关系大会，美国和大多数拉美国家出席。1966 年，南美洲国家各公共关系职业团体成立了泛美公共关系协会。

亚洲国家的公共关系是第二次世界大战后发展起来的，尤其以日本的发展较为特殊。战后，驻日本的盟军总部为了把西方民主政治的思想灌输给日本国民，于 1947 年用行政命令的方式要求日本各级政府设立公共关系室（日本人称为广报课）。公共关系的观念与技术开始在日本传播开来。日本民间企业为了推进其政策和经营，也设立了广报课。1949 年，日本各级政府中主持广报课的官员一百多人在东京参加了历时三个月的公共关系讲习班，由盟军中主管教育的沙利旺先生主讲。1950 年日本电通社在每年夏天所举办的广告大学讲座中开始介绍公共关系。福田亮太认为：1950 年—1960 年的十年，是日本公共关系的启蒙阶段，1961 年后日本就进入了公共关系的实践期。而现在几乎每一个公司都设有一个广报课。1964 年成立日本公共关系协会。其他亚洲国家如印度、新加坡和东南亚国家的公共关系也是 20 世纪 50 年代发展起来的。日本公共关系研究所曾于 1959 年在东京主持召开大规模的亚、非、拉美公共关系大会。亚洲的一些国家和我国的台湾地区、香港地区于 1967 年建立了泛亚公共关系协会。1968 年在伊朗首都德黑兰召开了国际公共关系协会第四届世界大会。1982 年在印度孟买召开了第九届世界公共关系大会。

非洲主要是受跨国公司开拓海外业务的冲击和国际公共关系活动热潮的影响而开始公共关系活动的。大约在 20 世纪 50 年代后期，非洲一些国家就开始了公共关系活动。如果说欧洲的公共关系更为关注的是文化水平较高的公众和复杂的新闻媒介，非洲的公共关系则与社会学和人类学有更多的关联，它们对众多种族、众多语言和众多的宗教信仰要进行更多的研究。非洲公共关系的两大主体是政府部门和私营部门。非洲国家较好的公共关系活动事例有肯尼亚的校车服务和健康运动，尼日利亚的改换车位运动和标准银行更名，毛里求斯制糖业的体育运动等。1975 年，由国际公共关系协会赞助，在肯尼亚首都内罗毕举行了第一届全非公共关系工作会议。

公共关系传入我国的时间较晚。20 世纪 60 年代欧美国家和日本的一些跨国公司在我国台湾和香港设立子公司，在公司中设立公共关系部。公共关系在商业活动中大显身手，推动了我国港、台公共关系的流行。20 世纪 70 年代，公共关系在香港迅速发展起来。到了 20 世纪 80 年代，香港的公共关系公司已达 20 多家，还有一些兼营公共关系工作的广告公司。在酒店业和新闻传播机构，全都设有公共关系部。随着我国经济改革和对外开放政策的实施，国内出现了一批合资企业。1981 年，公共关系作为经营管理技术首先在深圳的一批中外合资企业中出现。1984

年，深圳、珠海、广州、佛山、北京等地的一大批中外合资企业设立了公共关系部，从香港和海外聘请专业公共关系人员主持工作，开展了公共关系活动。广州中国大酒店于1983年12月以公共关系部的名义召开了记者招待会。广州东方宾馆和白云山制药厂于1984年开创了国有企业设公共关系机构的先河。1984年10月，美国希尔－诺顿公司在北京设立办事处。公共关系以其特有的风貌和效率引起了国内学术界和新闻界的注意。1985年1月，深圳市总工会举办了国内第一个公共关系培训班，同年2月于光远呼吁："在发展第三产业中，特别要注意发展公共关系方面的业务。"[①] 同年4月，《世界经济导报》报道了公共关系在中国的兴起，以后又陆续介绍了公共关系的基本知识。同年4月，北京师范大学开设了公共关系讲座。《深圳工人报》于5月至8月刊登了"公共关系系列讲座"。同年下半年中山大学成立了国内第一个公共关系研究会，与广州青年经济协会、广州财贸管理干部学院联合举办了三期公共关系讲习班。1986年1月，广州成立了广东地区公共关系俱乐部。同年7月，中国新闻发展公司与美国博雅公共关系公司签订合作协议，成立了国内第一家公共关系公司——中国环球公共关系公司。同年9月，深圳大学将公共关系列为选修课和必修课。1986年11月6日上海公共关系协会成立。1987年6月广东珠海环球公共关系公司成立。同年12月上海大通公共关系公司成立。1987年6月，经国家体委批准中国公共关系协会在京成立，安岗任协会主席。于是，公共关系热迅速在中国内地兴起。全国许多大中型企业纷纷设立公共关系部，或聘请公共关系公司代理业务。四川地处西南腹地，对公共关系

---

① 曹小元、黎岳梁：《企业公共关系必读》，广东人民出版社1986年版，第10页。

热感受较慢，但是也于 1988 年 7 月成立了四川省公共关系俱乐部，8 月 8 日成立了首家经营公共关系业务的经济实体——四川通力公共关系事务所。四川大学于 1988 年 9 月在国民经济管理系和哲学系开设了公共关系选修课，并列为全校的公共选修课，同年 11 月成立了四川大学公共关系协会。

综观国内外公共关系的现代发展趋势，有人总结出五个特点。一是职业化。公共关系已经成为一种热门职业，从业人员迅速增长。二是组织化。大多数国家先后成立公共关系协会，并趋向于按行业成立职业公共关系协会，以协调工作。三是规范化。一些协会制定了公共关系从业人员工作守则或道德规范，使公共关系人员的行为有章可循。四是电子化。公共关系人员竞相运用电子技术、通讯卫星等现代大众传播媒介，使公共关系工作效率大为提高。五是国际化。由于国际交往的贸易日益频繁和扩大，各国和各大公司越来越重视国际公共关系，出现了一些国际性的公共关系公司，专事国际公共关系，例如美国的博雅公共关系公司和希尔－诺顿公共关系公司。[①]

第四节　在我国发展公共关系的社会意义

公共关系事业在现代社会迅速发展起来决非偶然。它的出现是现代社会政治民主、经济发展和先进科学技术的结果。它的产生大大促进了世界经济和文化的发展，增进了人们彼此间的理解，减少了人们之间的摩擦。中国的现代化建设需要对外开放，加强国际合作，密切国际间的政治、经济、文化交流；需要对内深化改革，理顺各方面关系，协调各种社会组织间的关系，团结

① 单爱珍：《国外对公共关系的研究》，《社会科学报》1987 年 12 月 12 日。

全国人民同心协力奋斗；需要为四化建设创造一个良好的环境，因此必须大力发展公共关系事业。

一、公共关系发展的社会背景和社会意义

公共关系作为一种职业和一门科学得到世界大多数国家的承认和接受，并且迅速发展起来，是有其深刻的社会原因的。

从经济背景来看，主要是因为它顺应了现代化大生产的需要。首先，工业和科学技术的发展，促进了生产的专业化，使企业分工越来越细，使协作规模越来越大。小而全和大而全的企业日益分化成必须相互依赖、相互协作的专业化企业。企业间的协作由跨行业、跨地区走向全国，又由全国走向国际间的合作。当企业和社会组织打破封闭，和社会发生千丝万缕的联系时，而且这种联系对其生存和发展又日益重要时，它就必须运用公共关系来减少摩擦，增强联系。其次，现代社会高度发达的生产力，带来了市场关系的变化，一个接一个的商品市场由“卖方市场”转变为“买方市场”。任何企业和社会组织要想在激烈的竞争中站住脚，都必须运用公共关系来赢得其服务对象和顾客的信任和支持。第三，现代化大生产对资金的需求量增大，股份制的发展充分显示了其在竞争中的优越性，没有经济实力的独立企业面临倒闭和被吞并的危险。股份制则可以增加经济实力，扩大联合，节省费用，赢得公众支持。而且随着中产阶级的日益扩大，能够投资的人数也迅速增加。为了争取公众投资，就必须依靠公共关系来建树信誉，争取公众的关心和支持。

从政治背景来看，主要是因为它适应了现代社会民主发展的进程。一方面，全世界民主运动的发展促进了民主思想的大普及，人们具有了越来越多的民主权利，并懂得如何使用和捍卫自己的权利。这就使高压、专制和强迫越来越行不通，尤其是各级

政府组织，是由选举产生的，官员们要在政治上取得地位，必须和社会各界人士保持良好关系。政府还必须了解民众意见，把民意作为决策的重要依据，同时也需要让民众了解政府的施政纲领和各项政策。而公共关系则是加强政府和民众联系的重要工具。另一方面，由于工人阶级的觉醒和工会运动的日益壮大，迫使资本家不能简单地使用旧的压迫剥削手段对付工人。要使企业稳定发展，就必须用公共关系来协调企业内部的职工关系和企业外部的人际关系，缓和劳资矛盾。

从科学文化背景来看，主要是因为它符合大众传播媒介的要求和公众觉醒了的生产和消费意识。首先是由于科学技术的发展，使传播媒介迅速发展，传播速度更快、方式更多、影响范围更大，新闻界和社会舆论日益重要。社会舆论能更迅速、更广泛地影响公众。社会舆论对社会组织的影响力至关重要，舆论可使一个组织新生或死亡。这就迫使所有的社会组织都必须小心翼翼地对待公众舆论和传播媒介，要求它们和舆论传播媒介保持良好关系，力求塑造良好的组织形象。与此同时，现代传播手段也使社会组织封闭的管理方式成为过时和不可能的，而是要求它们主动采取更加公开化的管理方法。公共关系正好能胜任这一任务。其次，社会政治民主、经济民主和科学技术的发展，形成了一种新的文化气氛和思想观念。生产过程中的劳动者不再被当成简单工具，而是被当成具有感情的人；不再被看成是简单的经济动物，而被看成是复杂人。社会组织要调动他们的积极性，提高劳动生产率，就必须给予他们更多的关心，创造更和谐的劳动环境。市场销售中的消费者不再是冤大头，而是各种企业苦苦追求的对象。他们花钱为的是买满意，质量低劣的服务必然会遭到抵制和申诉。基于公众和企业这两个观点的变化，使社会不能容许任何组织忽视和违背公众的利益和要求而活动，使任何组织都必须在活动中承担起自己的社会责任，必须顾及到公众的利益和要求，而公共关系与这种观念是完全一致的。第三，社会的发展还促进了人们生活方式的变革。在现代社会中人们需要更多的交往和思想交流，也需要更多的同情、理解和支持来消除孤独、隔阂和封闭，公共关系为人们架起了交流的桥梁。

公共关系在发展中也确实发挥了巨大的作用。它促进了各种社会组织的联系和合作；为各种社会组织赢得了公众；同时也加强了政府官员和社会组织领导人的社会责任感，对社会组织的短期行为产生了制约；它鼓励公众充分发表意见，这既促进了人们的彼此理解，又促进了民主化进程；它对冲突和意见的协调还增加了社会的稳定。总而言之，它推动了社会的发展。

二、发展公共关系对我国现代化的意义

公共关系是符合社会发展大趋势的，它对我国发展社会民主和市场经济、加快社会信息化都有较重要的意义，对我国深化改革、加强国际合作也有较重要的意义。

首先，公共关系是政治民主化、开明化的产物，它必然能进一步促进政治民主化。尤其是对我国这样一个封建历史悠久、封建传统根深蒂固的大国，发展公共关系有利于我国的民主化建设。发展公共关系有助于增强人民的民主意识，使人民对各级权力机构拥有监督权和发言权；使各级官员更加重视群众意见，注意体察民情，尊重舆论；使各权力机构的决策更加民主化，从而有助于打掉官僚习气；它还能给协商对话增添新的活力，促进各机构和公众的理解与沟通，减少对抗和对立，稳定安定团结的政治局面。

其次，公共关系是商品经济高度发展的产物，发展公共关系能使我国社会主义市场经济向纵深发展。发展公共关系能扩大企

业在社会公众中的知名度，帮助企业加强横向联系，协调和组织市场；能够协调企业和消费者的相互利益，促进相互理解，减少冲突和摩擦；能够促进组织的科学管理和决策，提高劳动生产率，减少失误；能够促进生产过程和流通过程的社会化。

第三，公共关系是在现代传播媒介基础上发展起来的，因此信息服务是其重要内容。发展公共关系有助于形成广泛的信息网络，建立多层次、多角度的信息渠道，从而促进信息及时和有效的传播；也有助于打破传统的封闭和封锁格局，为社会提供巨大的信息财富。

第四，发展公共关系对我国对外开放，加强我国和国际上的政治、文化、经济交流也有重要意义。我国参与各项国际合作，无论是走向国际市场，还是引进外资和国外先进科学技术，都必须深入了解国际市场的各种情况和理清各种关系，还必须向国外宣布、解释我国的政策，针对各国的各类对象公众做出符合文化习惯和心理需求的宣传。有时还需要消除误解，调解矛盾。总之，需要在国际上建树我国的信誉和良好形象。而借助国际上已普遍承认和接受的公共关系，是一个非常有效的途径。

第五，发展公共关系还有助于我国社会主义精神文明建设，尤其是商业职业道德的发展。在市场经济冲击下，传统道德受到严重挑战。在我国尚不发达的市场经济活动中，出现了道德混乱的现象。发展公共关系，可以丰富市场经济条件下的道德规范，增加人们和社会组织的社会责任感和义务感，使人们形成尊重公众、重视消费者利益和组织长远利益、避免短期行为和欺诈行为的职业道德意识，使社会具备现代文明观念。

因此，我们不仅应引进和介绍公共关系，还应为公共关系的普及和发展创造各种有利条件。同时，还要注意防止将公共关系庸俗化的倾向，保证公共关系事业的健康发展。

思考题：

1．你认为公共关系的性质是什么？有哪些特点？你准备怎样定义公共关系？

2．公共关系有哪几种解释？

3．你认为公共关系的基本准则有哪些？

4．公共关系的相关学科有哪些？它容易和组织的哪些活动混淆起来？

5．你认为公共关系活动始于何时、何人？为什么？

6．公共关系活动产生和发展的基础是什么？

7．在我国发展公共关系的意义是什么？

8．举例说明你所见到的公共关系活动。

第二章　公共关系工作的职能

在激烈竞争的现代社会，任何机构的设置和组织的活动对组织的生存、发展都是至关重要的。在这里，组织的机构设置和各项活动遵循着优胜劣汰的进化规律。公共关系之所以能在现代组织中发展起来，除了有适于它生存的社会背景外，根本的原因是它自身的职能对组织生存、发展有着极为重要的价值。

随着商品经济的发展和公共关系活动的推广，公共关系工作的领域日渐扩大，内容也日渐丰富。各种社会组织也各有自己具体的公共关系目标和公共关系工作的特点。但是，无论其工作目标、特点如何，所有的公共关系工作都有共同的基本职能和一般职能。全面正确地理解这些职能，将有助于我们明确公共关系的本质，更好地开展公共关系工作。

第一节　公共关系工作的基本职能

公共关系的基本职能是由其工作性质和目的所决定的。这就是在公共关系思想的指导下，通过开展科学的、有计划的、有步骤的公共关系活动，建树良好的组织形象，协调组织的内外关系，使组织既能获取良好的经济效益，又能增进社会整体效益。

一、建树良好的组织形象

所谓组织形象，就是社会公众心目中对一个组织机构的整体印象和评价。组织形象是由丰富的内容和多样的形式构成的一个完整的整体印象。它具体可以分解为产品形象、职工形象、服务质量和组织风格等各种形象要素。

产品形象是产品的质量、外观设计、名称、商标和包装给人的整体印象。

职工形象是职工的工作态度、精神状态、文化水平、工作能力、言谈举止、道德风貌和仪表衣着给人的整体印象。

服务质量是组织的服务方式、服务水准、服务技能、服务态度以及工作人员的责任感给人的整体形象。

组织风格是指一个组织有别于其他组织的个性特征。它由组织的行为特色、精神素质、价值追求、机构设置和经营管理方式表现出来。

构成组织形象的其他要素还有组织的外显事物，包括组织的名称、徽标或商标、代表色、建筑物式样和门面装饰、名片、笺封等。

组织形象是一个组织向社会介绍自己的名片。在现代经济社会中，一个社会组织良好的社会形象，是最重要的无形资产。《美国》周刊的一篇文章曾写道："在一个富足的社会里，人们都已不太斤斤计较价格，产品的相似之处又多于不同之处。因此，商标和公司形象变得比产品和价格更为重要。"一个组织要在商品经济中生存发展，要在市场竞争中站稳脚跟，就必须提高自己的名望和信誉，建树良好的组织形象。

良好的组织形象将使社会组织受益无穷：

首先，能使社会组织得到公众的肯定和支持，使公众对组织的产品和服务产生好感和信任感。这种信任感和好感，使公众在众多的产品和服务中，更容易选择该组织的产品和服务；当众多的组织推出同一产品和服务时，更容易接受该组织的产品和服务。从社会心理来看，人们对自己喜爱的组织的过失更容易原谅，而对自己不喜欢的组织的优点也更容易忽视。

其次，可以使社会组织获得更多更好的投资条件和其他支持。在社会活动中存在着普遍的“马太效应”现象。所谓“马太效应”是社会学家罗伯特·默顿受《马太福音》中“让富有的更富有，让没有的更没有”这句箴言的启发，认为在原因和结果之间存在着正比例的“越来越”的循环作用。在社会生活的各个方面都普遍存在着“富有的愈加富有”、“穷困的日益贫困”这种社会现象。同理，良好的组织形象可以使组织在许多方面得到日益增多的支持和帮助，而恶劣的组织形象则可能使组织遇到日益增多的麻烦。有了良好的组织形象，不仅会使银行和政府乐意向组织提供优惠贷款和财政支持，使股东愿意购买该组织的股票，保险公司乐意作保，而且能使供应和销售渠道稳定、畅通，从而在竞争中得到优势和有力支持。

再次，能增加职工的向心力和归属感，增加组织对人才的吸引力。良好的组织形象为保留和吸引人才创造了优越条件，使职工为自己在一个优秀的组织中工作而感到满意和自豪，处处自觉维护组织的形象和声誉。其他人才也会慕名而来，使组织招揽到更多的优秀人才。

第四，能使组织获得社区的好感、谅解和政府的帮助。良好的组织形象将使社区把组织当成好邻居、好朋友，从而减少、避免许多不必要的摩擦和纠葛，使组织得到所在社区的配合。同时，它还能争取到政府对组织的赞许和扶持，使组织渡过难关，求得发展。

总之，一个组织有良好的形象，就能得到公众的信任和支持，提高生存能力、发展能力和竞争能力，从而兴旺发达。所以社会上有“百金买名，千金买誉”之说。公共关系工作的基本职能之一就是树立和维护组织的良好声誉，而公共关系人员则是组织形象的设计师。

一个社会组织怎样才能建树良好的组织形象呢？从公共关系的角度来说，建树良好的组织形象需要做好两方面的工作：扩大组织知名度，提高组织美誉度。

1. 扩大组织的知名度。知名度是组织的机构、产品或服务在多大范围内为公众所知晓的程度。一个新的社会组织在没有与社会各界建立广泛联系时，几乎没有知名度。如果一个组织的知名度太低，公众不了解它，或了解得很少，该组织要开展包括业务活动在内的各种活动的困难，是可想而知的。例如一家大公司的董事长到珠宝店订购钻石时，对营业员说：“把账单送到我的办公室去。”结果没人理会他，因为别人从未听说过这家公司的名字。这件事促使董事长第二天就要求广告部门筹划企业广告，以提高公司的知名度。由此可知，知名度是组织开展各项活动的前提。如果别人根本不知道你这个组织，又怎么能想到接受你的产品和服务呢？因此，公共关系人员应根据组织的发展目标和特定公众，制定完整的计划，实施有效的活动，加强组织与社会各界的联系，扩大组织的影响，提高组织的知名度。

扩大知名度的方式可以分为扩大产品的知名度、扩大组织机构知名度和扩大组织领导者的知名度三种形式。扩大产品知名度的做法是，把重点放在对产品形象的宣传上，利用各种传播媒介和机会，宣传产品的形象、质量、功能和特点，使之家喻户晓。例如，湖南省浏阳县秀山乡秀山服装厂，虽然厂长黄金莲锐意改革，产品不断推陈出新，已使该厂经常领导全县乃至全省的服装新潮流，产品品种多达 400 余个，仿日本名牌“美经纶”教练服还成了中国女排郴州训练基地的专用服装，但毕竟是一个名不见经传的小厂。如何才能扩大产品的知名度呢？黄厂长抓住 1985

年在北京举行全国名优土特产品展销会的时机，带了8大箱、60多个品种到会展销。由于展销柜布置得最漂亮、最醒目，产品性能介绍最详细，全部样品很快销售一空。小小的乡镇厂走出了湖南浏阳县秀山乡的山村角落，有力地扩大了该厂产品的知名度。

扩大组织机构知名度的做法是突出对组织形象的宣传，利用各种媒介和手段使组织的存在、性质、功用为公众所知。北京长城饭店开业之前，该店经理和公共关系人员获悉了美国总统里根访华的大致安排，他们决定争取里根总统在长城饭店举行告别宴会，以扩大饭店开张伊始的知名度。经过不懈的努力和反复磋商，最后争取到美国总统里根在长城饭店举行访华告别宴会。1984年4月29日，来自世界各地的500名记者采访和报道了这一消息。于是，长城饭店的知名度一下子传遍了全世界。一时间，长城饭店“车水马龙”、“宾客盈门”。

扩大组织领导者知名度的做法是通过宣传组织领导者的特点、专长、杰出技能、优秀事迹，使公众了解、熟悉组织的领导者。当同类行业和相同组织较多时，突出组织领导者的知名度，更易引起公众对该组织的注意和关注。这样做的特点在于利用人们对杰出人物和事迹的关注和崇拜心理，进而引导人们了解和关注他所在的组织。比如对创造满负荷工作法的石家庄市塑料一厂的领导者张兴让的宣传，就使该厂的知名度名扬全国。现在时兴的在刊登企业广告和简介时登出董事长、总经理名字及他们照片的做法，都属于这种宣传。还有一种是借助社会名流，聘请专家、学者担任顾问、名誉董事长的做法，也是借其知名度扩大组织的知名度。

扩大组织知名度的三种方法是相辅相成、相得益彰的。扩大其中一种知名度，将有助于其余两种知名度的扩大。因此有人把扩大知名度的做法归纳成创名牌产品、创名牌企业。比如北京服装三厂生产的长城牌风雨衣创出牌子后，企业改名为北京长城风雨衣公司。这家工厂的厂长说：我们之所以要改名，就是要把产品牌子和公司名字统一起来，宣传产品的牌子就是宣传我们的公司，两者统一起来，可以收到相得益彰的效果。

2. 提高组织的美誉度。组织知名度反映的是公众对组织的了解程度和组织的影响范围，它在性质上是中性的。名，既可以是美名，也可以是恶名。例如广州万宝冰箱厂曾因为质量低劣又上报纸、又上电视，一时恶名远扬，举国皆知。尽管产品知名度扩大了，却使顾客望而生畏、望而却步。因此，扩大组织知名度仅仅是扩大组织影响的第一步，更重要的是提高组织的美誉度。

组织的美誉度是公众对组织的产品和服务的认可与赞赏程度，它表明的是组织在公众心目中的地位和信誉情况。组织的美誉度是社会组织最宝贵的无形财富。一个组织有较高的美誉度，就可以在困难时得到公众的帮助和支持，在失误的时候得到公众的原谅和理解，在发展时得到公众的赞赏和认可。有人曾说，如果可口可乐遍及世界各地的工厂都在一夜烧光，那么第二天的头条新闻将是“各国银行巨子争先恐后向它贷款”。因为它的信誉已经得到全世界的认可。由此可知，美誉度是组织生存和发展的重要基础。由于现代社会的市场竞争激烈，美誉度事关组织的成功发展，因此公共关系人员应将提高组织的美誉度作为公共关系活动的基本职能。

按照公共关系的原理，提高组织的美誉度又分为提高商品（包括产品或服务）的美誉度、提高组织整体的美誉度和及时消除“形象危机”三种方式。

提高组织的美誉度，尤其应注重提高组织整体美誉度。最基本的方式是提供优质产品和优质服务。一个组织在公众心目中的地位和信誉，首先由它的产品质量和服务质量所决定。一旦某个组织获得了质量信得过的美誉，那么，它对市场的占领和开拓就将会顺利得多。大众汽车公司德方销售高级经理奥伯尔曾介绍

“桑塔纳”在提高产品美誉度方面的做法：试生产了10万辆“桑塔纳”到全国各地试驰，广泛收集各种数据，了解损坏情况，然后对“桑塔纳”进行改进设计。于是，适合中国特点的高质量的“桑塔纳”，而不是德国式的“桑塔纳”就这样产生了。同时，该公司还在全国各地设立了32个有现代化维修设备的维修站，提供优质的售后服务。事实上，优质产品和优质服务是密切相关的，如果没有产品质量，再好的售后服务也不能提高和改善组织的美誉度；如果没有优质服务，再好的产品也可能被公众拒绝。

商品美誉度是组织最直接、最基本的美誉度，也是较低层次的美誉度。因为它仅仅涉及组织与顾客、消费者、客户的关系，一种商品只要在质量、价格、设计上优于同类商品就能获得美誉。但是，组织的整体美誉度则涉及更广泛的公众，它表明了组织整体在社会中的地位和作用，反映了组织履行社会职责的状况，它需要在更复杂的社会交往过程中建立，是一种较高层次的美誉度。因此，公共关系人员应将提高组织美誉度的工作由较低层次发展到较高层次。

提高组织整体美誉度，一是靠诚心实意，即对自己的产品和服务有一说一，有二说二，既不夸大自己的优点，也不讳言自己的缺点。例如有的厂家在介绍自己产品时，把产品与同类产品加以比较，详细说明其优缺点，既不搞欺骗，也不搞自吹自擂，结果为企业赢得诚实可信的信誉，赢得了客户的信赖和支持。二是积极参加社会活动和文化活动，通过这些活动使公众认识到这个组织不是惟利是图的组织，而是对提高人们生活质量具有积极社会责任感的组织。广州白云山制药厂把每年总产值的1%用作“信誉投资”，积极参加和组织各种社会活动，如承包广州市足球队，举办“白云杯”四城市国际足球邀请赛，赞助《羊城晚报》评选佳作活动等，大大提高了该厂的整体美誉度。

提高组织美誉度的第三个重要方式就是及时纠正错误印象，

消除“形象危机”。任何组织的活动，难免不出现差错和失误，当差错和失误的后果危及公众的利益，损害了组织形象时，公共关系人员应及时进行补救。首先要本着实事求是、有错就改的态度，坦率地检讨过失，并设法弥补公众的损失，使事件的不良影响降低到最小程度；二是要采取具体的调整和改进措施，并将调整和改进情况公之于众，求得公众谅解和支持。例如广州万宝电冰箱厂在产品形象受到严重损害时，立即对有问题的产品进行保修退换，同时狠抓厂内质量管理，并邀请北京各大新闻机构的记者到厂参观，考察质量改进情况。质量整顿情况通报给社会公众后，万宝冰箱的美誉度反而提高了。还有一种“形象危机”是由于公众的误解，或冒牌产品的侵害所造成的。此时公共关系人员如果及时采取措施，揭露假冒产品，澄清误解，也能提高组织的美誉度。比如揭露假冒产品的低劣情况，提请公众注意比较，可反衬出“资格”产品的优点；对误解进行解释，也就宣传了本组织的产品和服务。

一个组织要建树良好的形象，提高自己的美誉度，并保持下去，不是一件容易的事情。因此，建树和保持组织的良好形象，不断改进和提高组织美誉度，是公共关系工作的长期任务。

二、协调组织的内外关系

尽管各种社会组织的性质不同、目标不同、需要不同、活动方式不同，但有一点是相同的：都面临着组织的内部关系和外部关系的协调问题。组织能否协调好内外关系，与组织的生存发展性命攸关。

员工的团结协作是组织成功的基础。组织在大多数场合，是作为一个整体进行活动的。在这个整体内部，组织又有各个部门、岗位，从而形成错综复杂的分工、协作关系。组织目标的实现有赖于众多的部门、环节、岗位的人们的相互协作和共同努力。组织风气好，团体意识强，员工协作配合好，不仅能够产生较高的工作效率，保质保量完成工作任务，减少事故、废品和差错，而且能更好地激励士气，调动员工的工作积极性、创造性，从而更好地实现组织目标，提高组织在市场竞争中的生存发展能力。反之，员工之间矛盾冲突太多，不能很好地协作配合，遇事推委扯皮，不仅会影响工作效率，而且会影响组织目标的实现，甚至危及组织的生存。

外部公众的理解和支持是组织发展的条件。现代社会中的任何一个组织，都不是一个封闭的系统，都和社会的方方面面有着千丝万缕的联系。在这些外部关系中，有的为组织提供资金，有的提供原料，有的提供信息，另外一些则接受组织的服务或产品。组织不过是社会活动链条上的有机一环而已。组织活动状态的好坏与这种外部联系是休戚相关的。如果组织与外部关系处于良好状态，外部关系就能为组织提供方便和支持，给予合作和谅解，组织的运行就能达到最佳状态，从而更好地生存发展；如果组织与外部关系处于紧张状态，不论哪一环节出了问题，组织的困难和窘境都是可想而知的。

在组织的外部关系中，组织和这些关系也因种种原因存在着合作与竞争、依存与冲突。为了清除这些对立、抗争等冲突给组织带来的不良影响，尽量减少组织与外部的摩擦和损耗，就需要公共关系来协调外部关系。可见，一个组织的生存发展，与其能否协调好组织内外关系性命攸关。因此国内有些学者认为公共关系是一种“内求团结、外求发展”的管理艺术。这八个字较好地概括了公共关系协调组织内外关系的这一基本职能。

“内求团结”就是要创造组织内部团结和谐的气氛，使整个组织的员工互相协作、共同奋斗。日本著名经营管理学家土光敏夫曾说：“一个好的组织，就在于它使人们在这个组织中的位置与相互关系处于最佳状态，使人们的行动彼此协调和谐。”公共关系部门在组织内扮演着“中间人”的角色。一般来说，它超然于管理阶层和被管理阶层之外，超然于各部门的业务矛盾之外，超然于各部门的人事矛盾之外，也超然于人际矛盾和个人纠纷之外。因此，它尽可以利用自己“中间人”的地位当好组织内部的协调者。承担这种职能的公共关系部门，首先，应力求将组织的信条和原则灌输给每个员工，使人人具有较为一致的价值观，并统一于组织的目标基础之上，以便在发生人际矛盾和工作纠纷时，有解决矛盾的共同基点和判别是非的原则标准。瑞士管理学教授古诺·庞平认为，组织内部的一致性和目标共同性的程度对赢利和组织发展的影响甚大。其次，应注意在组织内培养正直和公正的气氛。公共关系人员应协助和督促各级领导公正地对待一切属员和处理事情。许多著名的企业家和经营管理者在总结成功企业的经验时都强调了保持公正的重要性。公正是平息怨气、消除矛盾、团结一致气氛的重要保证。第三，应建立和疏通沟通渠道。因为许多矛盾和摩擦都起源于误解和了解不够，因此建立通畅的沟通渠道就尤为重要。如果公共关系人员及时向员工通报组织的状况和对策，传达和解释管理部门的指令和措施，向领导和管理部门反映员工的建议、意见、情况和问题，促使各部门通报自己的状况和难处，经常帮助成员相互进行意见和情感交流，既增进彼此间的理解，又使成员有倾诉自己烦恼的地方，组织内部的矛盾就有可能降到最低限度。第四，应注意培养协作的意识和谅解的气氛。在工作中，几乎每个部门、每个员工都会认为自己的工作对组织是极其重要的。这种想法不仅有意无意地影响了人们的全局观念和协作精神，使人们对其他部门、其他人的失误和差错不能容忍。因此，应帮助员工树立全局一盘棋的整体意识，认识到彼此协作的重要意义，克服本位主义思想和做法，形成相互谅解和支持的组织气氛。第五，鼓励组织内正当合理的竞争，促进建设性冲突。团结和谐意味着减少和限制冲突，但是一团和气并不能带来团结和谐的组织气氛，只能使深刻的矛盾被表面的平静所粉饰，甚至导致虚伪和缺乏活力。只要竞争是公平合理的，手段是光明正大的，就会有利于组织的团结协作。因此有的管理学家提倡促进建设性冲突，限制破坏性冲突。建设性冲突指敢于发表不同意见，处理问题时坚持原则，不模棱两可地调解分歧。建设性冲突有利于鼓励人们保持尊严和正直，鼓舞人们的进取心，开辟解决问题的新途径，促进人们的意见沟通，消除疑虑和不满。

“外求发展”就是通过积极开展对外活动，促进组织和外界的密切联系和广泛合作，为组织创造良好的外部环境。福特汽车公司董事会主席亨利·福特第二说：“在过去的二十年里，商业界认识到，不论其活动如何合法与适当，仅从盈亏的角度考虑这些活动是不够的，还需考虑更多的事情，即明确了解国民的目标，包括社会的、经济的目标，以及尽可能使其活动符合公众舆论的普遍趋势的努力。”① 其实，不仅是商业界，而是所有的社会组织都意识到了这一点。公共关系最早就是为了组织外求发展而产生的。公共关系部门作为协调组织与外部关系的一个机构，首先应积极寻求组织和公众的共同点，促使组织在活动中兼顾组织与公众的利益。如果仅从一时一事来看，利益似乎是一个有限的苹果，组织得益多，公众则受益少，反之亦然。换言之，照顾了一方利益必然损伤另一方的利益。但是，如果看得更远一点，就会发现艾维·李所指出的真理：对公众有益的，从长远来看对企业也同样有益，即利益是棵苹果树，而不是一个苹果。日本松下电器公司创始人松下幸之助曾提出有名的“自来水经营观念”。他认为自来水对于烈日下拉货车的人来说，是比什么都好的饮料，应当是十分高价的东西。只因为自来水处处可见，价值对其主人

① 《公共关系译文集》，《开发》1987 年第 10～11 期，第 42 页。

就等于零。我的任务就是要制造和自来水一样多的电器用具，尽力使物品的价格降低到最便宜的水准。公共关系的职能就是要透过组织与外部关系的利益分歧与对立，看到双方共同的利益与一致，并且积极地发展双方的共同点，寻找双方的共同语言，并让双方都明白携手合作的益处，从而避免对立和争斗。其次，应认真倾听客户意见，处理客户抱怨。美国著名企业管理顾问彼得斯和沃特曼认为，许多组织忽视了客户，甚至将客户视为厌物；而优秀的公司并不把与客户建立密切的关系停留在口头上，而是实实在在地着手。他们还进一步指出，服务周到，保证质量，只是与客户建立一半的密切关系，另一半则是倾听客户意见。倾听客户意见一是可以根据客户需要改进服务方式和产品质量，使客户满意；二是使客户感到组织是诚心诚意为客户服务的合作者；三是能使客户产生被尊重后的满足心理，从而使客户与组织建立真诚有效的密切合作关系。在倾听客户意见时，尤其需要重视的是全面地、迅速地处理客户的抱怨。为此应该及时采取足够的措施，以消除抱怨，满足要求，确保客户满意。第三，应帮助和引导公众加深对组织的理解，使其对组织产生好感，采取支持合作的态度。从组织角度讲，一是要帮助公众了解组织的性质、宗旨、活动方式和产品性能、服务性能，使公众对组织有明确了解，知道能从组织中得到什么和不能得到什么，不抱不切实际的幻想，从而更现实理智地与组织打交道。二是帮助公众了解组织的实际难处和种种努力，争取公众的信任和好感，以求给予适当的帮助和支持。上海大名羊毛衫厂是一家街道小厂，生产所需全部原材料都靠自己“找米下锅”。一次他们向上海一家毛纺厂求援被拒绝后，采购人员了解到对方不是没货，只是不愿与街道小厂打交道罢了。于是，他们再次登门求助，找到工厂有关负责人，推心置腹地谈出自己的实际困难以及大厂支援小厂的重要性。经过诚恳谈心，激起该厂负责人的责任感和荣誉心，终于得到该厂的帮助。第四，应面向未来市场进行研究和开发，不断扩大组织活动范围。目光短浅的组织只考虑眼前的问题、方案、目的和成果。优秀的组织则既知道目前行动的重要性，又对未来的前景予以充分考虑。因此公共关系部门应具有战略思想，在各种现行决策中充分考虑组织的长远利益和长远目标，应对市场做深入了解和研究，借助于各种渠道，了解不同地区、不同文化背景下人们的不同需要和相同的需要，以及这些需要的发展、变更趋向，建立起未雨绸缪的联系，设计新产品和推出新的服务，不断扩展组织的业务活动，使组织有更广泛的合作关系。

第二节 公共关系工作的一般职能

公共关系工作作为一门涉及组织活动各个环节的经营管理科学和艺术，除基本职能外，还有与其基本职能相互补充的五项一般职能。这就是广泛收集信息，进行问题管理，提供咨询建议，策动传播沟通，组织社会交往。

一、广泛收集信息

在信息时代，信息对组织生存发展的重要意义是不言而喻的。任何形式的社会组织为了求得生存与发展，在追求其政治的、经济的或其他业务目标的同时，都必须了解自己在社会中所处的地位和环境，了解自己的形象，了解社会的趋势，了解公众的意愿、需要和态度；否则，组织就会处于盲目的运行状态之中，就可能在竞争中遭到失败。广泛收集信息对组织的意义，一方面在于它可以使组织耳聪目明，决策正确。组织的目标和对策，不是一经决定就永远不变的，它需要根据形势变化做出相应的调整。组织怎样才能知道形势变化了，变得怎样？这就需要收集有关的信息，了解市场的变化、科学技术的进步、公众需求的变化和政策法令的改变等等。有了这些信息就使组织在决策时心中有数，目标清楚，方向明确，避免盲目决策带来的失误。另一方面，广泛收集信息可以给组织带来活力，使组织在竞争中成功。市场信息、公众意愿信息、科技信息、组织形象信息，都可以使组织有针对性地改变自己的工作，改进和完善组织的产品设计和生产，改进和完善组织的生产工艺和流程，改变组织的运转方式，提高组织的工作效率。此外，这些信息还可以使组织知己知彼、扬长避短，在竞争中取得成功。

正是基于信息对现代社会组织的重要意义，有的管理学家提出：掌握了信息就掌握了组织发展的命运，失去了信息就失去了组织活动的主动权。公共关系专家格鲁尼格教授认为：现代社会组织可分为“开放的、解决问题的组织”和“封闭的、受命运支配的组织”两大类。其区别在于前者总是积极地对待自身与环境的交互作用，及时地了解环境变化，不断地吸收和研究来自环境的各种信息，了解公众对自身行为的反应，找出组织面临的问题，进而制定解决问题的方法，调整自己的决策。后一类组织使自己处于与外界环境割裂的状态，对社会发展、技术进步、市场变化、公众需求改变等等视而不见、充耳不闻，总是按照“既定的方针”我行我素，其结果完全受命运支配，幸运者存，不幸者亡。由此可知，现代社会组织的生存发展离不开信息，信息成为组织正常活动、健康发展的前提。

美国国际商用机器公司副总裁巴克·罗杰斯曾介绍经营企业的成功经验：“不论你对前景计划得多么周密，你总会遇到一些不可避免的意想不到的外界因素的变化——政府规定的更改，政治因素、通货膨胀、贸易方面的不平衡、失业、优惠利率等等……有些尚待颁布的政府规定可能使产品全部报废。因此，要有一批对周围环境的变化极为敏感的人，他们能够超越企业的局限看问题。”公共关系部门就是这种能超越企业局限看问题的专门机构。它作为组织建树形象、协调关系、提高组织活动效益的专门机构，必须广泛收集各类有关信息，使组织在发展中“耳聪目明”。因此，信息收集便成为公共关系部门一项极为重要的职能。公共关系人员必须全面准确地分析环境现状及其发展变化趋势，广泛了解与组织发展密切相关的各种信息，并及时将信息和对信息的剖析反馈给组织的管理部门。

社会组织面临着丰富多样的信息。这些信息对组织的发展来说，有的举足轻重，有的微不足道，不能统统都予以同样重视。对公共关系部门来说主要应收集以下几个方面的信息：

政府决策信息。政府是对社会进行统一管理的权力机构，任何组织都必须遵从其政策。政府的方针政策直接关系到组织的发展战略和经营方针。如果能了解并遵循政府的政策，利用政策提供的条件，就能使组织获益匪浅。反之，不明确政府制定的政策，或与之抵触，或违反政策都有害于组织的根本利益，有损于组织的形象。因此必须注意收集和研究政府的方针政策。

法律法令信息。国家通过法律法令来管理、调节和规范组织的活动和个人的活动，解决组织之间的纠纷，制裁违法犯罪分子。国家颁布的法律法令既赋予组织进行政治、经济、文化等各方面活动的权利，又赋予了组织同一切侵犯自己合法权益做斗争的有效手段。如果依法办事，不仅可以有助于组织形象的建立，还有助于组织取得合法的效益，捍卫自己的正当权利，减少不必要的损失。在我国目前的经济活动中，不少组织就是由于缺乏必要的法律知识，不懂得用法律捍卫自己的利益、规范自己的活动，从而导致了惨重的损失。

客户信息。每个组织都有自己的服务对象。要争取这些服务对象，就必须提供优质产品、优质服务。这就需要了解服务对象的需要、喜好和要求，了解他们的类型、人数和行为特征，了解他们在市场上的分布情况，了解他们对服务或产品的改进意见。

日本企业家松下幸之助常说："我们每天都要测量顾客的体温。"他要求手下的业务经理和业务人员对自己的顾客名单，必须提出和生产单位一样精确的统计数字。

组织形象信息。由于组织形象信息直接关系到组织活动的开展和组织的未来发展，不了解公众对组织的评价，不改进组织的形象，会使组织遇到麻烦甚至造成损失。因此应注意收集和了解社会各界对组织及其活动的反应，了解公众对组织的机构设置、管理水平、服务质量及人员素质、工作效率、产品质量及品种等各方面的反应，以便不断改进、完善组织的形象。

公众意愿信息。要想为组织的发展创造有利条件，开拓适宜的环境，还必须了解和尊重民情民意，了解公众的态度和意愿，了解社会各地区的风俗和习惯。这不仅是因为一般公众是潜在的客户，而且还在于公众意愿是社会文化的一种表现形式，它无所不在，影响巨大。一位公共关系专家曾说："我们的业务并不是受上帝的支配，它与社会中其他成分一样，受到整个社会环境的制约。……今天的舆论也许是微不足道的，但明天它可能成为一项法律，它也许对我们组织是有利的，但也可能是不利的。"

竞争对手的信息。孙子兵法中有"知己知彼，百战不殆"的著名论断。任何组织要在竞争中站稳脚跟，都必须了解自己竞争对手的情况和特点，这样才能扬长避短，或取长补短，使自己处于竞争中的优势地位。了解竞争对手的情况包括对方的人员配备、机构设置、技术力量、管理方式、产品质量和设计包装、服务项目和水平，资金实力和价格利润等各方面的信息。

除上述信息外，其他凡是与组织生存发展有关的信息都在收集之列，如像沟通渠道信息、金融财政信息、能源交通信息等等。收集信息时一要注意信息的完整准确，不能支离破碎或含糊不清；二要注意鉴别和剔除虚假信息，保证信息的信度和质量。

二、进行问题管理

从组织的理想目标看，任何组织的现实活动都不是没有问题的。任何优秀的组织都会面临提高和改善自己活动水平的课题。更何况情况会不断发展，组织的活动在其发展过程中会逐步过时、落后，昔日的长处可能逐渐成为今天的问题。一个组织要保持自己朝气蓬勃的活力和在竞争中的优势，不被时代所淘汰，就必须不断完善自己。这就需要找到组织的现存问题和解决这些问题的对策，同时还需要预见组织将要出现的问题，以便事先采取措施。问题管理的目的是帮助组织预测和确定社会经济、政治、文化等方面的发展给组织带来的各种新问题，以及应采取的相应措施，消除由于环境变化产生的对组织及其公众关系的潜在影响。总之，要对组织的现有问题、潜在问题采取积极的行动，制定相应的对策。这就是20世纪70年代公共关系在发展中产生的新职能——问题管理。

进行问题管理，首先要确定问题。这需要借助分析整理收集到的信息，从中发现组织的问题。每个组织对自己的形象和状态都有一种自我感觉。有的自我感觉良好，认为自己的组织不存在问题。有的自我感觉甚差，认为组织内部问题成堆。出现这种差别主要和组织的自我期望高低有关。但是，确定问题不能仅凭自我感觉，必须从社会舆论、公众评价以及市场信息、竞争对手的状况等信息来分析、了解组织的实际状况和存在的问题，从而确定本组织的问题。确定问题有两面镜子可以借鉴，一是公众对组织的评价，一是同行竞争对手的状况。在分析和确定问题时，公共关系人员应该客观地、自觉地站在公众立场上观察组织的缺陷。如果公共关系人员仅站在组织的立场上，也许会认为客户和公众的批评、评价毫无道理，看不出组织存在的问题或改进工作的必要。但是如果能自觉地做一种角色互换，站在公众立场上，代表公众的利益来对组织评头论足，就会感到公众对组织建议批评的合理性，就会发现问题的性质和程度，以及症结之所在。公共关系人员还应在与同行竞争对手的比较中，寻找自己组织的差距和存在的问题。俗话说："不比不知道，一比吓一跳。"一个组织也许会"关起门充大王"，满足于组织的经营和管理状况，这样就不可能发现组织的问题。这时需要借鉴另一面镜子，即通过和竞争对手的比较来发现自己的弱点和问题。不仅经营管理好的组织值得我们借鉴其经验，学习其长处，即使经营管理不如自己的组织也可能存在"尺有所短，寸有所长"的情况，也值得我们学习借鉴。别人之所长，就是自己之所短。

公共关系部通过对各种信息的分析整理，通过借鉴两面镜子后，应能确定：本组织目前存在哪几类问题？现阶段面临的最大问题是什么？本组织将会面临哪些问题？公共关系部对组织的问题应做到心中有数。

进行问题管理，还需要分析问题。组织的问题不外乎三种情况：组织情况良好，基本可以或状态不佳。不论何种情况都不能掉以轻心，而应对组织存在的问题进行认真地分析研究。一是需要对问题进行整理分类。弄清楚这些问题是产品质量方面的问题，还是服务方面的问题？是市场萧条的问题，还是竞争对手利用优势占领市场的问题？是组织整体形象的问题，还是偶尔失误的问题？整理分类时，要注意分析问题对组织生存发展影响的大小，分析问题究竟影响和危及组织的哪些公众，以及问题的紧迫程度。二是需要对造成问题的原因进行分析排队。找出究竟是哪些因素促成了这些问题的产生，是组织的经营管理方式造成的问题，还是根本的指导方针出了毛病？是组织自身的发展跟不上形势的变化，还是公众的意愿和需求不合理？是技术力量太薄弱，还是管理水平跟不上？

在分析问题的原因时有两点要注意：一是对公众的评价不能

全部相信和盲从，要摆脱完全受舆论左右的状态。公众并不是铁板一块，他们有不同的评价和要求，代表着不同的利益。组织在不同公众心目中的形象往往是不一致的，对组织的评价会由于不同公众的遭遇、感受和要求不同，而带有各自的感情色彩。因此既不能根据少数人的意见确定组织的问题，同时也不能忽略少数人的意见，而应本着实事求是的态度，采取科学的方法，对各方面的意见进行认真的比较和综合性评判，再根据组织的具体情况做出结论性判断。二是对问题不能就事论事。一些问题的性质并不像其直接表现出来的那样简单，一个微不足道的问题也许是一系列严重问题的先兆，一次惨重的损失也许仅仅是由于偶然事故导致的。因此应注意把表面的、局部的问题和整个组织的复杂运行状态结合起来，以求从总体上深入地把握问题的实质，从而既不小题大做，也不能放过各种隐患。总之，公共关系人员应具有敏锐的洞察力，能够透过现象发现本质。

第三，进行问题管理还需要提出问题对策。确定问题、分析问题，都是为了解决问题。因此，公共关系部门还应制定相应的措施，选择活动方案，消除问题或防患于未然。由公共关系部门提出问题对策，不等于只依靠公共关系部门的力量来提出对策，而是需要公共关系部门依靠管理阶层和广大员工的力量，群策群力来提出对策。美国一个著名企业在 20 世纪 60 年代曾严重亏损，查找问题后，通过开课、写黑板与每个员工商讨解决问题的措施，后来人人都提出了自己的看法和改进意见。在此基础上他们全面改变了自己的经营方式，使企业面貌焕然一新。公共关系部门制定解决问题的对策时，要满足以下几个要求：一要明确解决问题的目标，包括解决问题的理想目标和现实能够达到的目标，使组织在现实基础上力争实现理想目标。无论理想目标还是现实目标，都应考虑到组织的长远利益，兼顾到公众的利益，而不能只顾组织一事一时之利。二应仔细思考确定消除问题的各种方式和途径，然后再考虑必要的改革、适应、妥协、让步等措施。由于组织是一个系统，还应考虑到解决问题可能带来的“牵一发而动全身”的情况，预先制定防范、补救、应变措施。三是对策应具体实在。解决问题共有哪些措施，分几步落实，由哪个部门牵头负责协调，哪些部门协助，各阶段的目标、任务应于何时完成，都应有一个大致的规定。

进行问题管理的最后一步就是实施对策。由于工作的繁忙和人们的惰性，日常工作常常都存在着“有头无尾”的不彻底性。问题管理如果只停留在说说情况、提提意见阶段，对问题的解决是于事无补的。因此实施对策是问题管理最重要的一步。对公共关系部门来说，除了对策中自己应落实的部分要积极策动传播沟通、组织社会交往活动、评估效果外，还要督促和协调其他部门落实对策。公共关系部门的这一任务还体现在提供咨询建议的职能中。

三、提供咨询建议

现代管理是一项极复杂的科学和艺术。由于现代组织活动的规模较大，社会联系较广，运用的科学技术涉及面宽，以及信息量膨胀，单凭领导者个人的决断来进行管理已经不太可能，靠个别谋士出谋划策也无法适应现代组织经营管理的需要，因此需要各方面的专业人员来为组织领导的决策提供情况咨询和决策建议。

公共关系工作性质不同于组织的其他部门，受组织具体业务和利润指标的影响较小，公共关系部门比其他部门更关注公众利益。因此，在领导决策时提供公众需要、心理和舆论方面的信息，提出自己的见解和意见，敦促领导从公众利益角度考虑问题，就成为其职能之一。此外，公共关系部门由于工作需要，广泛接触内外公众，在接触公众、同行竞争对手及投诉者过程中掌握和积累了大量信息，清楚组织存在的差距和问题，了解员工的愿望和要求，为了帮助领导全面掌握情况，充分发挥手中信息的作用，也应该主动为领导提供咨询和建议。

公共关系部门的咨询建议并不局限于组织的领导层。为了帮助组织各部门了解组织运行的整体情况，制定和调整各部门的计划、方针和措施，为了促使组织各部门各自的工作更好地适应公众的需要，帮助各部门及时地发现问题和纠正问题，公共关系部门还应为组织各部门提供信息咨询和工作建议。

扩大组织的知名度和美誉度是公共关系的基本职能。因此，当公众欲了解组织的工作性质、服务范围、产品质量和性能、运转和管理情况时，为了增加组织的透明度，联络公众情感，公共关系部门还有义务为公众提供咨询服务。尤其是当组织出现意外事故，公众欲了解事故原因和处理结果时，及时答复公众、消除疑问，更是公共关系部门责无旁贷的任务。

公共关系部门为领导层和各主管部门提供的咨询信息不应是原始的、粗糙的，而应是经过分类整理和分析处理的，最好是在此基础上制订出各种提交领导层和主管部门选择的方案和建议。这些咨询信息和建议方案主要涉及以下几个方面的内容：

1．组织形象的评估和建议。在广泛收集信息的基础上，公共关系部门应对组织在公众心目中的形象、地位做出客观评估，做出定性的结论和定量的说明，找出组织的自我期望形象和实际社会形象之间的差距。对这种差距具体表现在哪些方面，以及属于哪个部门、哪个环节的问题都应有分析介绍。在说明组织形象的知名度有多大影响范围，以及组织形象的美誉度处于何种状况时，还应对造成这种情况的原因做分析介绍。在提出改善组织形象的建议时，应在完整掌握组织内部基本资料的基础上，提出切实可行的具体建议。如组织在管理制度上应采取或借鉴哪些措施，服务项目应如何增加，员工素质应怎样提高，都应在人员、经费、可行性等问题上予以具体说明。

2. 组织发展的咨询和预测。当组织进行经营发展方针的修订和调整时，公共关系部应依据对政策、法令和政治、经济、文化情势的了解和分析，提供有关的信息咨询和建议。当组织采取改进措施以增进组织活力时，公共关系部应提供员工的合理化建议，并帮助征询专家的论证意见。为组织发展提供的咨询还应包括对市场状况、竞争对手状况和及时、准确的信息，以及对市场动态的预测。

3. 公众心理的咨询和建议。组织与公众关系的重要性决定了组织必须随时考虑到公众利益，了解公众的心理。决策部门和计划部门有时为完成生产任务和利润指标可能忽视公众利益和公众心理。这就需要公共关系部门及时敦请他们注意公共利益和公众心理，并为他们提供公众的需求意向和态度要求方面的信息，分析公众的热点和敏感点，建议采取既不损害组织利益，又能赢得公众拥护和好感的措施，避免采取可能会激怒和失去公众，最终危害组织利益的措施。在提供有关公众心理的信息时应注意根据公众的类型加以区别。

4. 员工心理状态的咨询和建议。员工是组织的主体，员工的思想状态、心理行为和士气直接关系到组织的活力与效率。有些管理者只重业绩不重人，影响了员工积极性的发挥。公共关系部门就有必要提醒这些管理者尊重员工，并为他们提供激励员工责任感、工作兴趣、劳动热情的建议。对那些既重业绩又重人的领导，则随时提供员工思想和心理变化的信息。

四、策动传播沟通

各种现代传播媒介和传播方式的发展，使我们的生活环境中充斥着真真假假的信息，影响和改变着人们的生活。在这种情况下，一个能提供优质服务或优质产品的组织，仅仅满足于“桃李不言，下自成蹊”，是远远不够的。以为靠“货真价实”，不做宣传也能“门庭若市”的想法只适于小商品生产时代。因为在现代社会中，商品经济高度发达，产品和服务种类名目繁多，市场极其广大，竞争十分激烈。如果不设法使自己的组织、产品和服务为公众所理解，就不能达到“赢得公众的理解和支持，提高组织活动效益”的目的。因此公共关系工作的一项主要职能就是传播沟通。公共关系工作为谋求组织被公众及社会所理解，为形成、改变、强化公众对组织形象的良好印象所做的一切努力和基础工作，如果只做不说，是同样不易被公众感受到和理解到的。公众甚至会认为原本如此、应该如此。因此必须通过传播和沟通，使组织的政策、决定和措施为公众与社会所理解，使组织的处境和意愿为公众与社会所理解，使组织的努力、善意为公众和社会所理解。国内一公共关系学者曾这样形容这一职能：“付出的努力让社会知道，面临的困境求公众理解。”美国《幸福》杂志在介绍公共关系特点时曾说：“良好的表现因为适宜的传播而受到大家的赞誉。”

此外，组织各方面的公众对于组织情况都有欲知之事、应知之事。员工想知道组织经营状况，也应该知道组织的宗旨和政策；股东想知道组织的管理状况，也应该知道财务收支情况；客户想知道组织的实力，也应该知道组织的服务项目；政府想知道组织是否守法，也需要通过公共关系部门的传播沟通来解决。

传播沟通又是公共关系工作最早具有的职能，是最能体现其特色的职能。当年艾维·李开创现代公共关系活动时，就是以传播沟通为其主要特色的。八十多年的发展，使公共关系工作的这一职能日渐完善，其任务越来越明确，其手段越来越丰富，其艺术越来越高明，其作用越来越重要，因而也就越无法为其他工作所取代。

传播沟通的主要任务有两项：一是建立与维持一个组织和其

各类公众之间的双向交流，并且使这种交流成为一种稳定的、经常的联系。二是使组织内外公众的意识、舆论、态度和行为产生某些具体的变化，采取与组织基本一致的立场和组织所希望的行为。

策动传播沟通的主要方式有以下几种：

1. 借助各种大众传播媒介。大众传播媒介即各种报纸、杂志、广播、电视、电影等。公共关系人员尤其应重视与新闻界保持密切的联系和友好的关系，因为新闻媒介覆盖面大，信息传播迅速及时，因而影响较大，是社会公众与各行各业十分重要的信息来源。如果能借助新闻媒介的公开报道，就等于为组织做了免费宣传。为此，公共关系人员应当注意各新闻机构的特点、不同时期的报道中心、编辑和记者所需要的内容，及时将单位的新情况和新动向，通过传播媒介扩散出去，吸引公众的注意或为公众服务。

2. 制作、散发各种资料。为公众提供详尽的资料，是增进公众对组织了解的基本方式。资料制作类型主要有组织自办刊物，年度、季度报告，图片消息，电视录像，组织简介等。

3. 制作公共关系广告。公共关系广告不同于一般的商品广告。它应着重宣传组织的信誉和形象，着重宣传组织的政策、方针、观点和风格，以谋求公众对组织的理解和赞许。例如，法国雪铁龙汽车公司为了打进中国内地市场，精心设计了一次公共关系广告活动。他们巧借中国龙年与雪铁龙汽车的谐音，于 1988 年 7 月 18 日，在中国组织了一次“龙的行动”。活动内容是由 140 名欧洲人驾驶 100 辆雪铁龙小汽车，从中国深圳出发，途经长沙、武汉、郑州、西安等大城市，最后到达北京。全部行程 4 000千米，历时一月。这一活动意在宣传雪铁龙公司对中国人民的友好和致意，宣传组织的观点和风格，以谋求中国公众对雪铁龙公司的理解。

4. 举办展览。展览可以将反映组织形象的内容生动具体地微缩到一个特定的空间，让公众对组织形象的各个方面一目了然。展览的实物、文字、图表往往具有较强的说服力和感染力，有时会起到文字和口头宣传起不到的作用。英国公共关系协会顾问弗兰克·杰弗金斯认为：展览一是可以更好地吸引住参观者，二是可以广泛传播信息，起到一石击水、涟漪弧射的效果。

传播沟通的内容不是一成不变的，它根据组织发展时期不同有不同的侧重点。例如，在组织的初创时期，主要应扩大组织的知名度，并增强公众对组织的产品或服务的信心，增加组织的吸引力；在组织改变名称或与其他组织合并时，主要应说明变更的原因，变更后的业务和发展优势；在组织推出新的服务项目和新产品时，要注意宣传开发新产品的目的及新产品的性能；在组织发展顺利时，主要应通过宣传已有业绩，进一步扩大组织的影响；在组织形象受到损害时，主要应澄清事实，进行必要的解释，纠正人们的片面印象，对谣言予以揭露，对因质量事故而受损失的人员予以道歉、弥补损失，并宣传改进质量的措施。例如成都饭店在经过一年辛劳，被中国旅游饭店协会授予金色会徽时，就及时借助新闻媒介，报道了授徽仪式，介绍了饭店的基本业务情况，表达了更上一层楼的愿望。他们通过宣传已有业绩，进一步扩大了组织的影响。

不论传播什么内容，公共关系传播沟通的要求都是一致的。一是具有真实性。真实性是公共关系传播沟通的生命力，是取信于民的基本保证。虚假的信息对某些工作也许有利，但是对公共关系工作来说则是有百害而无一利。正如有人曾说，公共关系人员面对窘境和不宜直言时，可以巧言回避，但是绝不欺诈行骗。因为虚假信息除了使组织更快地失去公众信任、变得声名狼藉外，别无他能。弗兰克林也曾说，对公众我们只能欺骗于一时。对有些人我们也许能长期欺骗下去，但是，我们不可能长期欺骗所有的人。欺骗被戳穿之日，也是你的末日到来之时。因此公共关系中的传播沟通必须保持真实性。二是具有可接受性。公共关系工作中的传播和沟通必须更多地考虑接受者的兴趣和要求。因为公众对公共关系传播沟通的内容可以接受也可以拒绝，还可能反感。他们具有选择性和接受与否的自主权，这就使公共关系传播必须照顾到他们的口味和要求。为此，公共关系工作中的传播沟通应注意内容的客观、公正，形式的新颖、别致，不能片面地“以我为主”、“简单灌输”，更不能以权势和财势去做咄咄逼人的宣传攻势和“疲劳轰炸”；否则只会引起公众反感，并激怒公众。

五、组织社会交往

现代社会组织在与社会的千丝万缕的联系中，结成了广泛的社会关系。这些社会关系的维系和扩大，远不是传播沟通所能胜任的，还必须依靠各种直接的社会交往活动，为组织广结人缘、广交朋友，建立广泛的横、纵联系。这种社会交往，是组织生存发展的需要，它是组织获得和交流信息、联络情感、增进了解、消除误会、开拓业务的重要社会活动。

组织和安排社会交往是公共关系工作的一项重要职能。公共关系工作人员在许多正式和非正式场合都要作为组织的代表和代言人与外界交往。例如，组织在谋求发展或扩建时需要资金贷款，就需要依靠公共关系部门通过社会交往，去争取财政、银行部门的支持；在与兄弟单位的合作中，需要公共关系部门通过交往来维系友谊、寻求支持；在遇到纠纷和障碍时，也需要公共关系部门在社会交往中予以疏通。公共关系部门所开展的社会交往并不限于任务性交往，而且还有大量的情感性交往。这就使社会交往成为公共关系部门的一项日常的、经常性活动。因此，有人又将公共关系部门戏称为组织的“外交部”。

公共关系部门所进行的社会交往的对象是极其宽广的，可以涉及社会各界。它需要和政府主管部门及有关部门保持联系，以了解政府的方针、政策，向它们通报组织情况，寻求政府的理解和支持；它需要和金融、信贷部门密切交往，建立友谊和信任关系，以便能得到资金和投资保证；它需要积极参加社区活动，以争取街道组织和公众的理解、支持，减少摩擦；它需要和同行进行交往，切磋工作经验，相互取长补短；它需要和材料供应、产品销售部门联络情感，以便建立长期的友好互助关系；它需要和新闻界、广告界加强联络，互通信息，以便扩大组织的知名度和美誉度；它还需要和科学技术界、文化艺术界、社会知名人士、关心组织的公民密切联系，尽力使组织以良好的形象出现在社会上。这种社会交往有"走出去"和"请进来"两种方式。"走出去"有进行调查、拜访、登门求教，"请进来"有组织座谈、接待来访、进行联欢、引导参观等方式。

由以上社会交往范围不难看出，公共关系工作中的社会交往具有以下四点意义：它能促进组织与公众的沟通，交流彼此的意愿，交换彼此的情况和其他信息，为组织赢得理解，使组织得到社会各界的支持和合作；它能建立组织和公众之间的联系和友谊，联络双方感情，培育信任，巩固组织与公众的友好关系，使组织有一个良好的生存发展环境；它对理解和友谊的促进，可以化解组织与公众的矛盾，减少人为障碍和阻力，避免组织在生存发展过程中与公众发生更多更大的摩擦；它能扩大组织的交往面和影响面，使组织的性质、特点和良好形象为更多的公众所知晓。

对公共关系工作中的社会交往一般有三种要求。首先，它要求交往的目的必须明确。在与社会各界的广泛交往中，公共关系工作中的交往不是虚与委蛇的一般交际应酬，而是通过交往推出组织形象，巧妙地宣传组织的方针政策，解释组织的措施，说明组织的状况，沟通各方面的信息，建立广泛的联系，疏通阻塞的渠道，争取各界的理解和支持，并为今后各方面工作的开展寻找到线索和合作者。所以，它不是也不能是吃吃喝喝、拉关系、走后门，不能用不正当的手段和活动搞庸俗的关系学。其次，它要求着眼于组织的长远利益。在与社会各界的接触中，它应广泛地开展社会交往活动，力求扩大组织的知名度，提高组织的美誉度，注意和各方面维系友好关系，并注意和社会各界保持经常的密切联系，培养良好的感情；而不应“平时不烧香，临时抱佛脚”，更不能急功近利和惟利是图。第三，它要求公共关系人员作为组织形象的代表开展社会交往。公共关系人员的频繁交往不是出于个人需要，而是代表组织进行的。公共关系人员的一举一动都涉及组织的形象，因此，应注意自己的言谈举止，要热情大方、讲究礼仪，态度要不卑不亢，着装和仪表要整洁端庄，而且在交往中要顾及组织的利益和需要，不能以个人好恶情感来决定交往中的选择。

思考题：

1. 公共关系工作有哪些基本职能？有哪些一般职能？

2. 为什么说建树组织形象是公共关系工作的基本职能？建树组织形象应从哪些方面着手？

3. 协调内外关系对组织有什么意义？请举例说明。

4. 怎样才能做好“内求团结、外求发展”的工作？

5. 公共关系部门要做好公共关系工作，主要应收集哪些方面的信息？

6. 问题管理的意义何在？它有哪几个基本步骤？

7. 公共关系工作提供的决策咨询主要涉及哪些方面的内容？

8. 能否认为传播沟通和社会交往是公共关系工作的主要职能？为什么？

9. 公共关系工作中的各项职能有无联系？特点是什么？

第三章 公共关系的组织机构

在社会组织中，公共关系工作逐渐摆脱了权宜之计的境地，越来越成为一项计划性很强的经常性工作，并日益职能化。为此，在社会组织内部分化出了专门的公共关系机构。这为公共关系工作的规范化、科学化提供了组织保证。

专门从事公共关系的组织机构可以分为两大类。一类是各种社会组织内部的公共关系部，一类是独立于单个社会组织，专门从事跨组织、跨地区经营的公共关系公司。这两类公共关系组织对社会组织的公共关系工作各有所长。由于它们面临的任务基本一致，所以在公共关系实践活动中它们常在业务方面相互补充。社会组织的公共关系活动成效如何，与本组织内公共关系部的设置方式和对公共关系公司的利用程度密切相关。

第一节 公共关系部的设置

各种社会组织在其生存发展的活动中，面临的公共关系任务各有不同，社会组织的规模大小也有所不同，因此公共关系部的设置并无统一的规定，而应视组织自身状况和面临的公共关系任务而定。这里只涉及公共关系部设置的一些基本原则和基本模式。

一、建立公共关系部的必要性

随着自然经济、半自然经济向商品经济的发展，随着经营管理方式复杂化，社会组织内部出现了各种职能的分化和专门化，由此在社会组织内部也出现了各种职能部门。公共关系部是较晚才从组织中分化出来的职能部门。尽管它的出现是历史的必然，并在世界范围内成为一种时代趋势，但是，在我国对市场经济中复杂的经济规律和社会交往关系体会不深的同志，对成立公共关系部的必要性和迫切性认识也不够，因而对成立一个专门的公共关系机构，花费一定的人力、物力、财力，在经济改革和发展竞争中建树组织的形象重视不够。

目前，在许多社会组织中，大量属于公共关系范围的工作，都是由其他部门和机构来完成的。比如由宣传部门、办公室或业务部门来完成，尽管这样可以省一些人力、物力和财力，从目前来看，这些部门和机构也能胜任某些公共关系工作，但是从社会组织长远发展来看，由这些部门和机构来完成公共关系工作有三大弊病。一是对公共关系工作的职能缺乏完整理解，也不可能制定出较长远的公共关系整体计划和规划，使公共关系工作被分解得支离破碎，在实践中具有零敲碎打和权宜之计的性质，从而无法建树一个完整的、良好的组织形象。二是各部门和机构一旦从组织中分化出来，都具有了自己独特的利益和立场，彼此间的利益冲突、立场矛盾可能导致他们工作上的配合不够或扯皮，造成彼此效能的部分抵消，影响整体效能的发挥。三是公共关系人员要面对各类公众，要完成公共关系工作的七大职能，就需要认真权衡和理顺各种关系。这对许多公共关系工作的技术要求越来越高。这是其他部门和机构所无法胜任的，比如信息搜集中的社会调查、组织形象的规划、各种内外关系的协调、新闻发布会等。

成立专门的公共关系部，表面上看是多了一个机构，要多花人力、物力、财力，但是这些花费能大大提高组织活动的效益，从长远发展来看尤其如此。首先，公共关系部作为职能部门的分化与其他部门不同。其他部门是使组织职能专门化、单一化，从而产生出独自的利益。而公共关系部门则与之相反，它的主要职能是协调各部门的利益和活动，使之更好地与整体利益配合。系统论证明了存在着“整体大于部分之和”的整体效应。如能从组织生存发展的整体角度来统筹安排和协调组织的内部各部门的工作，形成一致的对外关系，则可以充分发挥组织的整体功能。其次，公共关系部作为专职部门来开展公共关系工作，不仅可以对组织形象做出整体规划，制定长远的公共关系战略和详尽的公共关系计划，而且还可使公共关系工作的技术手段不断完善，技术水平不断提高，从而更好地完成公共关系工作，更好地发挥各项公共关系职能。第三，公共关系部将各项公共关系工作和公共关系职能统筹起来，可以减少领导层的负担，使领导从大量的协调、接待、应酬等琐碎事务中解脱出来，以集中精力解决组织的重大问题。

二、公共关系部的类型和结构

在设置公共关系部时，首先要解决工作人员的人数问题。一般而论，除了公共关系部的领导者外，公共关系部大致还需要五类工作人员。一类是擅长社会调查、信息收集和分析的人员；一类是擅长制定公共关系计划、策划公共关系活动的人员；一类是公共关系活动的组织实施和传播人员，包括擅长于组织大型公共关系活动和编辑刊物、撰写稿件的人员；一类是具有公共关系技术专长的人员，如摄影、美工、录音人员；一类是公共关系工作日常接待人员。在实际工作中，有的公共关系人员可以同时承担两个以上不同类型的工作，这种兼职在公共关系部人员较少的情况下是常有的事。公共关系工作如此复杂、多面，到底以多少人为宜呢？在人数的考虑上，一般需要根据具体情况来决定。一是组织本身的规模。确定公共关系部人数的总原则是公共关系部的规模要与组织的规模相适应。从美国的大、中、小型企业来看，人数上万人、年产值超过10亿美元的巨型企业，公共关系部的平均工作人员为44人；一般大、中型企业的公共关系人员为10余人；500人以下、年产值300万美元以下的小型企业，公共关系部人数为5人左右。二是组织的需要。我国各种社会组织性质不一、任务不一，在设置公共关系部时，要根据组织的具体需要来确定人数。生产厂家、服务行业和政府部门、公益事业单位面临的公共关系任务不一样，各有自己的首要公众和主要的公共关系课题，工作涉及面和工作难度也不尽相同。因此不能仅仅根据规模大小来确定人数，还应该考虑到组织需要完成的任务的轻重。例如，一家应用面很广的日常生活消费品的生产厂家，可以将重点放在广告宣传上，而不必扩大公共关系部规模；而一家服务性公司，则可能主要靠公共关系工作去开拓市场。即使是同一类型的组织，在发展的早期或中期也有不同的需要。因此公共关系人员的多少是有弹性的。比如广州的中国大酒店、花园酒店和白天鹅宾馆，都是中外合资的大型饭店，员工人数都近3 000人，但公共关系部规模则相差较大：中国大酒店仅有6人，花园酒店有10人，白天鹅宾馆则有18人。三是组织活动区域特点。各种社会组织活动的范围有大有小，活动区域内人口和单位的密集程度也不一样，因此在考虑人数时还要照顾到组织活动范围的大小。例如跨地区、在全国乃至全球都有业务活动的，还可按地区增设一些工作人员。

设置公共关系部的第二个问题是公共关系部的模式问题。公共关系部的模式可从类型和结构两个方面来理解。

公共关系部的类型又叫宏观模式，它表明的是公共关系部在组织中的地位。在一般的组织结构中，每一个中间层次的部门，都向上级主管部门负责，同时又领导若干个下级部门。这就是人们常说的“金字塔式”组织结构。一个大中型社会组织，常常有若干层“金字塔式结构”。处于这个“金字塔结构”中的哪一层次，一般由这个部门的重要性来决定。公共关系部由于其特殊的功能和任务，作为独立性较强的信息反馈、活动协调部门，如果不能高于被协调者，那么所谓的协调也就无从谈起。但是如果它高于其他部门，成为“金字塔式结构”中的一层，又会因多一层次而影响效率和信息传递。因此一般都将公共关系部单独设置，使它既能与组织最高领导对话，能与组织中的各层次、各部门保持密切接触，及时了解组织外部的意见，又无权指挥和命令其他部门，并且不受其他部门干扰。

常见的公共关系部的类型有两种类型、四种形式：

第一种类型是最高决策层直属领导型（图 3-1）。

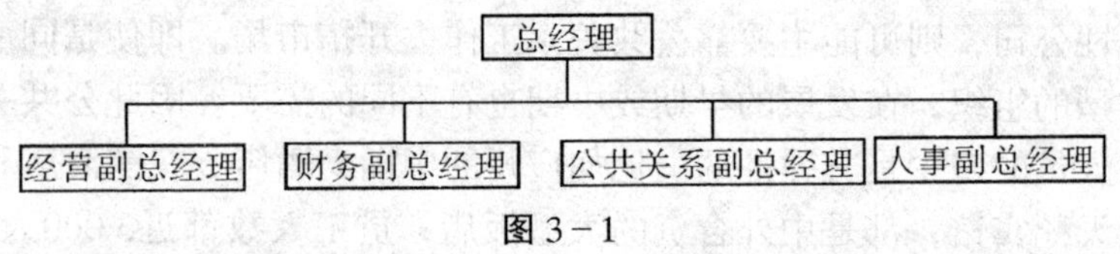

图 3-1

大中型社会组织的职能部门分工较细、层次较多。公共关系部门的负责人由副总经理担任，就可以使公共关系负责人处于最高决策层的地位，从而直接参与决策，并可以根据公共关系的具体需要来影响组织的总体规划，指挥对内对外的交往。这是一种比较理想的类型。公共关系部属于最高领导层下的第二层组织。

在一些中小型社会组织中，组织的层次结构较为简单。它没有过多的层次，可以使组织的运行更为灵活，也没有必要设几位副总经理。这时，公共关系部同样设在第二层次中，处在与其他二级机构平行的地位。这就是直属领导型 的第一种变型：部门并列型（图 3-2）。

这种类型的公共关系部虽然处在第二级层次上，但是在发挥协调职能上常属总经理直接领导。作为二级机构的首脑，也能和其他二级机构首脑一样，参加高级决策层的活动。

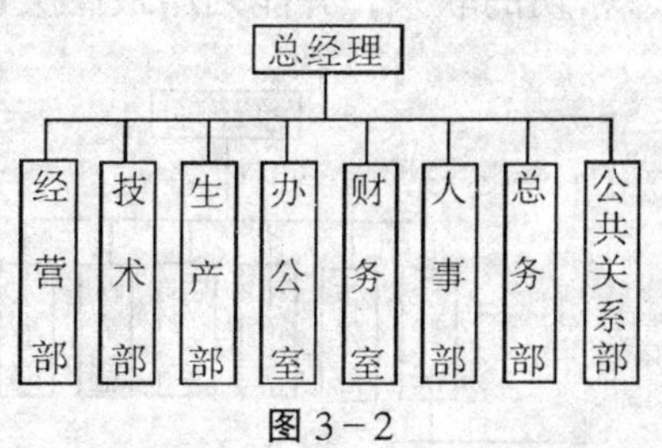

图 3－2

在一些组织当中，公共关系部虽属于第三个层次的部门，但是公共关系部的负责人与其他部门的负责人的地位是平行的，都对组织的最高领导层直接负责，只是规模较小而已。这就是直属领导型的第二种变型：公共关系部独立型（图 3－3）。

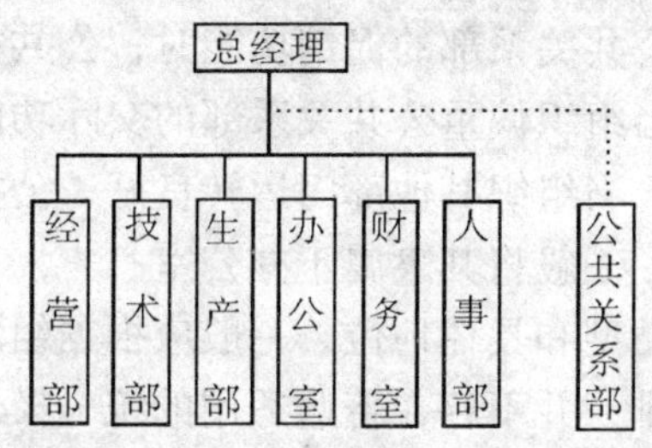

图 3－3

在这种类型中，公共关系部是独立的一个职能部门，虽然权力较其他大部门要小，处于第三个层次，但是又不归属于哪一个二级机构，是较独立和特殊的。这种类型使公共关系部的工作有较大的灵活性和自主权，使其能更好地发挥全面协调和独立对外的职能。

第二种类型是最高决策层间接领导型（图 3－4）。

在一些大型社会组织中，公共关系部处于第三个层次，属于二级机构下面的一个部，但是由于其工作的特殊性，能与最高决策层保持经常的、密切的联系，并能列席最高决策层的活动。

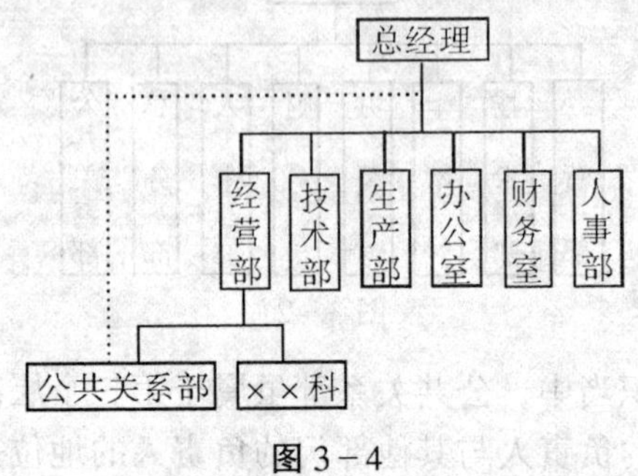

图 3-4

属于第三层次的公共关系部，视组织特点有几种隶属情况。当组织重视生产和流通的管理协调时，公共关系部一般隶属生产部门；当组织强调公共关系部的促销功能时，公共关系部隶属于经营或宣传部门；当组织偏重公共关系部的交际功能时，一般将其隶属于接待部门；当组织其他部门运转良好、公共关系部各项职能任务不突出时，一般将其隶属于办公室。

公共关系的类型和具体地位，一般应根据组织的规模、性质和活动重点来安排，并不存在普遍适用的统一模式。

公共关系部的结构又叫微观模式，它表明的是公共关系部本身的组织结构和内部分工。从国内外现有的公共关系机构看，微观模式的设置分工主要是根据组织规模的大小来进行规划，也有根据公共关系职能和公共关系工作过程来规划的。

从公共关系工作的职能来看，公共关系部的工作大致可以划分为对内关系、对外关系和专业技术三个方面。因此，公共关系部最简单的分工也应有这三个方面的分工。对这三个方面的工作分别设专人负责，有利于公共关系工作的稳定发展和技术水平的提高。常见的公共关系部的结构有以下几种：

第一种是按公共关系职能来分工的职能结构。这种结构又分为两种形式。一种形式是小型组织的简单职能结构型，一种形式是大型组织的复合式职能结构型。小型组织比较简单，只有两个层次和初级分工（图3－5）。

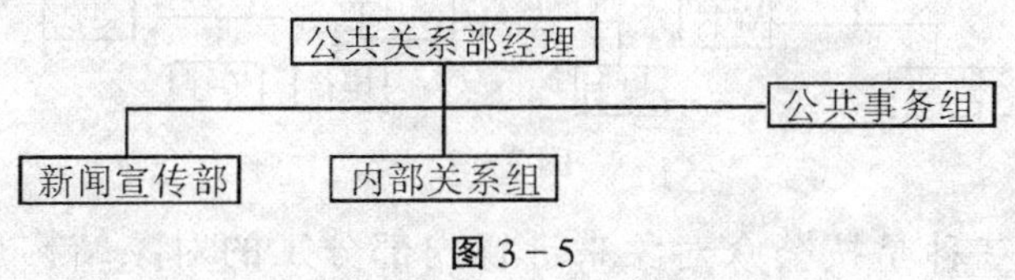

图3－5

大型组织分工较细，至少有三个层次（图3－6）。

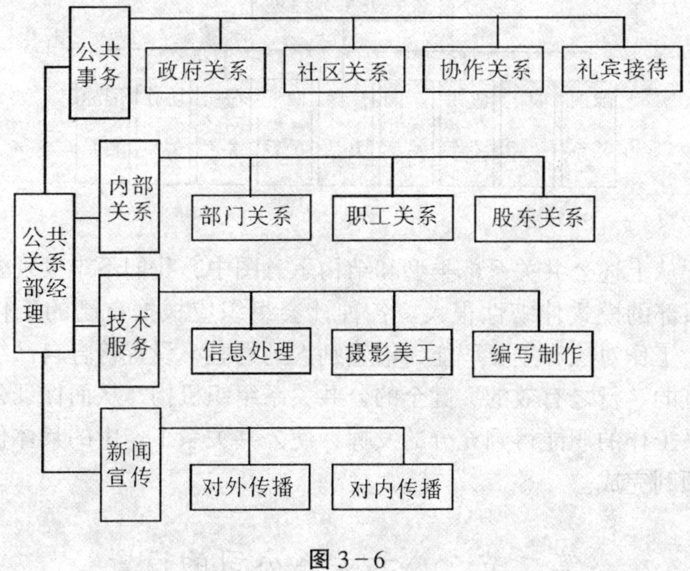

图3－6

第二种是按公共关系工作程序来分工的过程结构型（图3－7）。

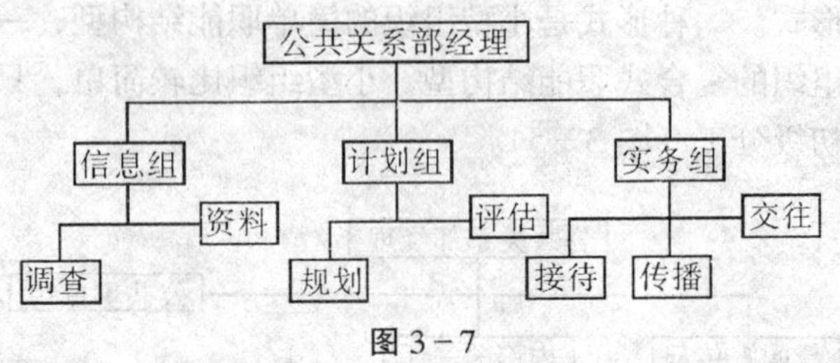

图 3－7

第三种是按公众对象来进行内部分工的对象结构型（图 3－8）。

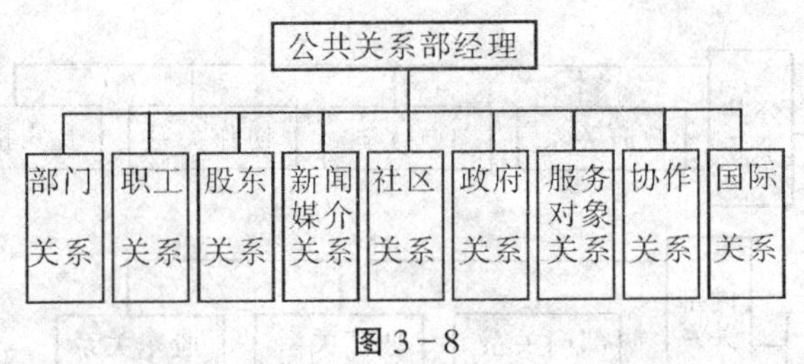

图 3－8

从上述公共关系部类型和结构示意图中，我们不难发现公共关系部的模式伸缩性很大。各种社会组织应根据自己的工作性质、工作对象和主要职能，借鉴别人的经验，设置符合自己组织特点的、行之有效的、健全的公共关系组织机构，从而保证公共关系工作的职能得到充分的发挥，使公共关系工作中的具体任务能顺利完成。

第二节 公共关系公司的设置

公共关系公司又叫公共关系顾问公司或公共关系咨询公司。它由各具专长的公共关系专业人员所组成，专门向各种社会组织提供公共关系技术服务。

一、公共关系公司产生的必然性

现代社会高度发达的商品经济和错综复杂的社会关系，社会民主化的进程和社会公众日益发展的各种权利，使得各种不同类型的社会组织都需要发展公共关系工作，以便能赢得公众的理解和支持。但是，作为“建树形象，赢得民心”的公共关系工作是一门知识和技术要求都很高的复杂工作，并不是有了公共关系意识和仅有重视公共关系工作的意识就能解决问题。尤其在激烈的社会竞争中，要建树良好的组织形象，在同类组织中“脱颖而出”，决非易事。

一些社会组织遇到的难题是：尽管认识到公共关系的重要性，并成立了公共关系部，但对如何进行公共关系活动则不甚了解，迫切需要得到行家里手的指点和帮助。比如美国早年的工商界老板们，就对新闻记者的工作方式和工作制度知之不多，认为他们专事揭丑和吹嘘，因此又敬又怕，不知怎样才能改善关系，避免不必要的形象损害。一些杰出的新闻记者便转行开办了公共关系顾问公司，帮助他们制定与新闻界改善关系的战略、战术，代表他们与新闻界周旋应酬，加强他们与新闻界的联系。

一些社会组织在公共关系实践中遇到的则是另一类难题。例如：怎样突破本组织公共关系人员在经验和活动范围上的局限性，使公共关系工作更上一层楼？如何克服本组织公共关系人员在公共关系活动中的情感障碍，使公共关系工作更加客观实际？这类问题是提高公共关系工作质量的问题。显而易见，解决问题的方案不仅在于提高本组织公共关系人员的素质，还需要聘请公共关系专家当顾问，使本组织公共关系工作能在更高层次上更加有效的开展。

此外，在现代社会中，组织的任何机构设置都涉及经济效益的问题，公共关系部的设置同样如此。一些小型社会组织在其人力、物力、财力有限的情况下，显然无力设置一个门类齐全的公共关系部。但是小型社会组织和大型社会组织一样，也有方方面面的公众工作要做。在此情况下，设置一个极简单的公共关系部，其余工作请专业公共关系公司代理完成，借助专业公共关系公司广泛的影响和巨大的优势，提高自己的知名度和美誉度，看来更合算。比如广西柳州牙膏厂委托中国环球公共关系公司于1987年9月在北京召开了一次新闻发布会，在会上重点介绍了该厂为适应消费者的更高要求和向国际标准看齐而推出的第二代“两面针”中药牙膏。这次发布会由于环球公共关系公司的巨大影响，吸引了首都新闻界、工商界众多人士参加，大大提高了柳州牙膏厂及其新产品的知名度。这就比该厂自己进行这类活动更有效和更具经济效益。

经济性原则不仅适用于小型社会组织，也适用于大、中型社会组织。现代公共关系工作的特点是专业化要求和技术性要求越来越高，许多工作都需要受过专门训练并具有丰富经验的专家来担任。但是一个组织的公共关系部如果聘请许多专家，其费用是可想而知的，而专家的利用率也并不一定高。因此聘请专家担任专项工作的顾问显然更合算。

正是由于公共关系公司能利用其人力、物力，利用其经验和知识帮助各种社会组织进一步拓展公共关系活动范围，利用其与大众传播媒介的联系为客户打通与新闻界的联系，利用其专业优势为客户提供更优秀的公共关系技术和专项业务服务，尤其是当社会组织遇到特殊和意外的公共关系问题时，能提供高质量的公共关系方案和专业意见，从而节省社会组织在公共关系活动和编制上的经费开支，因此它的产生和发展是历史的必然。

从历史上看，公共关系公司的产生甚至早于各种组织公共关系部的诞生。艾维·李1903年创办的宣传顾问事务所就是现代公共关系公司的雏形。公共关系公司在公共关系意识的普及和公共关系技术的提高方面，起了极其重要的作用。即使在公共关系已经大大发展的今天，它仍在发挥着巨大的作用。在美国，不论社会组织内的公共关系部的门类多么齐全，它们通常都要与公共关系公司保持密切的关系。对日本 317 家企业的调查表明，利用公共关系公司开展公共关系工作的企业占 65%，将来打算利用的企业占 15.7%，这两项共占 80.7%。中国环球公共关系公司在成立初期，就开始代理博雅公共关系公司及其客户在中国的公共关系事务，以后又接受了美国、加拿大、新加坡等国 20 多家公司的委托，为它们在中国提供公共关系服务。由此可见，公共关系公司的作用是相当重要的。

目前，公共关系公司已成为一种蓬勃发展的行业。美国有大大小小的各类公共关系公司2 000多家，英国有 600 多家公共关系公司。在中国，香港特别行政区有 20 多家公共关系公司，其他省市，公共关系公司也顺应潮流而诞生发展起来。除了北京的中国环球公共关系公司、广东珠海公共关系公司、上海大通公共关系公司率先成立外，各地也纷纷成立了自己的公共关系公司。

二、公共关系公司的类型和机构

公共关系公司的类型和机构也同社会组织的公共关系部一样，没有固定的模式。世界上其他国家的公共关系公司，一般有三种类型：

一种是为一般客户提供综合咨询服务的公司。这类公司为客户制定和实施公共关系计划，设计公共关系广告，推行公共关系主题活动；为客户撰写新闻稿件，打通新闻界渠道，或编写公共关系杂志；为客户收集信息，提供资料，分析评估组织形象；为客户举办新闻发布会，布置安排展览活动；为客户设计徽章、招牌、标志、门面等。这类公司一般有两类人才。一种是对某类对象公众特别熟知的专家，如社区关系专家、政府关系专家、金融关系专家、消费者关系专家、职工关系专家等；一种是公共技术专家，如公共关系广告设计专家、资料分析专家、民意调查专家、摄影专家等。提供综合咨询服务的公共关系公司所需要的人员，小型公司平均为7～25人，中型公司则有50人以上。一些国际性公共关系公司则有数百名以上的工作人员，而美国的博雅国际公共关系公司则拥有几千名工作人员，分公司遍布世界50多个国家。

一种是专门为特定行业提供专项咨询服务的公司。例如，专门为旅游服务业提供咨询服务的旅游公共关系公司，专门为工商企业的新闻传播服务的大众传播公共关系公司。此外还有专门从事农业、医疗保健、宗教事务和体育等方面公共关系活动的公共关系公司。这些公司可为客户诊断某些公共关系工作失调的原因，利用自己的知识和经验向客户提出建议，利用自己的专长帮助推行公共关系工作和提供资料服务。例如，日本“实践技术协会”创办了一家“意见销售公司”。该公司为客户提供的内容为：帮助客户收集和提供社会各界对其产品及企业本身的意见；与多家厂商签订意见经销合同，平均每月出售意见达1 200条。这类公司在规模上要比综合咨询公司小，所需的资金不多，对专业人员的要求也较单一，一般都是人数为4～6人的小型公司。

第三种是与广告公司合营的公共关系公司。这类公司一种属广告公司的附属公司，一种属公共关系公司与广告公司联营。例如在美国，属于第一种情况的有富特－科恩－贝尔广告公司下属的博雅公司。伯森－马斯特勒公司属杨－鲁比卡姆广告公司所有，希尔－诺顿公司则属汤姆森广告公司所有。广告公司这样做是为了扩大市场营销和提供一种全面的宣传服务。第二种情况是公共关系公司向广告公司靠拢，其原因是商业广告是发达工业国家企业宣传的主要手段之一，在商品经济生活中占有重要位置。公共关系广告也是公共关系传播的重要手段，二者的一致性使联营成为可能，并可以取长补短。公共关系公司与广告公司联营，可以借助广告公司的职业水准和经营经验，借助广告公司的市场调查部门提供层次更高的研究和信息，借助广告公司的媒介和传播网络进行更好的公共关系广告制作和传播。而广告公司也可改变单纯追求利润的形象，借助公共关系公司的传播方式和网络扩大业务和影响。

大中型公共关系公司的内部机构主要有三个部门：

行政部门。这是公共关系公司的领导机构。这个部门包括公司总经理、副总经理、办公室人员和一定数量的业务经理。

审计部门。这个部门是公关公司的核心机构，一般由业务主管负责人、高级公共关系专家和高级会计师组成。它的任务是在公司承办各项业务时，审查项目的可行性，进行经费核算，并负责统筹安排人力、物力和财力，监督项目实施情况，进行宏观指导。

业务部门。这个部门是具体承办公共关系公司业务的机构，一般由某一方面的公共关系专家和专业技术人员所组成。业务部门的大小、业务分类的多少主要视公司的业务状况而定。业务部门的分类可根据行业来划分，如金融关系部、教育关系部、旅游关系部、工业关系部、农业关系部等；也可根据公共关系对象来划分，分为政府关系部、新闻关系部、社区关系部、消费者关系部等；还可根据公共关系过程来划分，分为社会调查部、计划规划关系部、传播实施部、形象评估部等。业务部门下分设一些专业部门的好处是可以使专业技术水平不断提高，专业经验不断丰富，还可以使公司在同一时间内为许多客户提供服务。

一些跨地区或跨国际的公共关系公司还设有地区部或国际部，专事某一地区或某一国家的有关业务。

三、公共关系公司的服务和收费方式

公共关系公司的服务方式主要是信息服务和技术服务，间或也提供劳务服务。尽管有些公司有现成的项目和计划成套出售，如前面提到的日本的“意见经销公司”，但是大多数公司都是根据客户的要求进行工作，在了解了客户的各种相关信息后，再着手具体的顾问和咨询工作。从一般情况看，公共关系公司提供的服务主要有以下几种方式：

向客户提供公共关系咨询服务。这种服务的方式主要是利用自己的专业优势和系统完善的资料档案，由有知识、有经验的公共关系专家向客户提供有关信息，帮助分析公共关系失调的情况、原因，找出存在问题和潜在的不利因素，提出劝告和建议，制定防范和纠正措施；或者应客户要求，进行组织形象调查和评估，提出改善组织形象的建议；或者解答客户的疑难问题；或者利用公司的丰富经验和系统资料为客户的管理决策、协调内外关系提供建议和方案。

协调客户的公共关系部开展活动。这种服务方式主要是帮助当事人调整公共关系，建树良好形象，属于一种短期专项服务。它或者协助客户进行组织形象和社会舆论的调查，或者协助客户确立公共关系目标、制定公共关系计划，或者协助客户完成自身不能独立完成的公共关系活动，比如撰写新闻报道稿件、设计制作公共关系广告、打通传播渠道、组织产品展览、编辑印制组织的公共关系内刊和公共关系外刊等。公共关系服务方式有帮助客户编制公共关系预算、评估公共关系计划的，也有帮助客户确定宣传内容和沟通方式的，还有帮助客户举行特定公众联谊会和信息发布会的。如前面提到的中国环球公共关系公司为柳州牙膏厂举行的第二代两面针牙膏的信息发布会。在这种服务方式中，有些工作已不仅仅是协助工作，而是属于部分代理工作了。

全面代理客户的公共关系工作。这种服务方式主要是为一些小型社会组织和没有设立公共关系部的单位，在需要开展公共关系活动时，代理全面的公共关系工作。此时，公共关系公司就充当了这些组织的对外关系联系人、协调人和对内关系的协调人。在这种情况下，公共关系公司按照客户的要求，在调查了解客户情况的基础上，代表客户确定相应的公共关系目标，制定公共关系计划，推行公共关系事务活动，沟通内外公众与客户的联系，消除矛盾和误会，争取公众的理解和支持。比如公共关系公司替客户与罢工的工人代表接洽，制造一个温和、友善的气氛，为双方摆脱僵局提供解决方案。这种全面代理也有仅为拓展业务的。如罗马尼亚政府曾委托美国博雅公共关系公司帮助罗马尼亚增加对美国市场的出口。博雅公共关系公司受理这项任务后，动员了大批人力、物力，进行了公共关系代理业务活动。它一方面帮助罗马尼亚厂商选好打入美国市场的突破口，帮助他们了解美国消费者的心理偏好，选择自己在美国市场上有潜力的产品组织生产。为此，他们安排了美国第一流的时装专家到罗马尼亚举办讲座，介绍美国的流行款式和质量标准；在罗马尼亚举办了美国酒类展览会，帮助罗马尼亚酒类厂商了解美国人对酒的品种和质量要求。另一方面，帮助美国公众更多地了解罗马尼亚及其产品。为此，在美国举办了“罗马尼亚周”展览会，专卖罗马尼亚的产品，还在美国收视率较高的“今日”电视节目中连续播放了一周有关罗马尼亚的报道。美国博雅公共关系公司的这一代理活动使罗马尼亚政府较好地实现了预定目标。

公共关系人员的专业培训。这种服务方式主要是为社会组织的公共关系工作人员提供职业技术和知识培训。培训的方式有脱产的短期培训班，派专家去企业进行岗位实践指导，安排社会组织的公共关系人员到公司进行专业实习，使各种组织的公共关系人员迅速充实自己的专业知识和经验，提高专业公共关系工作的技能。

公共关系公司的收费方式主要有两种：一种是项目收费，一种是计时收费。

项目收费属于项目经费包干的计费方式。完成一个项目，即按完成成本和公共关系公司应得的利润合计收费。完成项目的成本的计算包括业务小组全体成员的工资和与项目有关的高级管理人员、专家、会计和文秘人员的工资；各种管理费用，如承担项目期间的房租、水电费；各种办公费用，如会议费、电话费、文具费、印刷费、邮费；各种差旅费；调查费用；顾问的报酬。除顾问的报酬外，都是实报实销。顾问的报酬则视专家的声望、资历、从事工作的复杂程度而定。有时还应考虑到项目本身带来的预期经济效益。这些费用一般在商谈项目之初就按双方协商预收一定的最低劳务费，项目完成后再收取全部费用。

计时收费是按预计完成公共关系项目所需要的时间进行预算和收费。收费的内容同样包括工资成本、行政管理费用、专业管理费用以及适当的利润，只是这些费用已折合成时间费用。然后按小时、按天、按月、按季来收费用，而不是按项目是否完成、完成多少来收费。一般来说，每小时收取费用是该人员每小时基本工资的2～3倍，即包括所有支出成本和适当的利润。

我国内地的公共关系公司最近十几年刚发展起来，还没有统一的收费标准和收费制度。在具体实践中，无论是项目收费还是计时收费，或者是其他什么方式，都由委托单位和公共关系公司自己商定。但无论以什么方式收费，公共关系公司都应详细开列和解释支出。比如一个客户收到委托的社会调查报告时，可能会认为他被多收了费而耿耿于怀。但是，如果他知道经费用在下列开支上，即用于了解、熟悉特定环境，构思调查问卷，随机分层抽样确定调查对象，印刷问卷，发放问卷，社会调查者的差旅费、电话费、邮寄费，支付各种调查费用，收回问卷的处理费用，构思报告，讨论报告，撰写报告等，就会释然于胸了。

第三节　两种公共关系机构的比较

在公共关系活动日益频繁的今天，许多社会组织除了在经费开支上需考虑究竟是设立公共关系部合算呢，还是外聘公共关系公司代理业务合算外，还不得不考虑究竟由谁来开展公共关系业务效果更好。从国内外现有的公共关系活动的实践来看，两种公共关系机构对社会组织公共关系活动的开展各有利弊。

一、社会组织中的公共关系部开展工作的利与弊

社会组织中的公共关系部开展工作，一般有以下几点有利因素：

第一，熟悉本组织内情。公共关系部既然是组织的“自家人”，自然“能见外人之不见”，比较了解自己组织的各种情况，不仅能了解领导者的经营管理方针和作风，了解组织的生产、销售和服务的一般状况，而且能深入细致地了解组织中大多数员工的特点、爱好和脾性，对组织的风气和特点有较深的体验。故公共关系部在工作中既容易抓住存在问题的症结，也因了解自己组织所具有的潜力和能做出的努力，所制定的公共关系计划也就更具有针对性，更加切实可行。

第二，能够更好地完成公共关系日常工作。组织的公共关系活动可分为定期活动、专题活动和日常事务性活动。定期活动，如组织记者招待会，为董事会准备年度经营报告，与社区代表举行茶话会；专题活动，如举办展览会、安排顾客代表参观等都可委托公共关系公司代理。但是作为大量的日常事务性工作，如接待投诉、交结各界人士、随时搜集内外公众意见、协调内外关系等，则以一个常设机构来处理为最好。这样可保持公共关系工作

的连续性和稳定性。

第三，可以提供及时的服务。公共关系部作为常设机构并隶属于组织领导，可以也应该“招之即来，来之能战”，在遇到临时性问题和突发性事件时，可以做出迅速反应和及时处理，立即为领导提供相应的对策。不失时机常常是公共关系工作取得成功的重要原因，而公共关系公司则不可能做出如此及时的反应。

第四，便于做好内部公共关系工作。公共关系人员作为组织的一员，对员工的工作、生活和甘苦以及利害得失体验较深，容易和员工产生共鸣，使员工产生更好的认同感，从而更顺利地促进内部信息的下情上达，协调员工之间、员工和领导之间、组织和股东之间的矛盾和冲突。

第五，能量入为出，注意为组织节约经费。由于公共关系部深明组织的经济实力，知道组织能为公共关系活动提供多少经费，所以在制定公共关系计划，完成各种公共关系活动时，往往不仅能考虑到公共关系工作的效果，而且也较注意经费的平衡和节约。

由组织自设公共关系部开展工作，也有不利之处：

第一，公共关系部与组织关系密切，感情色彩较浓，分析问题、考虑对策时局限性较大，有时难免失之偏颇而不察觉，出现“当事者迷”的情况。

第二，公共关系部在传播组织信息时，常常面临两难困境。宣传组织的优点、长处时，易被人视为“王婆卖瓜”，尤其是宣传产品形象时，容易产生“隐蔽动机效应”，影响宣传结果；暴露组织的缺点时，又由于利益关系而不忍，即使做了，也易被领导人和员工误为“胳膊肘向外弯”。

第三，公共关系部工作活动能力有限。一个组织的公共关系部无论怎样努力，其人力总是有限的，社会活动范围和社会联系面也有限，在完成公共关系工作的专题活动方面，其经济和技术力量、技术水平也难免存在局限性。

第四，由于公共关系部隶属于组织领导，故公共关系部的职能和业务、人员调配、活动经费、计划实施等都受组织领导人的水平和领导方式的制约，而不可能真正完全独立按公共关系工作需要开展工作，因而可能使公共关系工作的某些方面受到一些不利影响。

正是由于组织自设的公共关系部具有这些不足，所以许多组织还需要公共关系公司来协助公共关系部开展工作。

二、公共关系公司服务的利与弊

与一般组织自设的公共关系部相比，公共关系公司提供的服务具有以下优点：

第一，公共关系活动的职业水准较高。当组织的公共关系部为聘请专家的高工资而踌躇时，公共关系公司则为了自己的业务聘请了公共关系工作者及各有关方面的专家和专业人员。这些专业公共关系工作者一般素质较好，职业水平较高，具备多种才智，熟悉多种技术。由于他们经常从事较困难的工作，能应付较复杂的局面，因此在解决企业公共关系难题方面具有丰富的工作经验。

第二，消息灵通，社会联系广泛。由于公共关系公司的活动性质，使它与社会各界的联系较为广泛，能够及时了解方方面面的信息，从而做出正确的判断和反应。这些广泛的社会联系还可使公共关系公司完成组织公共关系部独自无法完成的社会交往和沟通工作。尤其是公共关系公司和大众传播媒介的联系和经验，可使公共关系传播工作更加成熟，避免自卖自夸带来的逆反心理。

第三，分析问题客观，决策准确。公共关系公司独立于它所服务的组织，能从组织的感情和利益纠葛中超然出来，达到“旁观者清”，对问题的分析更冷静、清醒和客观。由于它能将一个组织与它服务过的其他组织相比较，又无职务升迁、工资调整等等顾虑，因此可以更公正、更全面地提出问题，做出借鉴先进经验的决策，制定正确对策。这往往是组织的公共关系部做不到的。

第四，建议容易引起人们的重视。人们常说：“远来的和尚好念经。”由于公共关系公司和组织无人事纠葛，再加上公共关系公司本身的声誉，其建议和对策更容易引起组织领导人的重视和注意，更易于被采纳，从而提高工作效率。

第五，实用性和灵活性强。由于公共关系公司在人力和技术力量上的特点，开展公共关系活动更具有灵活性。客户需要处理什么问题，它马上就能提供这方面的服务。尤其是当客户面临一些自身人手不足或能力不能胜任的大型或专题公共关系活动时，公共关系公司可以提供人力和技术协助，帮助解决这方面的难题。

外聘公共关系顾问从事公共关系活动也有一些缺陷：

第一，由于公共关系公司远离客户所在的组织中心，带来服务和联系上的许多不便利条件，故会造成时间上的一些损失。

第二，缺乏对客户大量信息的深入了解，有时只能抓住主要问题和主要矛盾，因此有时难免提出一些不切实际或较难实施的对策。

第三，对组织的特殊利益感受不深，有时对这些特殊利益兼顾不够，并且由于与客户的关系不是独占关系，而是同时效力于众多客户，使客户对公共关系公司所提供的情报有所顾虑。

第四，对客户的内部矛盾不甚了解，有时提出的对策会因为会加剧内部矛盾或者触犯到某些人的利益而遭到抵制。

最后，聘请公共关系公司从事业务的经费开支比本组织公共关系部开展业务的经费一般要高。

正是由于公共关系部和公共关系公司对组织公共关系工作的开展各有利弊，它们二者才有可能同时存在和共同发展起来。注意到它们各自的利和弊，能使我们在开展公共关系工作时，“趋利避害”，利用它们各自的优势抑制其不利方面，使公共关系工作开展得更好。

思考题：

1. 公共关系部的设立，应视什么情况而定？请举例说明。
2. 公共关系部有几种设置类型？有几种结构模式？
3. 公共关系公司在社会的公共关系活动中有什么作用？请举例说明。
4. 公共关系公司有几种类型？
5. 公共关系公司可以为组织提供哪些方面的服务？
6. 两种公共关系机构各有哪些利弊？

第四章　公共关系工作的对象

为了提高工作效率，达到工作目的，我们必须明确公共关系工作的对象。随着社会活动的复杂化，一个组织的社会联系也更加丰富多样，这就为公共关系工作对象的确定增加了困难。尽管我们可以笼统地说："公共关系工作归根到底，就是要处理好一个组织面临的各种公众关系。"但是仅这样说是远远不够的，还需要我们对公众按性质、特点以及与组织的关系加以分类，才能更加有针对性地做好公共关系工作，提高公共关系工作的效率。因此，准确了解公共关系工作中公众的特点，采取各种相应的工作方式，是有效地开展公共关系工作的前提。

第一节　公共关系工作的对象分类

公共关系工作的对象是一定范围内的"公众"。按照不同的划分标准，我们可以将这些"公众"分为不同的类型，也可以根据组织的性质、特点来确定我们的特殊公众。

一、公众对象的类型

"公众"在公共关系工作中是一个特殊的范畴，具有特定的含义。除了国家政府外，一个社会组织的公共关系工作并非针对全社会的公众，而是针对全社会公众中与组织直接或间接相关的某些特定集团和个人。西方著名实用主义哲学家杜威认为，公众应具有以下三个特征：面临类似的问题，认识到问题的存在，采用某种行动以对付问题。这一界定虽然划出了公众的某些特征，缩小了公众的外延，但还是不能满足公共关系工作确定自己公众的要求。公共关系工作的特殊性，决定了它所针对的公众的特殊性。公共关系工作中的公众又称为对象公众，一般具有以下特点：

1. 公共关系工作中的公众与组织有一定的利益联系或一定的利害冲突。公共关系工作的对象公众所涉及或介入的问题十分明确，即这些问题必须直接或间接与组织的利益、目标和生存发展相联系。他们的共同利益受到组织的政策和行为的影响，同时，他们的行为、意见和态度也影响着组织的生存和发展。

2. 公共关系工作中的公众类型和层次具有多样性。公共关系工作中的对象公众处于多种组织状态之中，他们既可以是“为了合理、有效地达到自己的目标，有计划、有组织地建立起来的分工明确的一种社会组织”，也可以是“具有共同兴趣、共同意识或共同文化心理和具有相互联结核心的群体”，还可以是“与其他人处于不自觉状态、无联系状态，但是与本组织有某种联系的无数个人”。不能因为“Public Relations”是复数形式，就认为公共关系工作的对象公众就只能是群体，而不能是个人。其实，公共关系工作中对象公众的复数形式表明的是公众类型的多样性和公众层次的复杂性，当各类公众组成公众整体时，就必须用复数来指代。

3. 公共关系工作中的对象公众具有可变性。公共关系工作中的公众对象处于不断变动之中，即这些公众在数量上、成分上随着组织状态的变化或时间、场合的变化而变动。当组织的性质、任务改变后，其公共关系工作的对象公众也可能随之而改变。此外，公众自身也在不断变动，某些人、某些群体和社团，此时此地可能成为组织公共关系工作的对象公众，彼时彼地则可能由于社会变动与组织再也无缘，而不再是组织的对象公众了。

了解公众的一般特点，仅仅是认识、区分公众的第一步。为了更好地把握公众，实现公共关系工作目标，在公共关系实践中人们还创立了各种将对象公众分类的方法。

最常用的分类法是将公众分为内部公众和外部公众。这是按照公众与组织的关系及公众本身的性质、特点而进行的分类。内部公众是组织的成员，它包括员工和股东。这类公众与组织的关系最为直接、密切。外部公众是与组织生存发展有利益关系或利害关系的除内部公众外的全部公众。它包括组织的客户、竞争者、合作者、金融机构、新闻媒介、社区组织、政府机构、社会团体等。

按照公众本身的稳定和组织程度又可将公众分为非组织公众和组织公众。非组织公众包括流散型公众、临时型公众、周期型公众、稳定型公众。流散型公众是最分散、最不稳定的公众，如游客；临时型公众指因某一共同问题而暂时聚集在一起的公众，如产品展销会的公众；周期型公众是活动较有规律、按某种时间特点周而复始出现的公众，如参与季节性活动或周年纪念活动的公众；稳定型公众是兴趣、爱好、习惯比较稳定，与组织或组织的产品、服务保持较稳定联系的公众，如社区的居民、老主顾等。组织公众是以组织形态出现的公众，包括企事业单位、社团组织和权力机构。

按照公众对组织的态度又可将公众分为顺意公众、逆意公众和独立公众。顺意公众是对组织的政策和行为持赞赏和支持态度的公众，逆意公众是对组织的政策和行为持批判和敌意态度的公众。毫无疑问，公共关系工作就是要保持和扩大顺意公众，争取独立公众，转化逆意公众。

根据公众与组织的关系状态又可将公众分为现在公众和潜在公众。现在公众是已经与组织发生确定关系的公众，它包括知晓公众和行动公众。知晓公众是已经知道组织的存在和业务范围，对组织的有关信息有所关注，但是尚无往来的公众；行动公众是与组织有了往来的公众。潜在公众是指将来可能与组织发生业务往来或利害关系的公众。公共关系工作者在制定公共关系计划时应有发展眼光，要善于抓住潜在公众，扩大现在公众。

根据公众对组织的重要性还可以将公众分为首要公众、次要公众。对一个组织来说，公众对组织的重要性有轻重主次之分。首要公众是对组织的生存、发展和信誉有举足轻重影响的公众，如员工中的骨干和股东、新闻机构、重要客户等；次要公众是对组织影响不大、作用不突出的公众。尽管公共关系工作不能也不应该忽视次要公众，但是公共关系工作和其他任何工作一样，有着自己工作的侧重点。显而易见，组织应投入最多的时间、精力、人力和物力来维持和改善与首要公众的关系。

依据不同标准和方法进行的公众类型的划分，在实践中是相互交叉、重叠的。做这些划分有什么意义呢？公共关系工作是可深可浅的工作，如只做一般工作，可将公众做任一标准的划分和数字说明。但是若欲将工作做深一些，则须对各种类型的公众做一个相关分析，使公共关系工作针对性更强。例如，在制定公共关系计划和报告公共关系工作成果时，可将公众做一个相关分析：不仅要清楚组织现在公众有多少，潜在公众有多少，而且要分析现在公众中有多少顺意公众、逆意公众和独立公众。如果可能，还应进一步分析各类公众中首要公众和次要公众各是多少。组织的公众类型划分见图 4－1。

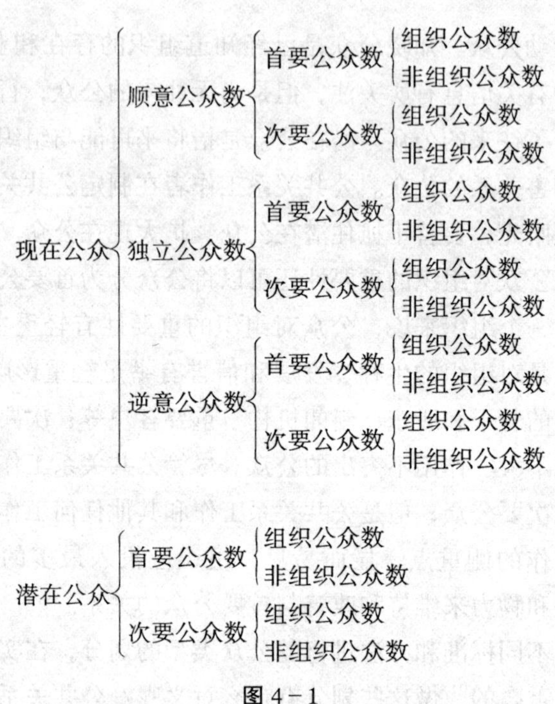

图 4－1

在上面的分析中，现在公众和潜在公众表示的仅是一个公众的数量问题，表示的是组织的知名度。具体的顺意公众、独立公众、逆意公众表示的是公众的态度和性质问题，表示的是组织的美誉度。首要公众、次要公众表示的是公众影响的大小问题，可以作为数量分析的权数。如果能这样深入地做相关分析，则可以使公共关系工作的情况更明确，工作成果分析更精确。

对上述公众类型的各种划分，不仅有助于我们进一步了解公共关系工作的对象公众，而且有助于我们根据不同对象公众的类型，采取有针对性的公共关系措施。由于各类对象公众对组织的生存、发展和信誉具有不同的制约和影响，同时对组织又有不同的利益要求，因此我们应根据他们的特点和权益要求，综合考虑公共关系计划。

二、不同组织的特定公众

明确了公众的一般类型，对公共关系人员来说还不够，他们还必须在制定公共关系计划和开展公共关系活动前，认清自己组织的各类公众。由于公共关系中的公众都是和特定的组织联系在一起的，与每个组织打交道的公众都是不同的。因此，公共关系工作人员必须根据组织的具体性质和活动范围，明察环境，把握各类关系的脉络，确定自己组织的具体对象公众。这样才能使公共关系工作的针对性更强，减少不必要的消耗，取得更大成效。

根据组织的性质和活动类型，公共关系可分为工商企业的公共关系、公用事业的公共关系、社会福利事业的公共关系、旅游服务业的公共关系、传播媒介的公共关系、政府机构的公共关系、国际公共关系等。

对工商企业来说，最主要的公众之一是顾客。因为顾客是工商企业实现自己利润目标，求得发展的根本保证。顾客又可大致分为用户、零售商、批发商几类。并不是所有顾客对组织的影响都一样，在这些顾客中，老客户、交易额大的客户、社会影响面广的客户、发展潜力大的客户是最重要的公众。除了顾客外，最主要的公众是组织本身的员工。员工是完成组织任务、实现组织目标的根本力量。员工中的技术骨干、业务骨干、非正式群体的领袖是公共关系工作应予以重视的最重要的公众。工商企业的第三个主要公众是股东及由股东选举出来的董事，以及其他能提供较大信贷金额的单位和个人。其他主要公众视市场情况和组织的具体情况而定，如果原材料紧缺，原材料供应商则为主要公众；如果社区支持至关重要，社区组织和社区居民则为主要公众。在各类公众中，由于政府和新闻界的影响力最大、影响面最广，故始终应视为组织的重要公众。

对公用事业组织来说，它们是为城镇居民提供最基本的生活必需品和生活设施的社会组织，涉及的公众面最广，公众的成分也最繁杂。它们的主要公众是社会公众，即组织产品和服务的使用者，如城镇居民和企事业单位的职工。它们的重要公众有资金和物质的提供者、本组织的员工、捐助团体和捐款人、政府、新闻界等。公用事业组织为社会提供的必需品、设施和服务具有一定的独占性，资金来源也有一定保证，因此容易忽视其主要公众的要求。而社会公众对这些组织的服务又有较高的要求，彼此间又有频繁的接触和联系，因此这些组织和公众的矛盾较为突出，这就更有必要做好这些公众的工作。

旅游服务组织是为各种游人或出差人员提供住宿、交通、导游、出售地方特产和纪念品的社会组织。其主要公众是游人和出差人员。这类公众流动性强、变动性大，且成分复杂。因此，旅游服务组织需要在服务设施、服务内容、服务质量方面狠下功夫。做到服务设施安全、舒适、配套、便利，服务内容丰富，具有地方特色，服务质量周到、热情，从而尽量使流动性强的顾客增加稳定性，或成为组织的义务宣传员。旅游服务组织的其他重要公众还有内部职工、交通运输部门、银行、邮电部门、其他旅游部门、新闻界等。

政府机构要面对社会的全体公众，因此公众对象更加错综复杂。在国际上要与国际间的各种政治、经济、文化组织发生接触和关系，在国内要与上级政府和下级机构打交道，要与社会各界打交道。从整个政府来说，当地居民自然是最重要的公众，因为得不到人民的支持，政府必然要垮台。政府的另一个极重要的公众是它的雇员——公务员。政府必须和它属下的公务员保持良好的关系，否则很难维持其效率。其他公众有外国政府团体和民间组织，有外地政府和民间团体，以及舆论界、社会名流等。在西方，政府常常花大力气做公共关系工作，以赢得民众和社会团体的理解和支持，建树政府民主、廉洁、效率的形象。

在公共关系中，要根据不同的社会组织区分特定的公众，就是要求公共关系人员根据自己组织不同性质的公众，采用更恰当的传播和交往方式，准确、及时、有效地向特定公众传递有关信息，在公共关系预算和资源许可的范围内，确立优先原则，更经济有效地使用经费和资源。同时，也只有在确认了对象公众后，才能制定出更加切实可行的、针对性强的公共关系计划。

第二节　公共关系工作的内部公众

内部公众是与组织关系最密切、最重要的公众。内部公众的心理状态、工作状态和协调合作状态，直接关系到组织效能的发挥，也直接关系到组织在生存、发展中的竞争能力。因此“内求团结”是公共关系工作的起点。

一、团结内部公众是公共关系工作的起点

任何社会组织，都由一定的人员组合而成。这些以特定方式组合起来的人员就是该组织首先面对的公众，也是组织直接面对的最接近的公众。在小商品经济时代，社会组织规模一般较小，人数较少，管理者和被管理者隶属关系直接、简单、明确，职能部门的划分也不确定，加上家长制的管理方式，员工间的关系协调、控制比较容易，员工作为内部公众的特点并不十分明显，但员工作为一个大家族一致对外的特点却十分突出。随着现代社会的发展，组织规模日益扩大，组织成员日益增多，部门分化和分工更加明确，科层制的管理方式使管理者无法直接面对众多的被管理者，人情味日益被利害关系所制约，被规章制度所取代。同时，员工对组织的依附性降低，流动性、选择性、独立性增加，部门协调和员工配合更加复杂化，员工作为公众的特点日益明

显。更由于证券民主化和股份制的进程，股东可以多买股票，成为组织的关心者、支持者，也可以抛售股票，退出组织。许多社会组织需要稳定和发展组织的证券持有人，更使组织内部公众的范围扩大、特点明显。随着市场经济的发展，社会文化中维持人际关系的血缘、地缘关系，友谊和义气日益为实际利益所取代，科学化的管理提上了议事日程，员工具有了内部公众的地位。

组织的内部公众是组织的重要公众之一。首先，内部公众和组织的利益目标息息相关。无论是员工还是股东，其经济利益的好坏和社会利益的保障往往取决于组织的经济效益和社会效益的状况。而组织利益的实现也有赖于他们的努力。由于这种关系，他们在许多重大利益问题上和组织的利益目标基本上是一致的。同时，由于他们的利益分配又直接受到组织利益的约束，他们和组织之间又存在着直接的利益矛盾。可见他们之间既有密切关系，又有直接矛盾。这种关系处理好了，就有利于组织的发展；这种关系处理得不好，就有可能危及组织的生存。

其次，内部公众是组织运行和发展的基础。组织的一切计划和措施，都需要通过他们身体力行予以实现。组织在使用、调度和管理过程中，也和他们存在一定矛盾。而他们的精神状态和职业素质、彼此的协作配合、积极性和潜在能力的发挥，都直接影响着组织目标的实现程度，影响着产品质量和服务质量，影响着组织形象的建树。

再次，内部公众是组织与外部公众联系的触角。组织为客户提供产品，提供服务，接待来访人员，进行供销联系，都要通过内部公众来进行。组织形象的好坏往往与内部公众的服务质量和言谈举止分不开。内部公众在工余时间，还要和亲属、朋友以及各类人物打交道。在这种交道中，他们有意无意地会传播组织的有关信息，扩大组织的影响。如果他们注意为组织建树良好形象，替组织宣传产品和服务，那就会有益于组织；如果他们大唱反调，进行贬损组织的有关活动，就会大大损害组织的形象。

正是由于内部公众的这种地位和特点，任何组织首先要团结自己的内部公众，依靠自己的内部公众。只有调动内部公众的积极性，发挥他们的主动性和创造性，使其团结一致、齐心协力、关系协调，才可能成功地“外求发展”。正是基于这一点，我们说团结内部公众是公共关系工作的起点。

在我国的各种社会组织中，均有专事管理和负责协调的职能部门，如人事部门、党团组织、工会和妇女组织等。公共关系也来插手内部公众事务，有无必要呢？公共关系部是否应只搞“外交”，不理“内务”？事实上，针对内部公众而进行的公共关系工作，在协调内部关系上有自己的独到之处。首先，内部公共关系工作在组织内有独特的作用。管理机构、人事部门是管理阶层的职能机构，工会是职工利益的代表机构，而公共关系部则扮演一种“中间人”角色。它既是“管理部门的助手和顾问”，可以向员工、股东传达和解释管理部门的指令和措施（因为有些措施在员工不理解或抵触时，可能遭到消极抵制，而管理部门可能无暇解释，或出于策略上的需要，为了维护尊严不必解释，或者由于利益对立，即使解释了也不被对方所接受。这时就需要有人从中调停），又可作为员工、股东的顾问和代言人，维护员工、股东的利益，反映他们的要求，协助有关部门解决他们的切身问题。其次，内部公共关系工作有独特的工作方式。尽管组织内部有很多机构都在进行内部公众的管理和协调工作，但是只有公共关系工作是以沟通和传播为主要方式的。管理部门、人事部门、工会、党团组织是分别从人员的奖惩、聘用、升迁、福利、思想政治工作等方面着手管理和协调的。公共关系工作则借助于现代传播技术和技巧，沟通联系，消除误会，联络感情，促进理解，从而创造和谐融洽的气氛。这种工作方式和作用，是其他部门所无法取代的。

综上所述，公共关系内部公众工作的任务就是促进组织内部的沟通和理解，促进组织内部的合作和团结，调动内部公众的积极性，充分发挥他们的潜力，使人人关心组织利益，珍惜组织形象，从而提高组织的工作效率和工作质量。

二、内部公共关系的员工工作

科学管理理论对人性的假设和认识经过“X”、“Y”、“超 Y”和“Z”四个阶段的发展，已充分认识到组织的员工是复杂的社会人。人们的需要、目标和行为特征，随着其年龄和经历的变化而变化，随着社会文化和社会经济的发展而发展。在当前中国社会中，公共关系工作要协调好组织内部的员工关系，调动他们的积极性，就需要做好三个方面的工作：

第一，准确了解员工的状况、想法、需要和存在的问题。了解员工的身体状况、技能素质状况和思想状况，是着手实际工作的基础。只有在这个基础上，才能做出具体计划和部署：沟通和传播什么？怎样去促进沟通和传播？能够提出哪些切实可行的要求？需要解决什么问题？

第二，重视员工的物质利益要求，为建立良好的员工关系奠定坚实的基础。员工参加组织的工作，其最直接的目的是以劳动换取一定报酬。尤其是我国职工工资收入水平普遍较低，工资收入和福利待遇直接影响他们的日常生活，他们关注组织的利益分配，要求改善物质待遇的要求，就显得更为迫切。如果这一愿望不能很好地得到满足，他们就不可能安心工作。因此，一方面，公共关系工作人员要敦请组织领导重视改善员工的物质待遇，在可能的条件下，尽量把员工的物质待遇搞好；要及时向组织领导反映员工对工资和其他物质利益的分配意见和要求；敦促领导认真贯彻按劳分配原则，力求在现有条件下公正合理地解决工资调级和利益分配问题。另一方面，组织要提高员工的物质福利待遇，又受到其经济效益和社会生产发展水平的限制，不可能完全满足员工的要求。因此这又需要公共关系人员通过沟通，如实地向员工们说明组织的经营状况、利润收入、分配政策和分配状况，以及组织的困难，以求得员工的谅解和合作，使员工对工资和福利待遇的期望值保持在现实、合理的水平上，对组织用于扩大再生产、更新设备、开拓市场、技术培训的经费开支予以理解和支持。员工的物质要求既是一个常量，又是一个变量。他们对自己的工资福利满不满意，不仅仅取决于工资份额，也取决于他们的参照模式。参照模式通常有三种类型：一是他们原有的工资和福利待遇，一是组织内其他人现有的工资和福利待遇，一是社会上其他组织同类型人员现有的工资和福利待遇。通过各种参照模式的比较，他们就产生了对自己工资、福利待遇的期望值。员工对自己的工资、福利待遇不满意，常常是因为工资绝对值和期望值之间的差距造成的。因此，公共关系人员主要应分析员工的期望值有多大，有多少现实可能性，能满足的就应设法满足，不能满足的要通过沟通使其降低期望值。

第三，尊重员工的精神要求，激发员工的工作潜力和劳动积极性。员工的文化素养、价值观、人生经历和志趣不同，其需要和追求也不同。现代管理学理论认为，把员工关系简单地视为"干活与拿钱"是不对的。美国心理学家马斯洛认为，人基本的物质需要得到满足后，精神上的需要就会逐渐上升成为主要需要。英国学者尼格尔·尼克尔逊对英国管理学会的2 300名会员进行的一次调查表明：被调查者平均每人每三年换一次工作。他们另谋职业的动机往往不是金钱和地位，而是谋求更有挑战性、更受重用和更能发挥创造性的机会。因此，现代组织理论一般都强调，要创造良好的条件对员工进行精神激励。精神激励的主要特点，是引导员工在工作中寻求生活的意义和乐趣，通过在工作中的创造性活动获得尊重，得到心理上的平衡和满足。

公共关系对员工进行精神激励的主要方式有以下几点。

第一，承认和尊重员工的个人价值。一般来说，组织追求的是团体价值，但是团体价值是和个体价值联系在一起的。如果个体价值得不到尊重，个体就会自轻自贱，或者强烈不满，从而缺乏主人翁精神，产生不负责任的行为。因此，应通过承认和尊重员工的个人价值来激发其主人翁责任感，使其自觉地把个人价值和团体价值融合起来。承认和尊重员工的个人价值，主要是通过相信和依靠他们，放手让他们工作，及时肯定和赞赏他们的成绩与贡献，尊重其人格和自主权来体现的。

第二，让员工分享足够的组织信息，参与一定的组织管理。分享信息、参与管理是培养主人翁责任感的重要一环。让员工分享信息，不仅是尊重员工的重要表现，也是让员工体谅、理解组织领导困难的重要方式。让员工了解组织领导是如何决策的，为什么这样决策，以及组织领导的工作情况，他们才能对领导和领导的决策予以理解和支持。各种严格的“保密制度”，不仅使员工方向不清、情况不明，而且容易引起猜忌和误会，最后导致对组织漠不关心，或怨声载道。如能经常通过黑板报、内部刊物、闭路电视、组织内的有线广播、热线电话、会议、展览会、总经理致函，向员工介绍组织的运转情况，组织的决策目标，竞争对手的情况，领导工作的情况，模范的业绩，组织的新产品、新技术、新设备，安全生产常识，员工新闻，人事安排调动，福利情况等有关信息和重大决策，必然能满足员工的心理需要，使其感受到自己是组织的一员，得到了应有的重视。让员工在一定程度上参与组织决策过程，不仅只具有确保组织成员民主权利的意义，也不仅有集思广益以求决策更正确、更科学的意义，而且可以使全体员工在精神上产生当家作主的满足感，从而把他们引向同一目标。美国著名企业家玛丽·凯说：人们会支持他们参与创造的事物。当员工参与管理和一定程度的决策时，他们对自己参与决定的管理制度和生产措施，总是身体力行的。反之，如果员工希望表现自我能力的心理需要被忽视和受到压抑时，就可能转变为组织中的异己力量，就可能在“离心力”的影响下产生消极抵制和对抗的行为。

第三，完善合理化建议制度，培养员工的进取心和自豪感。现代管理理论揭示了人不仅有基本的物质需要，而且有强烈的成就需要，希望有机会更充分地实现自己的社会价值。职业工作是人们施展抱负、建树成就的主要场所。因此，只要可能，人们总是希望能在工作中一展身手的。在工作中，每个员工又是自己工作领域内最熟悉情况、最有发言权的人。因此，健全合理化建议制度，广泛征求收集员工改进工作方式、工作程序、操作技术的意见，对组织发展具有重要意义。这一方面使员工的创造力和潜能得到开发利用，给组织带来巨大的经济效益；一方面又使员工的成就欲望得到满足，个人价值得以实现，从而产生自豪感和强烈的进取心。这样做的结果，还在于能形成一种良好的风气，使员工人人关心组织，注意创造性地做好本职工作。

第四，创造良好的群体气氛，使员工们处于愉快和竞争的环境中。群体气氛是组织成员对工作环境、组织结构、人际关系、团结程度、领导作风等等的体验感受、行为表现、情绪反应和关系状态的总和。它反映了组织成员处理彼此关系的方式和对待组织、对待工作的态度。根据霍桑实验得出的“社会人”理论认为，员工不是各自孤立存在和工作的，而是作为群体的一员而存在和工作的。在工作中，他需要协调与其他人的关系，需要得到友谊、安全感和归属感，需要在友好的气氛中工作，而不愿意在充满敌意的氛围中工作。因此他的劳动态度和工作效率不但取决于物质报酬或思想觉悟，还常常取决于他和其他人的关系，取决于自己所在群体的工作态度和气氛。一般来说，他更愿意顺从于众人，而不愿忤逆众人。如果组织有良好的群体气氛，就会感染和影响个人，从而增加组织的向心力和活力，使员工们彼此协调配合，心情愉快，提高劳动效率。反之，就可能干扰和制约员工的工作热情和劳动积极性。因此，公共关系工作应注意培养和造就良好的群体气氛，创造一种使全体员工能积极向上与和谐相处的组织活动环境。

公共关系工作创造良好群体气氛的主要方式有：①改善员工的工作环境和劳动条件。心理学研究发现气温、噪音、照明、空气流通、工作间颜色都能影响员工的情绪感受、竞技状态和彼此间的配合协调。因此，应力求为员工创造优美、舒适和确保安全的工作环境和劳动条件，使劳动成为一种更具情趣的活动，使员工能更好地发挥自己的潜力，同时也更通情达理，减少不必要的摩擦。②开拓竞争渠道，增加奖励方式。现代组织内部已引进竞争机制。竞争的优胜者只能是少数，竞争中的失败和对成功者的奖励，让失败者感受到双重的不幸，难免会产生嫉妒和不平，从而伤了和气，增加了矛盾。公共关系部门若能多设立一些竞争项目，多创造一些竞争机会，使每个各有所长的人都能发挥自己的特长，使那些在此次、此方面失败的人能在彼次、彼方面得到一定补偿，使组织内形成一种公平竞争风气，人人有机会展示自己的才能，就可减少矛盾和摩擦。另外，以集体参与的竞争能增加集体内成员的凝聚力，形成齐心协力一致对外的竞争心，故公共关系部门应力求使竞争以班组、科室、部门等更大的组织单位方式进行。③关心员工生活，扩大情感交流。群体气氛既可自发形成，又可着意引导。约翰·小洛克菲勒在谈他的管理经验时曾说："我力图把美元、美分、股票和红利变得带有人情味。"在组织创造和培养良好的群体气氛，需要公共关系人员从平时着手，从小事着手，在员工中培植主动关心人、帮助人的风气，建立人与人的信任感和亲切感，从而带动和改善整个群体的气氛。比如关心员工病痛，帮助员工解决具体问题，进行生日祝贺，日常见面问候。为了增进员工的相互了解和友谊，还可以组织各种各样的俱乐部和集体娱乐活动，为员工提供交流感情的机会。④引导非正式群体的活动向健康方向发展。每个组织都有一套正式的组织系统，如科室、班组，这是为了执行组织任务，实现组织目的，按一定编制而形成的正式组织结构。每个组织内又有一种自然形成、以感情为纽带的非正式群体。非正式群体以某种共同利益、观点和爱好为基础，其联络沟通活动往往比正式组织更密切，有更强的内聚力和感召力。非正式群体一般由足智多谋或才干出众的人当首领。他对其他成员具有心理上的指挥权，一般称之为“意见领袖”。非正式群体有不成文的奖惩方式，有比较灵敏的信息传递渠道。非正式群体成员往往更重视非正式群体的行为规则。当这些行为规则与正式组织的行为规则相抵触时，他们多半宁可违背正式组织的行为规则，也不愿背弃非正式群体的行为规则。这就使非正式群体中的工作情绪和工作气氛对正式组织的群体风气影响甚大。因此，公共关系人员应注意引导非正式群体活动向健康方向发展。一是要了解各种非正式群体的分布和活动状态，分析其活动的积极性和消极性，注意表扬和发挥他们的积极作用，将其导入正轨，并注意了解消极性产生的原因，以便对症下药。二是学会与非正式群体的“意见领袖”交朋友，了解和利用他们的长处。工作遇到阻力时，先向他们做详尽的解释和说服工作。还可以把他们推荐为正式组织的管理人员，使其对群体的影响趋于健康。三是利用非正式群体成员间互相信任、说话投机、情感密切的特点，让他们形成正式组合，独立承担生产任务，并引导他们互帮互学，提高技能。

综上所述，内部公共关系的员工工作就是依靠和配合组织的各个职能部门，通力合作，力求在组织内达到上情下达、下情上呈，形成一种团结、和谐、协作的群体气氛，尽可能使每个员工都得到更大的满足，更好地发挥出自己的潜能。

三、内部公共关系的股东工作

股东关系是组织内部公共关系的重要组成部分。股东关系包括与种种投资者的关系。西方在第二次世界大战后，随着经济的急速发展，许多组织急需增股筹资，广大群众手中也握有一定数量的游资，从而使有价证券大众化成为可能。随着证券大众化的发展，西方发达国家股票持有人数急剧增多。例如，在英国1970年估计有3/4的成年人是直接或间接的投资者。其中持有企业或政府股票的直接投资者约有450万人～500万人。美国的股东人数则以每年100万人的速度增长，现在全国已有几千万股东。在此情况下，许多企业鼓励员工购买本企业的股票，以此作为增加员工责任心和合作精神的激励手段。随着大众化股东的出现，资本主义社会还诞生了为之服务的证券交易所。股东人数的增加和各种社会组织争取股东投资的竞争，使股东的地位和作用日趋重要。

我国在改革开放前，以公有制为重，国有企事业单位归全民所有，集体企业归集体所有，不存在股东关系。随着对外开放和经济体制的改革，许多工商企业、科研机构和一些学校为了增加活力，开辟新的资金来源，纷纷采取了社会集资的方式。我国的“集体股东”和“个人股东”应运而生，日益增多。目前国内形形色色的股东可以分为三类：以组织为单位开展横向联合或集资而产生的集体股东；人数众多而分散，持有或多或少股票的个人股东；中外合资企业中的国家股东、集体股东和个人股东。随着我国股份制经济的发展和股票市场的兴起，还出现了股票经济人、证券分析家和金融新闻人员。

我国在现代化建设中遇到的最大的难题之一是资金缺乏，这一问题深深地影响了各种社会组织的发展。同时，随着经济的发展和人民生活水平的提高，群众手中的游资也不少。因此，吸收群众手中的游资，为自己组织发展筹措资金，成为社会组织解决资金来源的一个重要渠道。这就要求做好现在股东和潜在股东的工作。

股东对组织发展的重要作用和密切关系，使其成为组织的重要支柱。公共关系做好股东工作的意义首先在于股东是现代社会组织的重要资金来源。任何组织的财力都是有限的，为了给组织的发展奠定雄厚的经济实力基础，就需要广泛争取相对稳定的投资。贷款当然是重要途径，但是任何贷款都需要偿还，而股东的投资则能给组织带来相对稳定的财源。因此，争取拥有闲散资金的众多股东的投资，对组织的稳定发展就具有不容轻视的重要意义。其次，众多的股东还能成为组织重要的信息来源。众多的股东分处于社会的各个阶层、各个行业，并且拥有各自的社会关系和各种联系。如能争取到他们对组织的关心和支持，就可以使组织获得多角度、多方位的信息。最后，股东还可以成为组织形象、产品和服务的宣传员、推销员。如果能争取股东关心组织的效益，使他们愿意为组织宣传和推销产品，就能大大提高组织的知名度。假设一个组织有上百名股东，每个股东有几十个朋友，其宣传、推销面就可达成千上万人。比如美国蓝鸟公司曾给每位股东寄发问卷，请他们协助征询产品的意见并发展销售关系。结果，有 23% 的股东寄回了问卷，并附上了一大堆关于产品的意见和推销建议；还有许多股东表示愿意利用自己的关系和影响协助公司推销产品[①]。可见，良好的股东关系不仅是组织重要的资金来源，而且还有助于组织建树形象、开辟市场。因此，改善和维护组织与股东的良好关系，是公共关系的一项重要工作。

内部公共关系股东工作的目标一般有三项：一是稳定现有的股东队伍，坚定他们对组织的可靠性和发展能力的信心，使其愿

---

① 《实用公共关系手册》，《南风窗》1986 年增刊，第 23 页。

意长期保有组织的股票，不轻易抛售、转让组织的股票，并尽可能争取他们增加投资。二是创造有利的投资环境和投资气氛，使潜在的投资者增加对组织的了解和信任，吸引更多的投资者，为组织拓展广阔的财源。三是增加股东对组织的关心程度和支持程度。美国股东协会的一份调查报告表明，约有过半数的股东不清楚他们所在公司的产品和服务，约有 57% 的股东忽视他们所在公司的产品①。因为股东毕竟不是直接经营者，而且普遍存在一种坐享其成的心理。如果希望他们时刻关心组织利益，支持组织活动，就需要通过公共关系人员的努力，使他们认识到组织的兴旺发达也是股东的利益所在、义务所在，想方设法使股东积极关心组织的经营管理和生产、销售，支持组织的活动，成为组织的积极成员。

要达到股东工作的目标，就要了解股东的心理，掌握股东的兴趣。一般来说，股东之所以投资，主要是希望有较优厚的红利。但是，不能因之以为只有红利才能吸引股东。股东还特别重视和珍惜自己的权利。股东有了组织的股票，自然而然会产生出一种“主人意识”，希望得到组织应有的尊重和重视。他们常常认为自己关不关心组织活动是自己的自由，但是组织则有义务让他们知道组织的动向和经营成果，了解组织的分配政策和分配情况，如果可能，还应有机会对组织的决策进一言。因此，公共关系部门首先应注意定期向股东通报组织的有关情况：组织的工作目标，改革和发展计划，组织的经营管理情况，组织的赢利情况和资金使用情况，组织的产品、服务项目和新拓展的业务，股利的分配政策，组织在同行业中的状况和竞争地位等。其次，应注意征求、倾听股东的意见和报怨，及时向有关部门转达。这类信息包括股东对组织经营管理方面的意见和建议，对组织产品或服

① 王乐夫：《公共关系学》，辽宁人民出版社 1986 年版，第 153 页。

务的构想，股东了解的社会对组织的各种反映，股东对股利分配的意见和建议等。

做好股东工作，保持与股东联系的方式主要有以下几种：

一是分发年度和季度经营报告。尤其是年度报告是组织与股东信息交流的主要手段。许多股东就是根据年度报告来了解组织的经营状况，判断组织的形象和信誉的。美国电话电报公司有300万股东，每年它都要印制360万份图文并茂的公司年度报告，在报告中公布了公司向公众和国家提供的服务的全部情形，使年度报告成为赢得理解和支持的重要工具。年度报告中应力求将股东欲了解的信息加以详尽的说明。

二是寄发组织的刊物和产品或服务的资料。不少股东平时也十分关注组织的运行。因此，定期将反映组织运行状态的组织刊物送达股东手中，或者在刊物上开辟股东园地，发表股东的意见和建议，不仅有利于信息交流，也有利于情感联络。及时将组织的有关服务资料送给股东，有助于股东进一步了解组织活动，并可以帮助组织宣传、推销产品和服务，扩大组织的影响。

三是组织股东参观。遇到组织的重要纪念日或隆重的礼仪活动，可邀请股东前来参加活动，或参观组织的某些活动过程，使股东感到自己备受组织重视和尊重，从而产生与组织荣辱与共的感受，更积极地投入支持组织的活动。

四是举行节日招待会或致感谢信。每逢元旦或春节，举行一次与股东的联谊会或茶话会，和股东面对面地交换意见、交流情感。也可以采取由总经理致函感谢的方式。美国通用食品公司每逢圣诞节便为每位股东准备一套本公司的罐头样品。股东们为得到这个特别礼物而感到十分高兴，不仅竭力向人夸耀该公司的产品，而且还拟出一份详细名单寄给公司，请公司按名单把圣诞礼物寄给其亲友。结果，每年圣诞节，通用食品公司都要额外收到一大批订单[1]。由此可见，搞好股东关系的方式很多，意义很大。各行业的公共关系人员应根据自己组织的性质、特点，开展行之有效的股东工作。

第三节　公共关系工作的外部公众

外部公众是组织生存、发展的重要的外部条件，也是组织在活动过程中遇到的数量最大、层次种类最复杂的公众。外部公众的理解和支持，是现代社会组织正常运行的必要条件。因此，“外求发展”是公共关系工作的重点。

一、发展外部公众是公共关系工作的重点

社会组织是社会整体结构中的基本单位，它是社会的有机组成部分。现代社会使各个社会组织与外界的联系更为广泛、更加密切。过去的社会组织小而全，生产规模小，活动范围狭窄，社会分工也不细，因此对外界的依赖性较小，依靠组织内部的努力和合作，就能较好地完成组织任务。现代社会生产规模的扩大，使分工更加细密，任何社会组织都不可能作为独立王国而存在和活动。现代社会的各种社会组织，在其活动过程中，不仅要和不同于自身性质的社会管理机构、执法机构、福利和服务机构、科研教育机构、工商机构、新闻机构、文化机构打交道，而且还要同各种各样的同行竞争者和各式各样的个人公众打交道。一方面，社会组织要向社会各界提供自己的产品和服务，为社会和其他组织的发展做出贡献；一方面需要依靠社会提供政策、法律依据，提供科学技术、资金、劳务、原材料、活动市场等多种社会服务。这种组织之外、为组织提供服务和支持，或组织为其提供

① 王乐夫：《公共关系学》，辽宁人民出版社 1986 年版，第 153～154 页。

产品和服务的各种社会关系，就是组织的外部公众。不言而喻，任何组织对其外部公众都有强烈的依赖性。

由于社会更合理、更科学的分工和配合，使社会组织能更好地发挥自己的优势和特长，提高了组织活动的效益。同时，这种分工合作关系又使组织的各项活动受到外部公众更多的牵制和制约。任何一个配合环节失调，都可能给组织造成麻烦，带来巨大的损失。因此，这就要求组织小心翼翼地协调和处理外部公众关系。尤其在激烈的社会竞争中，赢得外部公众的理解和支持，使之采取合作的态度，更是组织生存发展十分重要的条件。

开展外部公共关系工作，就是要同外部各类公众建立经常性的友好联系，了解他们的动态和意见，尊重他们的利益和要求，使组织的决策和活动顾及他们的利益。同时，也及时将组织的环境、难处，需要合作的项目，能提供的优惠服务等各种信息告之他们，以求得理解和支持。总而言之，外部公共关系的目标就在于促进组织和公众的相互了解，协调彼此间的利害关系，消除彼此间的误会和矛盾，巩固已有的合作关系，为组织的生存发展创造良好的条件。

外部公共关系工作的主要特点是通过沟通、传播、交往和服务来交流信息、联络感情，巩固和扩大社会联系。但是，绝不能因为这一特点而忽略了公共关系工作的基础。这就是外部公众的利益问题和社会整体效益问题。每个外部公众都有自己独特的利益。一个组织只有尊重和满足他们的独特利益，才能使他们对组织活动满意，保持一种稳定的合作关系，对社会组织采取支持态度。如果不能满足他们的独特利益，甚至损坏这种独特利益，合作关系就不能长久维持，并有可能恶化，最后导致社会组织在竞争中失败。但是如果只顾及某些外部公众的独特利益，忽略社会的整体利益，就可能使这种照顾发展成不正之风，败坏社会风气。由于任何社会组织都在一定的社会中活动，其活动必然要受到社会的监督和管理，如果社会组织的活动不利于或损害了社会的整体利益，就可能受到社会的谴责、阻止和制裁，就会在照顾一些公众的特殊利益时失去更多的公众。因此，社会组织只能在考虑到社会整体利益和效果的原则下来处理外部公众的利益，这就是外部公共关系工作的起码要求。

公共关系工作在利益调整上的权力和财力是有限的，因此应充分根据自己的特点来设计利益协调工作。一是敦促组织领导修改、调整政策，兼顾各方利益。二是帮助外部公众重新考虑认识自己利益之所在，寻找双方的利益共同点。尤其是对那些急功近利和思想狭隘的公众，要说服他们理解组织的困难，使他们认识到自己的长远利益和组织利益的一致性，认识到合作的利益比分裂的利益更可取。

二、外部公共关系中的顾客工作

凡是为社会提供服务或产品的组织都存在顾客关系。这里的顾客既指生活资料的消费者，也包括生产资料的购买者，还包括精神产品的消费者。实际上顾客关系是指各种社会组织与消费者、客户和顾客的关系。公共关系工作要处理好顾客关系，就必须充分认识到顾客关系的重要性，掌握处理顾客关系的原则，了解顾客关系的工作内容，懂得与顾客沟通的具体方式。

对任何生产性和非生产性组织来说，顾客关系都是最重要的公众关系之一。顾客是组织遇到的最大数量的公众，但是，顾客的重要性并不是因为人数众多，而是因为任何组织都是为其特定顾客对象服务的。尤其社会主义社会的一切组织活动的最终目的，都是为满足整个社会和人民群众日益增长的物质文化生活的需要服务的。从这种意义上说，顾客的需求是一切组织活动的中心点。在现实社会生活中，顾客的需求是任何组织生存和发展的前提，一旦哪个组织忽略了顾客的需要，盲目进行生产，迟早是会陷入窘境的。此外，顾客的态度和意见，对组织的生存发展有决定性的影响。失去了顾客，也就失去了市场，这在市场经济社会中，是对组织生命的最大威胁。如果顾客拒绝使用或购买某个组织提供的服务和产品，这个组织就必然会倒闭。尽管在商品经济不发达和单一计划经济体制下，靠某些人为的因素，某些组织仍能维持运转，但是，随着市场经济的发展，其日子必将日益难过。在商品经济发达的国家，顾客对组织生存发展的意义已经越来越重要，越来越明显，故此才有“顾客就是上帝”的说法。由此可见，改善组织与顾客的关系，对组织的生存发展是极其重要的。

公共关系顾客工作的目的是希望与顾客在商品（服务）与货币交换关系基础之上，再通过情感沟通、意见交流，使顾客加深对组织的理解，树立产品和服务的信誉，赢得顾客对组织的信任和支持。注意，公共关系在此不会直接为组织赚取利润。但是，它可以为组织赢得比利润更重要的东西，并给组织的利润带来长远保证。

公共关系顾客工作的原则用一句话来概括便是“顾客就是上帝”。此话虽然说得太绝对，因为顾客并非总是正确的，提出过高要求和进行无理取闹的不乏其人。但是，作为一种公共关系工作原则，树立“顾客就是上帝”的思想，使组织的一切活动都以顾客的利益和需求为奋斗的目标，则是完全正确的。正如美国企业公共关系专家瑞特所说：“无论大小企业都永远必须按照下述信念来计划自己的方向。这个信念就是：企业要为消费者所有，为消费者所治，为消费者所享。”尽管有少数顾客可能提出过分的要求和无理取闹，但是只要我们采取理智的态度，尊重他们，力求冷静地处理矛盾，就可争取他们态度的转化，赢得其他顾客的同情和赞誉，同时为组织建树了良好的形象。台湾地区的一个企业家曾说：尊重刁钻古怪的顾客，可以使他到处宣扬本公司的好处，因为像他这种“鸡蛋里挑骨头”的人都能感到本公司的温馨和耐心，那么介绍其他客人来本公司，就会一百个放心了。

公共关系顾客工作的内容主要有以下几个方面：

一是制定政策和措施，保证优良的产品和完美的服务。这一条是公共关系顾客工作的基础。没有顾客满意的优质产品和完美服务，就不可能有稳固、良好的顾客关系。因此组织必须根据顾客的需要，提供优质可靠、价格适宜的产品或服务。在产品质量上质价不符，坑害顾客，最终只能砸了组织的招牌。低质量的产品无论你怎样沟通，最终都是无法得到顾客的支持。高质量的产品也不等于一切，还必须要有高质量的服务保证。公共关系工作应保证和设法开展完善的售后服务，坚持销售真正始于售后的观点，及时为顾客排忧解难。有的组织在销售产品时贴出公告：“商品离柜，概不退换。”其结果一是使人怀疑产品质量，因为过硬的产品不怕退换，也不会退换；二是使一些抱着试一试心理的顾客打消了念头。结果因之失去了许多成交的机会。成都人民商场总经理吕根旭认为：“柜台上销售，我视为第一次竞争。顾客重返柜台退货，这是我赢得顾客的第二次竞争。退一次货，少了一笔生意是负效应，而信誉好了，老顾客重来，新顾客更多，却是我的正效应。”从 1985 年元旦起，人民商场在成都市率先实行商品退换货制度。实行退换货制度 3 年，该商场共退换货 40 多万笔，总计金额达 40 多万元。但是由此而产生的信誉所带来的效益是，销售额和利润以每年 20%左右的速度增长，并收到顾客表扬信、感谢信1 800多封。售后服务的方式很多，加强维修业务也是一种。成都凯歌商行是成都地区经营现代办公用品的一家大商行。它不满足于一般的售后服务，认为开拓新的售后服务项目犹如开发新产品一样。于 1986 年初，凯歌商行率先在成都地区成立了复印机维修部，首创了上门巡访用户的服务制度。它们还专门设立了用户档案，配备了 10 辆访问用户和维修服务专用车，定期上门巡访，帮助用户解决疑难问题。为了进一步为用户着想，还开办了“以旧换新、以坏换好”的新业务。加上其他各方面的努力，建立了组织信誉，赢得了用户的信任，使业务扩大到附近四个省。凯歌商行由 1983 年 7 月的5 000元起家，发展到 1988 年，已拥有固定资产 230 万元，占有流动资金1 100多万元。仅 1987 年的营业收入就达到2 461万元。可见，优质产品和完善的售后服务，于组织、于顾客都是有利的。公共关系人员除了要协助组织领导制定这方面的政策和措施外，还应在组织中普及公共关系观念，让组织员工了解到产品和服务质量对组织信誉和长期利益的重要意义，并协助各部门制定各项具体的服务守则，以多种方式表扬和鼓励员工为顾客提供优质服务。凯歌商行的经营者认为，企业要有信誉，不仅体现在企业的经营方针上，而且也体现在职工日常经营销售活动中。他们一方面把提高职工的业务素质和技术素质作为提高企业信誉、搞好销售服务的重要工作来抓；一方面为了使职工在维护企业信誉的经营活动中有章可循，先后制定了店堂纪律、维修巡访、职工奖惩、职工自学奖、部门职责等规章制度 100 多条，改变了社会公众对其的偏见。

二是收集顾客信息，了解顾客心理。这是改进组织与顾客关系的重要一环。只有了解了顾客的需求意愿和对组织的意见，才可能使产品和服务更好地满足顾客需要，也才能让顾客感到满意，产生对组织的好感。因此，公共关系人员应注意收集顾客信息，诸如顾客的年龄、性别、职业、爱好，对产品或服务的种类、质量的要求和价格评价，顾客对售后服务的意见，顾客对服务人员的态度、方式是否满意，对组织的基本印象等，并将这些信息分类、存档。公共关系人员还应将顾客的各种意见和建议汇总，并传达给有关领导和有关部门，以督促他们根据顾客意见不断改进工作，避免重犯错误。日本一家餐馆的老板，要求服务员对到餐馆进餐的各类人员按老、中、青、男、女、单身、群体、伴侣加以分类统计，然后统计他们各自点的饭菜和口味，最后还要统计所点饭菜剩了多少，从中分析了解各类顾客的口味爱好。然后按各类公众的口味加工供应饭菜，使其信誉大增。又如美国玛特耳玩具公司生产了一种玩具，在美国是畅销货，到日本后则很少有人问津。他们通过了解日本的社会习俗、文化心态，以及日本人的生活爱好，认识到日本人的民族感很强，骨子里是不喜欢西方人的。于是他们把玩具娃娃的金发碧眼换成黑发黑眼。由于适应了日本妇女、儿童的口味，从此打开了销路。

三是传达组织信息，进行消费教育。这是组织赢得顾客理解和好感的重要措施。传达组织的信息主要是希望顾客更加全面充分地了解组织和组织的业务范围，并以此争取顾客的信任和支持。传达的信息主要有组织的宗旨、政策、计划、业务项目、服务方式、组织的难处和努力等，以及向顾客介绍新技术和新产品等。

消费教育在我国还是一种新事物。随着商品经济的发达，市场上的新产品越来越多，这既为顾客创造了更多的选择机会，同时又给消费者带来不完全了解自己需要的消费品和不会正确使用有关消费品的苦恼。此外，顾客还有相互攀比、盲目购物的“滥购倾向”。这种不自觉和不是出自需要的盲目消费既给消费者造成不便和损失，又间接形成对组织的不良影响。每年因顾客对产品的不了解而造成的产品滞销，因不会正确使用产品造成损坏后要求的保修、退换，给组织造成了大笔开销。进行消费教育是一种更科学、更有效的与顾客联系的方式。所谓消费教育，就是以各种方式向消费者传授和普及有关产品和服务的科学知识，使消费者了解产品的性能和用途，了解服务的方式和途径，更正确地使用和享受有关产品和服务。消费教育的方式有协助有关部门撰写更清楚易懂的产品介绍书和使用说明书，增加示意图，帮助顾客了解产品性能和用途，通过办各种讲习班、培训班，产品使用示范，介绍系列产品的关系等。消费教育的目的主要是通过消费调查和消费引导，实行消费的系列化、科学化，把消费者引导到稳定的消费序列中。消费教育坚决反对利用消费者的“滥费倾向”竭泽而鱼。香港特别行政区的李嘉诚先生谈到其成功的经验时曾说：“最重要的是要有远见，杀鸡取卵的方式是短视的作风。”这句话也道出了公共关系工作消费教育的性质。消费教育既可提高消费者的消费质量和生活质量，又可增加组织的信誉，使消费者与组织保持更密切、更友好的合作态度，保持稳定的顾客关系。日本日立公司提出的消费教育方针是：“指导人们妥善地利用电气化所得到的闲暇时间，是以电气化家庭为使命的日立公司的社会责任。”公司还在全国设立了7个“日立家庭中心”，专门为日立的消费者做“善用闲暇”的售后服务工作，帮助消费者设计生活、美化生活。美国生产日用化妆品的克莱罗公司则设立许多训练中心，通过免费辅导美容院的工作人员使用各种新化妆品，举办化妆品陈列，免费培训，举办集会、展览会传授示范，赠送教材等方式来进行消费者教育。这些消费教育为他们建立信誉、吸引顾客奠定了基础[①]。北京西城区的京华自选商场，则由身着西装、身佩红色绶带的“导购小姐”向顾客介绍产品性能，帮助顾客在6 000种商品中尽快买到称心之物。

四是妥善处理顾客投诉，争取顾客谅解。任何组织都难免会发生差错和失误而受到顾客的抱怨和批评。差错既已发生，倘若听之任之，不仅有损于顾客利益，也有损于组织的名誉。发生差错和失误后，公共关系人员应努力稳定顾客情绪，减少不良影响，对差错、失误或事故应迅速纠正和消除，对顾客的抱怨和投诉应迅速答复，予以诚恳的解释，并妥善解决实际问题。比如赔

① 王乐夫：《公共关系学》，辽宁人民出版社1986年版，第16页。

偿顾客的经济损失，向顾客赔礼道歉，或者将本组织服务改进情况以适当的方式通知顾客，让顾客感到自己是受到组织尊重和重视的。遇到顾客投诉，不能采用早已印好的文字填上顾客名字一寄了事，而应认认真真写封回信，给人以诚恳接受批评的印象。总之，要尽量想法赢得顾客谅解，使其不再试图通过另外的渠道和方式发泄对本组织的不满。美国通用电气公司、可口可乐公司和英国航空公司投资了数百万美元，力求把顾客的抱怨处理得更好。他们的具体做法是：或设立800号码的免费电话系统，或进行严格的职员培训，或遵守慷慨退款的原则，或建立可以让顾客在发泄怒气的同时把形象留在录像带上的电话间。美国一些航空公司的诀窍则是，当遇到不满意的顾客时，即使做不到对他们有求必应，也要尽量对他们进行充分的解释，使之释然于胸。他们的这些做法，有效地使组织的批评者转变成忠实的支持者。

公共关系人员如能妥善做好顾客工作，使顾客的消费质量提高，那么，它在精力、财力、时间上的努力，必将因为自己组织的产品和服务的社会价值的增长，得到信誉和利益上的报偿。

要做好公共关系顾客工作，还需要通过多种方式发展组织与顾客间的信息交流和沟通。常用的方式有：

口头联系。口头联系是最普遍的沟通方式。常用的方式有设立顾客来访接待室，专业人员对顾客的家访，电话征询意见和解释，召集用户座谈会，到产品和服务经销点去征求意见等。

书面联系。书面联系是最常用的沟通方式，如印发广告宣传品、产品使用维修说明书、不定期的刊物或《用户通讯》以及其他小册子，回复顾客要求了解情况、提出批评、做出建议和给予表扬的各类信函。

特殊联系。这是不定期地根据具体情况而组织的沟通活动。一般的方式有安排各类顾客到组织参观生产环境、工艺流程、员工劳动情境；组织员工与顾客同乐的节假日联欢；举办新产品或新服务介绍会、展览会；组织顾客代表小组为组织搜集意见，监督组织活动；资助顾客中的社会团体，为他们提供优惠服务，协助他们开展活动等。

视听联系。利用报刊、广播、电视等大众传播媒介播发的新闻稿件、广告、赞助节目、纪录影片、文娱活动，向顾客介绍组织情况。

无论何种沟通方式，都不能带有明显的商业色彩，而应使顾客感到自己受到组织的尊重和重视，组织是友好待人的，应使顾客感到宣传和沟通都是符合实际、实事求是的；组织是诚实可信的，不是惟利是图的，而是具有丰富人情味的。

三、外部公共关系中的社区工作

社区是一个社会学概念，指的是人们共同生活的一定区域，如村落、城镇、城市中的区和街道。从公共关系来看，社区是指组织所在地和周围环境。社区关系指的是组织所在地这块特定地域里与组织毗邻的工厂、银行、商店、机关、学校、旅馆、医院、地方政府机构、各类社团组织和普通居民等的关系。

任何社会组织都在特定社区中运行，组织的大部分员工都在社区中生活，必然要与社区内的各类公众、乃至社区整体发生种种联系。一些公众与组织可能有直接的经济、业务和文化往来。一些公众虽然与组织没有直接往来的联系，但是是组织外部生存环境的重要组成部分，对组织的生存和发展也具有相应的影响。组织和社区内各类公众的直接和间接的交往，发生物质、能量和信息的交换，共同维持着社区政治、经济、文化生活的正常秩序。因此，形成良好的社区关系是组织外部公共关系工作中不容忽视的一环。良好的社区关系对组织具有以下益处：

可靠的社会服务。组织的生产经营和日常活动有赖于社区提供的各种社会服务。即使生产所需的原材料和产品的销售不一定局限在社区内，组织的维持和发展，也离不开社区的水陆交通、水电供应、消防安全、邮政银行、治安保卫、教育卫生等社会服务。良好的社区关系可以使各种社会服务更加方便可靠、周到热情。

良好的员工生活环境。组织的职工和家属的日常生活依赖于社区周围的商店、学校、托儿所、医院和其他社会公益事业部门。他们还要参加社区的各种活动，与社区内其他人员交往。良好的社区关系，可以使员工有良好的生活环境，在社区的各种活动中受到关心和尊重，提高生活水平和生活质量，消除后顾之忧，增加安全感，从而提高员工的生产积极性。

丰富的劳动力资源。组织的新员工主要来自周围的居民区。雇佣当地员工可为组织减少住宿、伙食、探亲等费用，也便于培训和管理，并可加深、扩大与社区居民的联系。良好的社区关系有利于组织招收到有较高水平和教养的员工。

稳定的顾客关系。社区公众对工商机构来说，是最近的顾客群。在社区内经销产品和服务可减少周围费用和管理费用，能及时听到信息反馈，便于迅速改进产品和服务质量。良好的社区关系有利于稳定组织的顾客队伍，保证社区内的充分消费力。

友善的社会环境。社区是组织最直接的社会环境。因此组织必然希望有一种友好、和睦、合作的社区关系，希望得到左邻右舍的支持和帮助。良好的社区关系能够减少组织与社区的摩擦和纠纷，在出现差错和误解时能得到谅解和同情。

组织和社区的关系，并不是直接建立在商品交换的基础上，而是建立在地缘关系的基础上的，一般不带有明显的利益关系。但是，在现代社会，没有一个组织能超然于政治和经济利益之外，组织和社区不可避免地也存在利益关系。因此，一个社会组织要建立良好的社区关系，前提就是兼顾社区利益，尽量使组织利益与社区利益协调一致，遵守社区成文和不成文的行为规范，尊重社区公众的权益和要求，履行组织对社区公益事业的义务。鉴于此，有的公共关系学者认为，社区工作的目标就是为组织在社区树立一个合格公民的良好形象，求得社区公众的爱戴、合作与支持。要实现这一目标，组织除了奉公守法，提供优质产品和优质服务外，还应做好以下几个方面的工作：

保护和改善社区的生态环境。社区的生态环境如何，直接关系到社区居民的日常生活和身体健康，因此社区公众最基本的愿望是希望社区中的各个组织能够安全生产，重视环境卫生，有效地控制“三废”、工作噪音和视觉污染，保证社区的空气、水源和土壤等环境不受污染，使居民们安居乐业。如果社区中的组织能满足公众这一要求，社区内的公众至少不会厌恶和反感组织。但是，公共关系工作仅仅做到这一步还是不够的。公共关系人员还应使公众爱戴自己的组织，这就要求公共关系人员主动改善社区的生态环境，除了进行文明生产、美化厂区、搞好本单位绿化外，还应参与或出资赞助社区治理三废的活动和绿化活动，美化所在社区的环境。

参与和支持社区的公益活动。社会组织是社区中财力雄厚、组织严密的公众。而一般的社区公民都是财力有限、缺乏组织性的松散个体，难以对公共事务、公益活动发挥重大作用。因此社区的各类领导人和广大公众都希望社区中的组织从多方面为社区的发展做出贡献，尤其是希望组织参与和支持各项公益活动。组织也应该通过资助教育机构、发展文化事业、赞助体育活动、参加“五讲四美三热爱”等公益活动，资助养老院、残疾人基金会、地方医院等社会福利机构的活动来满足公众的愿望，向社区公众表明组织是一个尽力承担社会义务的优秀社区成员，使社区公众感到组织可以信赖，值得尊敬。

帮助社区繁荣，维持社区秩序。社会组织集中了相当的资金、设备、技术和人才，在社区的政治、经济、文化发展中具有重要的地位和作用。社区公众无不希望自己所在的社区经济繁荣、文化发展、秩序稳定。社区内的组织如能有助于社区发展，提高社区的经济文化水平，稳定社会秩序，则不仅为该社区的组织的发展创造了有利的环境，也为赢得公众的好感和欢迎奠定了基础。因此，社会组织应在其发展过程中，利用自己的经济、政治、技术、人才、设备和信息优势，带动街道企事业、乡镇企事业的发展，为社区带来更多的经济效益，促进社区文化的更大发展。例如美国卡林酿酒公司在新英格兰的六个州中，都与那里的各级官员和社会组织建立了联系，参与讨论和解决社区问题。公司在自然保护、工业发展、教育、娱乐、旅游和健康组织等 26 个组织中都有投资，金额从 100 美元到3 600美元不等。这些项目包括为遭受火灾的波士顿电视中心提供基金，建立公共娱乐事业，赞助罗德岛自然保护组织，为缅因州和新罕布什尔州等赢得新工业等[①]。此外，社会组织还可参加治安保卫活动，协助社区公安部门整顿社区秩序，维护社区安定，这也是深受社区居民欢迎的活动。

以上几个方面的工作，常常是相当琐碎和辛苦的，这需要公共关系人员热情耐心地去处理和安排。一旦社会组织担负起自己的社会责任，为社区和公众造福，其社区关系也就好处理了。

改善社区关系是一项长期任务，需要组织持之以恒地努力，也需要有一个具体的计划，即应围绕改善社区关系的总目标，制定出长期的和短期的计划，以及临时性措施。长期计划应着眼于开发社区的自然和人才资源，着眼于社区的长远发展。短期计划应包括协助社区改造环境，完善组织自身，提供教育和就业训练，参加公益活动。改善社区关系的具体做法主要有：向社区公众和友邻单位通报组织宗旨、活动内容和治理三废的工作，通报

① 《公共关系译文集》，《开发》1987 年总第 10～11 期，第 57 页。

员工人数和上缴税金，对社区的种种支持等情况，使社区公众了解组织的情况；向社区公众表达组织希望为社区做出贡献的愿望；调查和处理友邻单位和社区公众对本组织的反映和意见，消除误解，接受批评，解释政策，平息不满；请当地居民、员工和家属、政府官员、学校学生、民间社团领袖等参观组织，参加组织庆典或者各种联谊活动；提供人力、物力、财力，支持社区发展规划及其他有价值的社区事务、社会公益事务；开放组织设施，为社区的经济、文化、科研活动提供支持和便利条件；举办展览会，放映电影或录像，举办音乐会、舞会或画展，丰富社区的文化生活；为社区青年和成年人提供文化补习和技术短训机会，提高社区居民的文化水平；参加和组织社区体育活动，赞助大型体育比赛，促进社区体育活动等。其他具体做法还有很多，需要根据实际情况加以设计安排。例如，北美飞机制造公司鼓励雇员发挥自己的长处，鼓励他们参加护理委员会、青年俱乐部、家庭协调会和商会等组织的活动。美国安塞尔公司则通过办“日夜自愿救助小组”和“日夜电话服务小组”，为社区无报酬地提供抢险救灾、生活救助、发布消息的活动。日本岩田屋的中牟田荣藏总经理则于早晨5时起床，打扫自家周围300米的道路，他说这样做“不仅心情舒畅，而且和附近的人们搞好了关系”。

总之，搞好社区关系的最好方式就是与社区公众打成一片，急他们所急，想他们所想，以普通公民的身份，积极参与社区活动。美国罗格公司的发言人说：“我们认为那种亲自参与社区事务的管理比简单地捐赠好得多。那样的话，市民们会更相信我们对社区的诚意。他们会忘记金钱，但是不会忘记我们的管理人员曾与他们一起解决过的问题。”

四、外部公共关系中的政府工作

政府即国家行政机关，它是国家权力的执行机构。政府机构在我国具有领导全社会政治、文化建设和经济管理的职能。政府根据社会正常运转和发展的要求，运用法律、行政和经济手段对社会各种组织的活动进行指导、调节、监督和检查，支持和保障社会组织的合法活动，限止、制裁社会组织的非法活动。政府对社会组织的存在、发展具有非同小可的作用。首先，它作为国家权力的执行机构，通过对政策的制定和执行，制约和影响着社会组织的活动方向、活动过程。其次，政府又是最具社会影响力和经济实力的社会组织，它对某个社会组织的支持、援助和赞赏，往往能使其获得优越的竞争条件和有利的发展环境。它对其他社会组织的批评、制裁，往往也会在社会上造成极大影响。第三，在中国现行体制下，各级政府都有一些具体部门对各行业组织的业务活动进行指导、控制、调节和监督，有些还具有直接管理的作用。因此政府对这些组织具有直接明显的影响，而各种组织都需要接受政府的集中统一领导。因此，任何社会组织都应特别强调和重视与政府保持良好的关系。

在公共关系工作中，要处理好社会组织与政府的关系，应当掌握两个工作原则：一是要树立全局观念，克服本位主义，力求为社会多作贡献。政府是代表全体社会公众对社会进行管理的，它常常是从全体公众的利益和长远的利益出发来实施对各种组织的指导、调节和控制。社会组织则更多的是从本单位的利益出发的，这就难免存在差距和分歧。在处理这一矛盾时，社会组织的公共关系工作应当克服只从本单位利益出发的本位主义做法，力求为社会多作贡献。二是遵守政府的政策、法令和法规，服从政府有关部门的管理和领导。政策、法令和法规，是政府管理全社会的标准和依据，也是政府管理社会的重要方式。任何社会组织作为社会一分子都必须要受其约束和制约，并且以其作为自己活动的依据。如果违背和违反了这些政策、法令和法规，就破坏了社会生活、生产的正常秩序，则不仅有害于社会，也不利于组织的长远发展，而且政府必将对其进行制裁。因此，公共关系人员应严格遵守这一原则，作为搞好政府关系的基础。

鉴于政府关系在社会组织发展中的重要地位，和外部公共关系中的政府工作的原则，公共关系工作搞好政府关系的目标就是：与政府主管机构保持友好联系，取得政府的支持和理解，淡化和调解政府和组织之间的矛盾，在政府心目中建树奉公守法的组织形象。

根据这一公共关系目标，外部公共关系中的政府工作的主要内容有：

全面、及时、准确地了解与组织有关的各项政府法令、法规和政策、措施。公共关系人员应全面、及时地汇集政府的法规、法令和政策规定，熟悉这些法令、法规和政策，随时注意其变动和变化趋势，研究其适用范围，注意其变通性和灵活性。这是社会组织在政府许可范围内进行奉公守法活动的基础。

遵守政府的法令、法规、政策和各种规章条例，做守法组织、模范组织。在了解、研究法令、法规和政策、规章条例的基础上，向组织决策部门汇报和提出建议，尽可能影响高层领导，使组织的一切活动纳入奉公守法的轨道，服从政府的监督、检查和指导，认真改善经营管理，提高社会效益。所有的社会组织都应顾及组织的长远利益，摆正组织与政府关系，做一个模范组织。

向政府有关部门及时通报情况，保持沟通的渠道畅通。政府的一些政策和措施，都是根据社会实际需要制定的，在执行中也有一定的灵活性和变通性。社会组织要及时把自己的困难和需要向政府主管部门通报，使其情况明、意见通，在政策的制定和执行过程中，都能考虑到社会组织的具体情况，尽量争取到有利于组织发展的政策，争取到政府对组织的支持和援助。

与政府主管部门和领导部门建立密切联系，加深他们对组织的理解。政府主管部门是与组织打交道的直接管理机构，其他还有一些间接的领导机构。公共关系人员应熟悉政府机构的内部结构，与主管部门和某些领导部门的工作人员保持密切联系，在组织举行重大活动时邀请他们参加，密切彼此感情，增进相互了解，以便减少“踢皮球”、“公文旅行”现象，提高办事效率。

公共关系的外部公众还有与教育界的关系、与科技界的关系、与新闻界的关系、与其他地区的关系、国际公共关系等（其中与新闻界的关系我们将在第七章分专节论述）。无论和外部是何种公众的关系，要做好公共关系工作都有三个基本原则：一是考虑和照顾到对方的利益要求，注意协调彼此的利益关系，以实际行动让对方感受到你的诚意；二是及时通报和交流有关信息，加强相互了解，促使大家在现实基础上提出问题、考虑问题和解决问题；三是加强情感联络，增进彼此友谊，建立协作和合作关系。组织只要做好了这三个方面的工作，一般就能建立良好的外部公众关系。

思考题：

1. 划分不同类型公众的标准有哪些？做上述划分有哪些意义？
2. 确定对象公众对公共关系工作有什么意义？
3. 为什么说团结内部公众是公共关系工作的起点？
4. 让员工分享信息的内容和方式有哪些？
5. 为什么说发展外部公众是公共关系工作的重点？外部公共关系工作的基础是什么？
6. 为什么要对顾客进行消费教育？其主要方式有哪些？
7. 做好社区公共关系的主要意义是什么？方式有哪些？
8. 所有的外部公共关系工作都有哪几个共同的内容？

第五章　公共关系工作的程序

在对象公众心目中建树良好的组织形象是一项异常复杂、非常艰巨的长期任务。公共关系工作必须尽可能准确地了解公众信息，制定周密的总体计划，按计划实施公共关系活动，并根据公共关系工作的进程总结经验、调整计划，从而保证公共关系活动具有高度的针对性、计划性、连贯性和实用性。由此决定了公共关系工作的四个基本程序：调查与分析，计划与对策，实施与传播，评价与总结。这就是人们常说的公共关系四步工作法。

第一节　调查与分析

无论做什么工作，首要的就是要明了情势。因此公共关系工作的第一步是了解和掌握信息，进行公共关系调查。通过调查占有了充分和准确的信息，才能发现问题之所在，有针对性地制定出切实可行的公共关系战略和战术。

一、公共关系调查的目的和内容

公共关系的调查，是开展公共关系工作的基础。公共关系计划能否制定得切实可行，与公共关系调查掌握的第一手资料有很大关系。公共关系人员作为组织形象的设计师和工程师，要设计和建树深受公众喜爱的组织形象，首先必须对组织在公众心目中的形象、组织在社会活动中的地位，以及公众对组织的期待和要求有明确的认识。只有对组织面临的形势和问题做出清醒的、正确的估计和评价，才可能设计出合理的形象，进行科学地建树形象的活动。从这种意义上看，公共关系调查是为制定公共关系战略和政策，调整公共关系战术和活动，协调各方面工作服务的。公共关系调查的目的是为了分析组织面临的问题，找出组织的自我期望形象与实际社会形象之间的差距，找出组织实际社会形象与公众期望形象之间的差距，为规划和改变组织形象提供科学依据。

公共关系调查的内容主要涉及以下三个方面：

一是内外公众的状况和意见。这是公共关系调查的主要内容。对内外公众的调查首先要了解公众的类型和特点，即建立他们的背景材料档案，了解他们的年龄、性别、文化程度、职业、收入状况、家庭状况、与组织的关系、爱好等情况。其次，应着重进行组织知名度和美誉度的调查。调查公众是否知道组织的名称、性质、业务项目、服务范围，了解的程度有多深；调查公众是否喜欢组织的产品及服务，了解组织活动的内容、方式和质量，对人员素质和工作态度的评价如何，以及对组织是否信任和支持。第三，应了解公众对组织、组织的产品及服务有哪些意愿和要求，比如他们对改进组织经营管理的建议，对扩大和改善服务项目的建议，对现有问题和潜在问题的评论。第四，应注意收集公众对组织的公共关系活动和传播活动的意见。如了解公共关系工作是否达到了预期效果，是否引导和改善了公众对组织的态度，以便及时得到信息反馈，在计划中做出相应的调整。

二是社会环境的状况。这是公共关系调查的重点。首先，应了解社会的政治经济形势。社会经济、政治形势这种大环境、大气候对组织发展的影响至关重要，也事关公共关系战略方针的制定，因此应准确了解其发展趋势及财政金融信贷状况、生态平衡和自然资源的保护政策，了解国家的大政方针、社会的重大问题和社会思潮的倾向、社会的风气和时尚等。其次，应了解组织面临的具体环境信息，如市场状况、原材料和能源供应情况和变化趋势、本组织在本行业中的地位、同行竞争对手的状况、合作者的经济实力和社会信誉、组织在发展中有哪些风险和机会等。第三，应了解国家法律、法令和具体政策，了解各种经济法规，以便在设计公共关系计划时依法办事，不犯规。第四，应借鉴其他组织公共关系工作的经验教训和方式、技巧，以便在实践中提高我们的公共关系工作水平，使公共关系工作不断发展，推陈出新。

三是组织的整体状况和能力。公共关系工作的设计和发展，不能脱离组织的实际，因此了解组织的状况和能力，是设计公共关系工作计划的基础。公共关系工作是组织整体活动的一部分，它所制定的总目标是为组织的总体目标服务的。这就要求在制定公共关系总目标时，首先必须对组织的整体状况、性质和特点、发展战略和方向，有较为全面的、深入的了解。其次，要正确评估公众意见和组织形象，还必须全面了解组织的历史和现状，了解员工的素质和表现，了解组织历史上的重大事件和对社会的贡献，了解组织的业务范围、服务质量和回头客户。第三，公共关系人员的工作需要撰写新闻报道，解答公众提问，编写制作宣传资料，也需要了解组织的基本情况，以及组织的产品和服务的性能、特点和价格，组织的主要成就、主要负责人和模范人物的业绩等等背景材料。

要求调查掌握上述三方面情况，当然不是要求在一次调查中完成。有许多信息和材料应是平时留心和注意收集的。对公共关系工作来说，收集的信息越详尽，计划的设计就越具针对性。

二、公共关系调查的渠道和方式

公共关系调查事关公共关系计划和对策的制定，乃至公共关系工作的成败，它要求尽可能全面系统地掌握有关的各种信息。因此公共关系调查不应随心所欲地进行，而应成为长期持续不断的工作，予以制度化和经常化的保证。

从公共关系调查的渠道来看，主要可分为外源信息渠道和内源信息渠道。外源信息渠道是指从组织外部环境中获取各种信息的途径。只要公共关系人员有经常注意收集信息的意识，和外部公众的一切交道都可成为获取信息的来源：和购物者交谈，倾听客户申诉，参加售后服务，都能了解到组织形象和市场动态；参加行业会议，举办展览会，进行参观访问等能了解到竞争对手的情况；与政府有关部门、新闻单位、金融机构、供应或推销单位的交往，也可成为收集信息的渠道。内源信息渠道是指从组织内部获取各种信息的途径。组织的员工不仅对组织状况有较深切的具体感受，而且还有广泛的社会交往，他们常常爱从组织成员的角度来议论、评价组织各方面的情况，议论和评价对各种外部信息的感受。只要公共关系人员留心，不仅能从他们的正式意见和建议中收集到各种有关信息，而且能从他们的日常交谈、牢骚抱怨中收集到有用的信息。公共关系人员的任务就是要创造条件，疏通信息渠道，保证信息渠道的畅通无阻。这不仅能收集到各种信息，还能起到员工宣泄情感和不满，从而减少矛盾爆发的作用。

公共关系调查不仅对信息的数量有所要求，而且注重信息的质量，要求改进和完善传统的经验型调查方式，引进现代的科学型调查方式，对调查的实施进行精心计划和安排。公共关系的调查方法主要有以下几种：

1. 访谈法。访谈法可分为个别访问和集体座谈两种。可分别用于组织内接待来访者、平时服务时交谈和上门专访三种情境。访谈法不仅适用于听取用户意见，还可通过对社会名流、各界代表、某方面权威人士、新闻工作者、协作单位、关键人物的个别访问和集体座谈，来收集有关组织的信息。个别访谈的优点是谈话深入，受外界干扰少；缺点是费时太多。集体座谈的好处是省时，在单位时间内搜集信息的范围更大；缺点是座谈者易受其他发言人的心理导向。访谈法总的优点是所获信息内容详细，能尽量把问题讨论透彻、把握准确，一次面谈不够的，还可以约请多次面谈，也可约请对方写书面材料补充；总的缺点是效率较问卷调查低，经费开支较大。如果访谈法选取调查样本的方法不科学，容易使调查结果带有片面性，故它更适合于用做典型调查，以补充、丰富其他调查了解到的信息。

2. 观察法。观察法分参与观察和非参与观察两种。参与观察是和被观察者一起活动，从活动中观察了解有关信息。比如到车间和员工一起劳动，观察员工的士气和责任感，观察他们的行为和情绪；到商店去站柜台，了解服务员的态度，了解顾客的喜爱和要求。非参与观察是作为旁观者而观察。参与观察的好处是能体验到观察者的角色感受，了解一些表面观察所不能发现的信息；缺点是容易受被观察者的情绪感染。非参与观察一般更冷静，结论更客观。观察法总的优点是省钱、省事，了解的情况自然、真实；总的缺点是观察到的信息带有较大的偶然性，了解的信息也较肤浅，更由于观察者经验、阅历不同，对同一事物往往有不同的结论，使其带有更多的个人主观色彩。

3. 问卷法。问卷法分开放式问卷和封闭式问卷两种。开放式问卷是对所提问题不做答案限制，由填答者自由表述自己的感受和建议的问卷。封闭式问卷是对所提问题给出几个可能的答案，由填答者在限制的答案内自己选择。开放式问卷的优点是回答自由，填答者能深入、详尽地表述自己的意见。其缺点是结果不好分类，难以统一标准衡量，不便统计处理。封闭式问卷的优点是分类明确，能够统计处理，缺点是难以得到深入、具体的建议。现在常把两种问卷结合起来，对封闭式部分进行统计计分，开放式部分则用来辅助对封闭式问题的分析和了解更深入的问题。调查问卷的发放可以采取邮寄调查、电话调查、上门分发等多种方式。邮寄调查的特点是费用较低，允许调查对象慢慢思考，问卷也可以设计得复杂些，但是回收率较低；电话调查费用较低，信息反馈迅速，但由于需对方对调查的问题及时反应，故只适合于提简单问题，问卷也应简短。这两种调查主要的缺点是耗时较多。上门分发调查问卷的特点是回收率高，调查对象还可补述问卷之外的信息，但是较费时、费钱。

4．追踪调查法。即公共关系人员选择一些特定对象，进行定人或定产品的连续的、深入的调查。时间短则数月、长则数年。其优点是能更深入地了解特定对象的思想、态度变化的轨迹，摸索和总结工作经验，掌握被调查对象的心理特点。此外，还可以联络感情，形成固定的信息网点。缺点是花费较大。如广州万宝电器公司创造的“用户意见跟踪卡”在出售大宗家电产品时，用卡片记下顾客姓名、地址，定期派员上门提供检测和保养服务，并征询其意见和建议。数以千计的用户为他们提供了上百条重要的产品和服务改进意见，并联络了双方感情，通过这些客户还扩大了组织的社会影响。

由于公共关系调查对象数量巨大、分布面广、层次多样且兴趣各异，在运用上述各方法时，除了要进行偶然性较大的随访调查和局部的典型调查外，更重要的是要采用更系统的科学方式，即对调查对象进行分层随机抽样调查，使调查结果更加客观准确。抽样调查是相对全员普查而言的调查方式。当被调查对象只有百人左右时，可以进行全员普查，以求调查的准确性。例如调查一个小企业的员工态度，可以进行全员调查。当被调查对象成千上万时，为了省力、省钱、高效率，就可以从被调查对象总体中，按照一定原则抽取一部分对象作为代表（样本），实施调查，通过部分来了解整体。随机是相对于调查人员主观认定调查对象而言，即在确定被调查对象时，不能由调查人员根据个人喜好任意决定谁入选，谁不入选。因为这可能带有调查人员强烈的感情色彩和主观偏好，从而影响调查的信度。应把被调查对象的总体按顺序编号，采用等距法每隔一定间距抽取一人，从而排除调查者的主观色彩。有时也可采用随机数表进行抽样。

分层是因为成千上万的被调查对象可能分属于不同的社会层次、年龄结构和职业类型，因而具有不同的典型性和代表性。在选取样本时考虑到这些类型差别，就应把被调查对象按某种标识予以分类，在各种类型中都按一定比例选取相当的人选。

分层随机抽样调查的客观性、准确性、可比性较非随机抽样调查高，但不如非随机抽样调查灵活、方便。因此应根据公共关系调查的目的和项目灵活安排，让两种方式互为补充。

除上述四种主要方法外，在公共关系调查中还借用了社会学研究的一些方法：

文献研究法。即通过对各种出版物、新闻资料、政府或行业公报、组织内各部门的工作报告、报表、财务记录、销售记录等书面资料的研究分析，来提取有关信息。例如四川成都饭店公共关系部就有专人负责搜集有关饭店的一切新闻报道、图片、资料，将其分类，按月装订剪贴，使之成为企业形象评价的重要参考资料。有的单位在实践中，则按信息来源和性质进行分类编目、整理归档。

公开电话法。即在本组织设立公开电话，让一切愿意与组织联系的公众可以随时自由地打电话，如我国目前时兴的市长公开电话。又如美国生产化妆品的普罗克特－甘布尔公司，在产品包装上标明公司及各分厂的800个电话号码，欢迎顾客随时就产品质量问题打电话反映，电话费用由公司支付。该公司对所有来电均予回复，并视情况给予奖励。仅1979年就收到20万个电话，从中受到启发而开发的新产品销售额达120万美元，更不要说这样做对改善组织形象的功效了。

奖励建议法。即对组织内外都设立有奖建议和批评制度，广泛征询员工和外部公众的书面建议和书面批评，从中吸取、了解对组织有用和有关的信息，了解公众的心态和需要。

其他还有收听广播、收看电视、广告研究等等方法。总之，公共关系调查的方法不是一成不变的，在具体运用过程中可以根据调查的目的和要求，不断探索创新。

三、公共关系调查信息的加工处理

公共关系调查获得的信息，如果不整理分析，就不可能发挥应有的作用。当各种信息滚滚而来时，公共关系工作可能被淹没在信息之中，一些有价值的信息也可能因之被埋没。这就需要对收集的信息进行科学地整理分类，进行有目的的筛选和分析，借以理出组织或公众问题的头绪。

处理公共关系调查信息的第一步就是从汹涌而来的汇总信息中识别整理出同组织生存、发展关系密切的信息，输入组织的信息库。这一步一般包括三个环节：

汇总信息。利用各种渠道和方式收集信息，记录和汇总信息。

整理信息。通过去粗取精、去伪存真，对汇总的信息进行筛选、辨析、分类、评价、综合、提炼、编写目录检索。

贮存信息。对分类和综合的信息进行摘抄、剪贴、装订、登记、归档。如有可能，还可将整理后的信息输入电脑，以备下一步检查分析。

在评价公共关系调查信息的质量时，除了其经济价值外，准确、清楚、及时是三个最重要的指标。

处理公共关系调查信息的第二步是确定问题。通过检索信息、分析信息，确定组织存在的问题和面临的问题。对公共关系来说，头等重要的当然是组织形象问题。

首先，需要确定组织的现有形象地位和存在的问题。国外公共关系工作创造了“组织形象地位四象限图”，用来评估组织形象地位（图5－1）。

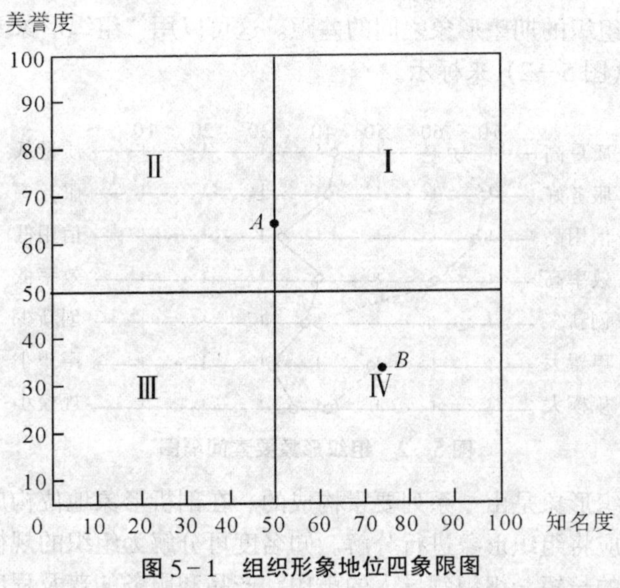

图5－1　组织形象地位四象限图

图的横坐标表示知名度，从左到右共有0到100个标度。图的纵坐标表示美誉度，从下到上共有0到100个标度。这些数字的单位是百分比。如50加上单位百分比符号即为50%。整个图分为四个象限。象限Ⅰ表示高知名度、高美誉度，象限Ⅱ表示低知名度、高美誉度，象限Ⅲ表示低知名度、低美誉度，象限Ⅳ表示低美誉度、高知名度。

该图具体应用方法是分别求出本组织知名度和美誉度的百分比，然后在坐标上标出。比如一个组织抽样调查了800人，其中400人知道组织状况，其知名度为50%。知道组织的400人中有

250人对组织加以称道，其美誉度为62.5%。在坐标图上标出组织形象地位，如图5－1中的A点。又如，一个组织的知名度为600∶800＝75%，美誉度为200∶600＝33.3%，对其知名度和美誉度标示在图上即为B点。公共关系人员还应进一步剖析导致这种形象地位的构成原因，以及这种形象和组织自我期望形象与公众对组织的期望形象之间的差距。这可以用“组织形象要素间隔图”（图5－2）来标示。

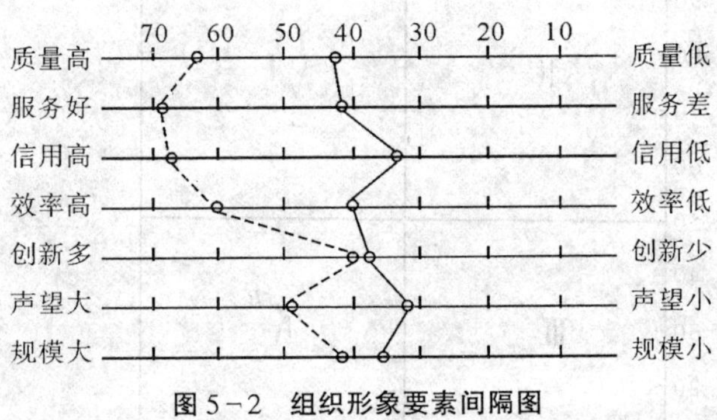

图5－2　组织形象要素间隔图

组织形象是由一系列要素构成的。在剖析形象地位构成原因时，还应将组织形象进行分解。知名度可分解为组织的规模、成立时间的长短、组织领导人的声望、产品和服务的普及程度、组织是否有吸引公众注意的创新、组织的宣传成效等要素。美誉度可分解为产品质量高低、服务态度好坏、经营方针是否公道正直、工作效率的高低、组织是否讲究信用、对人是否诚恳等等要素。公共关系人员应事先确定欲比较分析哪些要素，然后将这些要素换算成具体问题提出，向公众征求意见（即语义差异量表）。先将代表每一要素的问题分成3～9个等级，依每个等级标出该等级分数。然后将所有调查问卷的每一项问题分别加总计分，得出这一要素的总分。再求出此要素的算术平均值，将其列在图中。图中每一横线代表一种要素，横线上的点即表示这一要素加总计分后求出的算术平均值。例如图 5－2 共列了 7 条横线，代表 7 种要素。每一要素分为 7 个等级，级差为 10。调查者在问卷中对该要素回答为“最差”的以 10 表示，“相当差”的以 20 表示，“较差”的用 30 表示，“一般”的用 40 表示，“较好”的用 50 表示，“相当好”的用 60 表示，“最好”的用 70 表示。计算方法如下：设调查了 100 个公众，其中服务态度这一要素的评价为：5 人认为最差（5×10），10 人认为相当差（10×20），15 人认为最差（15×30），20 人认为一般（20×40），30 人认为较好（30×50），20 人认为相当好（20×60），0 人认为最好（0×70）。对上述结果加总计分求算术平均值为

$$\frac{5\times10+10\times20+15\times30+20\times40+30\times50+20\times60+0\times70}{100}$$

$$=42.$$

先将这一平均值在服务要素横线上标出，求其他要素的平均值以此类推，并分别将计算结果在各自横线上标出；然后用实线连接起来，便可获得公共关系调查得来的实际组织形象地位要素图。然后再将组织自我期望的各要素值标在横线上，或者将公众期望组织应达到的标准的各要素值标在横线上，用虚线连接起来，即可发现组织实际社会形象地位和自我期望形象、公众期望的组织形象地位在各要素上的差距，发现究竟是什么地方出了毛病，差距有多大，从而明确今后公共关系工作的努力目标。

其次，需要确定组织即将面临的变化和问题。公共关系调查一般都会收集到大量的信息，这些信息还可能预示出组织将面临的环境变化、市场变化、科技变化，也可能包括有关社会、政治、经济、文化发展趋势的信息。因此公共关系人员不仅要对组织存在的问题做静态分析，还应把组织放到未来的环境中做动态分析。即使组织现在不存在严重问题，也不能掉以轻心。如果公

共关系人员不能预见到未来的形势变化和即将面临的问题，公共关系计划就不能适用于组织发展的需要。例如，1981 年美国汽车在国际市场竞争中被日本汽车夺走了汽车销售冠军。我国的企业家痛定思痛，一查原因，是对公共关系预测不太重视。当时世界由中东石油危机引发了能源危机，其爆发周期日益频繁，冲击强度不断增加。日本汽车业预见到这种情况必将影响个人的消费水平和习惯，影响到汽车市场。考虑到市场变化的潜在因素和消费者的利益，它们加紧研制省油、价廉的小型汽车。以后，石油危机每爆发一次，日本汽车在市场竞争中就获胜一次，最后终于取代了美国的汽车销售冠军。我国的企业也有这方面的惨痛教训。如某电视机厂在前几年电视机畅销时，被滚滚而来的利润冲昏了头。当时就有人告诫他们，一要抓好公共关系工作，二要搞好市场预测。但是他们兴高采烈地说："我们现在效益很好，不必花冤枉钱。"结果没多久就陷入了电视机大量积压的境地。

第三，公共关系部门作为组织的有机组成部分，对组织其他部门存在的问题和面临的问题也应关心。对公共关系调查信息中反映出来的组织其他部门存在的问题和将遇到的问题，也应予以收集、整理，分送其他部门，提请他们注意，这样也更利于公共关系的工作和其他部门工作的配合，还可提高信息的利用率。

处理公共关系信息调查的第三步是排列问题等级。排列问题等级的指标有两项。一是按问题可能发生的先后时间顺序，列出解决问题的迫切性等级，并注明这些问题将分别于何时影响本组织，以便优先考虑解决哪些问题。二是按问题对组织发展影响的轻重，列出问题的重要性等级，并根据问题的轻重，提出应着重考虑解决哪些问题。掌握了这些信息，弄清了问题，下一步就是制定公共关系计划。

第二节　计划与对策

公共关系计划是实施具体公共关系工作的行动指南。公共关系计划制定的好坏，直接关系到今后公共关系工作的成效。如何运用已收集到的信息去规划公共关系工作的宏观战略和具体战术，是“公共关系四步工作法”中最难的一步。

一、公共关系工作目标的确立

公共关系工作极富弹性，如无明确目标，就会东抓一下、西搞一下，甚至可能撇开组织的发展和根本利益，被鸡毛蒜皮的事务性工作缠住，或者成为救火队，或者无所事事。最后，工作既无系统性、连续性，又无法检验其成效，造成事倍功半或者整天穷于应付的被动局面。公共关系工作目标，是公共关系活动的方向。有了明确的目标，组织的公共关系工作才会有一个总方向。因此，建立明确而恰当的目标，并以此来设计、调整和配置各种工作，安排各项活动，是整个公共关系工作关键的一环。

确立公共关系工作目标，应遵循确立目标的四项原则：

1. 整体原则。公共关系部门是组织整体结构的有机组成部分，其活动应能有助于整个组织活动的展开，并体现和符合组织的整体利益，而不能只顾及本部门或组织某一部门的利益。同时，公共关系部门又是组织专门设立的与公众交道、建树组织形象的部门。其活动应能反映公众要求，履行社会责任。因此，其目标的确立应从组织和社会的整体利益出发，既考虑到与组织的整体目标的一致性，又要考虑到与社会整体利益的一致性。

2. 现实原则。公共关系活动不是在想象中进行的，而是在特定的社会环境条件中进行的。从系统论的观点看，确立目标应考虑到外部环境和内部环境所具备的条件，考虑到组织的需要和目标实现的可能性。把目标定得太高，使之可望而不可即，容易令人丧失信心；把目标定得太低，使之轻而易举，则不能使潜在能力充分发挥出来，并失去指导作用。根据现实原则，目标应既有挑战性，又有可能性。

3．长远原则。公共关系活动主要着眼于组织的发展，因此公共关系工作目标应能超脱于组织的局部利益和暂时利益之上，避免急功近利的短期行为，应考虑到组织的根本利益和长远发展。一方面注意现有问题和各种问题的征兆，提出目标，防患于未然；一方面要根据社会发展趋势，配合组织的长远发展来设立目标。我国台湾“统一”企业总经理高清愿谈他的企业发展经验时说：现在市场变化非常快，搞不好市场就被别人占领了。但是企业不能靠牺牲社会成本和老百姓的生活品质来赚钱，只有靠创新。创新时，观念很重要，新的事业必须到第4年才能平衡过来，前3年一定赔钱。但为了培养新的事业，一定要不吝投资；否则企业就发展不起来。

4．效能原则。与组织交往的各类公众各有其不同利益，他们对组织的权益要求也有所不同，甚至相互背离，有时根本不可能满足各方面的要求。因此，在确立公共关系工作目标时，一方面应特别注意各类公众的共同利益和共同要求，一方面应重视首要公众的特殊要求，而不能面面俱到，平均用力，使自己陷入进退维谷的窘境。国外有种先进的管理方法叫重点管理法，又叫ABC分析法。ABC分析法是从ABC曲线转化而来的。当年意大利经济学家巴雷托发现社会上少数人掌握着社会的大部分财富，社会上的大多数人只占有社会的少部分财富，从而得出了“关键的少数和无关紧要的多数”的结论和ABC曲线：

A类：占人口5%～15%，收入占总收入70%～80%；

B类：占人口15%～30%，收入占总收入20%～30%；

C类：占人口60%～80%，收入占总收入5%～10%。

后来美国通用电气公司运用上述方法对所属工厂的库存物质采用ABC图解法进行管理，对A类物资压缩库存，实行重点控制，对B类物资按常规库存，对C类物资采取集中大批订购，以节约采购费用，从而降低了周转库存，节约了大量流动资金。现在，ABC分析法不仅用于物资管理，也用于生产作业计划、人事管理和公共关系活动。ABC分析法的核心就是从多因素事物中抓住重点，兼顾一般，提高效能。

确立公共关系工作目标的基本步骤有三步：

第一步要了解实现自我期望的可能性。通过“组织形象地位四象限图”和“形象要素间隔图”的分析，我们对组织自我期望形象、公众期望的组织形象和组织实际社会形象之间存在的问题已有所了解。现在需要进一步分析形成这些问题的原因，找到解决这些问题的条件，了解实现自我期望形象的可能性。这除了要掌握人、财、物、产、供、销各方面的基本条件外，还需要充分了解组织决策层具有的能力、魄力和他们的期望水平，因为这些条件常常决定和影响着他们是否重视改善组织形象和支持公共关系计划的程度。此外还应了解全体员工对组织的态度和期望，他们的素质、士气和潜力，因为任何组织的运转和形象的建立都离不开员工的努力和支持。最后还应了解社会各方面能为组织实现自我期望形象提供一个什么环境和条件，有哪些可利用的手段和方式。只有根据这四个方面的条件，才能制定出切实可行的公共关系工作目标。

第二步是规划出明确的公共关系战略目标。最重要的公共关系工作目标就是确定想建树的组织形象的地位，又称为“形象定位”或“树立固定的形象”。组织形象一旦定位后，就应保持相应的稳定性，组织在相当长时间内都应以该形象出现在公众面前，这样才能令公众对组织形象印象深刻。因此必须使组织的自我期望形象体现到战略目标中去，以便在相当长时间的公共关系工作中逐步形成并保持一个较完美的组织形象。在规划战略目标时，还必须注意使战略目标符合组织的性质，具有组织的特色。

第三步是将战略目标分解成具体的公共关系工作目标体系。一个组织的公共关系战略目标，一般都具有时间涵盖面长，内容比较概括、抽象的特点。为了在工作中更好地把握和执行公共关系战略目标，控制目标实现过程，检查实施目标的效果，还需要将战略目标分解成具体的目标体系。心理学研究表明，如果将大目标分解成若干小目标，就容易使人们看到自己的成绩，产生成功的喜悦。这些喜悦就成为人们继续前进中克服懒散和动摇，战胜诱惑和压力的精神支撑点。同时，小目标还具有防止方向迷失、把人们导向大目标的作用。

公共关系工作目标体系在时间上可分为长期目标、中期目标、近期目标和即时目标。无论何种目标，都应有明确的目标内容，并应规定完成目标的时间期限。在程度上可将其分为重要目标、次要目标。依其活动内容可分为产品形象目标、产品性能目标、产品质量目标、服务水平目标、服务方式目标、服务质量目标、公众关系目标等。依其沟通内容可分为信息传播目标、情感沟通目标、改变态度目标、引起行为目标等。

这些目标还可分得更具体详尽。总之，公共关系工作目标越系统、具体，就越能使公共关系工作具有系统性、连贯性、一致性，使公共关系工作更加便于实施，便于检验、评价和调整。

二、公共关系工作计划的制定

公共关系工作计划是落实公共关系工作目标的具体规划，是实现公共关系工作目标的各种措施和对策的总和。它是落实公共关系工作目标的重要一环。公共关系工作计划的制定，一般有三个要求：

目标明确、稳定。公共关系工作计划是实现公共关系工作目标的具体方案，因此在考虑计划的内容、步骤、措施时，要依据既定的公共关系工作目标体系，突出中心，注意重点，保证计划方案与目标体系的一致，不能因为计划的方便与否临时修改目标，因为公共关系工作目标是根据组织和环境的总体状况提出的一种较长远的努力方向。目标应稳定的要求还在于公共关系工作的效果是累积性的，每一个公共关系工作计划都是以往计划的延续，因此应保证相互衔接的计划具有承上启下的连续性，使先后计划中的目标统一、一致。如果心血来潮，随心所欲，今天推出一种计划，明天推出另一种计划，就可能使组织形象零碎、杂乱。

措施实在、具体。公共关系工作目标的伸缩性很大，可实可虚、可近可远、可深可浅，因此在制定计划时，应从内容上做进一步的具体安排，包括进行哪些活动、采取哪些步骤，以及每一阶段活动的时间规定性，都应有明确具体的规定和要求。比如公共关系工作目标是“提高服务质量”，要达到这一目标就需要在服务技能的培训和提高上，在服务态度的转变和要求上，在服务方式的保证上等方面做出具体安排：何时培训？培训多久？培训采取什么方式？提高到什么程度？服务态度有哪些具体要求？如何转变？保证转变和提高的措施有哪些？开展哪几项活动来予以促进？这些问题统统都应在时间、地点、方式、经费上予以落实。

日本三井株式会社在几年前通过公共关系调查，敏锐地感到日泰贸易将有严重问题。泰国是日本大米的主要供应国，但是日本人的食物正在迅速从鱼和米转到肉类、牛奶和小麦。所以，泰国很可能失去日本大米市场，而这将导致日本的工业产品亦无法在泰国出售。三井为此制定了具体的公共关系计划。他们劝泰国的农民改种玉米，因为日本对玉米的需要正急剧增加。同时三井设法从瑞典输入可用玉米饲养的猪，其次在日本设立了孵鸡场，每年孵小鸡 60 万只。因为在日本，鸡是非常高价的食品，假使有大量玉米供应，养鸡成本可能下降。于是，金额很高的日泰贸易以玉米为基础，恢复了正常。三井这一计划确实是具体、实在、周密。

方案配套、灵活。公共关系工作是涉及多方面、多变量、机动性较强的工作，它面对的社会环境和公众对象既有稳定性、又有变化性，需要随时做出一些调整以适应情况变化。因此，公共关系工作方案不仅要考虑到常规工作，还应考虑到突发性事件。为了保证公共关系工作计划的完整性和连续性，在制定计划时就应把变动性因素考虑进去。如考虑到服务对象和消费者需求的变化，考虑到同行竞争对手的情况变化，考虑到国家政策法令的变化等，制订出多种配套方案，并针对可能出现的变动性因素制定配套的对策，增加应付不测事件的灵活性。这就要求公共关系工作计划应包括：积极措施，即在正常情况下，努力实现公共关系工作目标的措施；应变措施，即在出现偶发性事件或原计划不能正常实现时，采取的补救和对付措施；协调措施，即当阶段性计划告一段落或计划的各部分活动不能彼此照应时，能承上启下、消除矛盾的措施。

公共关系工作计划的拟定，一般需要做五个方面的工作：

1. 确定公共关系活动的对象公众。公共关系活动的对象是具体的公众，公共关系活动是针对这些具体公众展开的。制定公共关系工作计划，首先需要根据既定的公共关系工作目标体系确定目标公众。所谓目标公众是指和公共关系工作目标直接相关的对象公众。确立目标公众通常有两种标准：一种是按目标公众对实现组织公共关系工作目标的影响程度，将目标公众分为关键对象、重要对象、一般对象，以便在工作中分清主次轻重。一种是按实现组织公共关系工作目标的范围，把目标公众分为本行业对象、本地区对象和全国性对象，以便在工作中制定出针对性强的公共关系工作计划。确定了目标公众的类型后，还需要把握住不同目标公众的需求特点和行为方式，这样才能使公众关系工作计划更加符合实际、切实可行。

2. 选择公共关系活动的主要方式和传播媒介。活动方式和传播媒介的选择要根据公共关系工作目标的要求和针对目标公众的情况分析来决定。只有选择了适当的公共关系活动方式和沟通传播媒介，才能最有效地实现目标。可供选择的活动方式和传播媒介有人际传播和直接接触活动，如个人会见、和人谈话、书信电话往来、用餐和喝茶、礼节性拜访等等；有群际传播和群体活动，如举办信息发布会、座谈会、联欢会、展览会，邮寄印刷品，举办艺术活动、体育活动等；有大众传播和社会活动，如报纸、杂志、电视、广播、书籍、社会公益活动、公共关系广告；其他传播方式和活动方式，如产品介绍目录，使用说明书，组织的服饰、着装、信纸、便笺、徽章等组织的标识。

每一类目标公众都有自己喜欢和习惯的活动方式和传播媒介，每种活动方式和传播媒介也有自己的特点和缺陷。因此在制定公共关系工作计划时，要针对目标公众的类型、特点和爱好，选择与之相适应的具体的活动方式和传播类型；要定出运用具体活动方式和传播媒介的大致时间，使之与目标公众的生活习惯、作息时间相吻合；要定出公共关系活动和运用传播媒介的具体方案，使所选择的版面、栏目、节目、赞助活动、艺术体育活动能引起目标公众的注意和兴趣。选择活动方式和传播媒介是较为复杂的工作，需要公共关系工作人员对各种活动方式、传播媒介以及运用它们的方法有深入、全面的了解，才能运用得当。

3. 设计公共关系工作的主题活动。当目标被分解成不同的工作步骤或程序后，每一步骤都相当于一次（一阶段）独立的活动，应该根据这一阶段的目标设计出自己的主题。就像一部长篇小说和交响乐，每一篇章和乐章都有自己的主题，作为情节展开的核心。公共关系活动的主题，是这一阶段目标的形象化、生动化的转化。它不仅是统率该阶段、该步骤所有活动的核心和中心，将围绕这一中心展开的各项活动联系在一起，体现在该阶段的所有活动中，而且具有明白易懂的鼓动性，具有强烈的感染力。在公共关系工作中，这种由一个主题统率一个阶段的活动称为主题活动。

设计公共关系主题活动是一项极富创意、颇费匠心的工作。由于主题活动需要根据具体的社会形势、公众需要和兴趣、公共关系目标、组织的性质任务、经费预算等多方面的因素来考虑，同时又要求它清楚明了，形象生动，方便公众记忆；富有新意，善于煽情，吸引公众注意；中肯诚实，实用有效，能改变公众印象。因此它常常是有例可仿，却无规可循。所以，它也最能体现出公共关系工作人员的水平。

主题活动的设计主要包括四项内容：

一是主题的选择和定名。主题的选择和定名，是主题活动能否成功的关键。由于要求它既能体现和实现公共关系工作目标，又能满足公众的心理诉求，引起公众的兴趣和注意，避免公众的反感和抵制，所以需要很委婉或间接地把公共关系工作目标表现出来，而不能直、露、白。例如美国施特罗酿酒公司是生产 17 种酒的全美第三大啤酒公司，但一直被误认为是底特律的小啤酒厂。为此，在 AMF 公共关系公司帮助下，他们确立了扩大知名度的公共关系目标。围绕这一目标，他们精心设计了四项主题活动：于 1983 年开始施特罗摩托运动大赛；于 1984 年开始为球迷定期发布全美冰球联赛各队的累计进球数和罚球数；于 1984 年帮助地方销酒行业举办经验交流会，并为酒店传授减少酗酒现象的经验；于 1985 年举办“为自由女神而跑”的筹集维修女神资金的长跑活动。

主题活动的定名也很重要，定名应简洁好记，应注意公众的心理诉求，引起公众兴趣。一般可从科学性、艺术性、趣味性、文学性角度着手。例如日本名古屋褚木电力公司在排废水时与渔民发生矛盾，在使用低硫高价燃料时，提高电的成本费用又与用户发生矛盾，在设计建核电站时又遭社区居民反对。为此，该公司决定成立公共关系部，致力改善企业和公众的关系，开展了一个持续几年的“消费者亲善运动”。每半年为一个阶段，每阶段都有一个主题。第一个主题定名为“让我们关心生活与电力”，第二个主题是“说说未来的能源”。这些主题活动的名字都巧妙地把公共关系目标隐蔽在科学知识的宣传和普及之中。

二是活动项目的选择。活动项目是为展现主题而精心组织的一系列具体活动。如邀请消费者参观企业，组织座谈，公开演讲，举办展览，刊登广告，撰写报道稿件，参加公益活动等。对每一主题活动主要举办哪几项活动，活动有哪些要求和安排，提出什么口号，达到什么效果，都应有具体设想。例如褚木电力公司的“消费者亲善”活动中有一项活动是上门访问。公司决定访问自己四百万顾客中的 1/10，并把任务落实到18 000名职工头上，不惜抽出工作时间，要求每位职工各走访 20 位顾客。公司还专门编写了访问指南，给员工提供各种必需的资料。公司还规定：职工们不仅要登门访问，而且上下班和节假日外出的路途上也要利用机会和沿途的市民聊天。

三是活动技巧的设想。活动技巧是为更好地展现主题而精心设计的策略、方式：如何借助有利条件，如何避开不利因素，如何既体面又有效地接近公众、说服公众，如何使让步和牺牲更有价值，如何对付意外事故，如何让公众在不知不觉中留下深刻而长久的印象等。例如施特罗酿酒公司组织的“为自由女神而跑”的活动，在全美 122 个城市进行，跑程为 5 英里。参赛者按年龄分组，残疾人可乘轮椅参赛。每名参赛选手可获得一件印有施特罗为自由女神而跑的短袖衫。一万多名各组男性胜者获得一个纪念性的大啤酒杯，女性胜者得一件赛跑衫。赛跑日程定在10月13日，施特罗公司8月份就寄出了两次新闻简报，在10个城市举行了新闻发布会。在新闻发布会前，由25名长跑选手高举写有"施特罗为自由女神而跑"的三面红、蓝、白旗帜，从半英里外跑到集合会场。与会的新闻记者可收到一件短衫和九件一套的小器械。这些设计的精心和巧妙，确实令人叹服。

四是活动时机的确定。活动时机是适时进行主题活动的最佳时间和扩大影响的机会。因此在设计主题活动时，应考虑到全世界、全国、本地区或本组织有哪些重大活动可能影响本主题活动，本组织可以借助哪些机会来扩展影响，需要避开哪些活动，以免事倍功半。公共关系工作人员应通过周密计划来考虑影响行动时机的因素，既不能盲目从事，又不能贻误战机。例如广东三水强力啤酒厂抓住全国糖酒订货会在成都召开之机，派公共关系小姐在成都大街上连续进行4天的啤酒免费品尝和征询意见活动，使其知名度一下就在成都广为传诵。

4. 编制公共关系活动预算。商品社会的特点是各种活动都要注意经济效用。编制预算，预估公共关系活动的费用对报请经费、计划使用经费、核对和考查公共关系活动效果，都有重要意义。编制预算的目的主要是为了事先对每项工作可能花费的人力、物力、财力进行估算和分配，做到心中有数，避免浪费和超支，避免因经费和人力不足而使计划泡汤，从而从人力、物力、财力上保证公共关系活动的正常开展。对经费的预算和统筹安排，还可以使有限的经费用到更关键、更需要的地方，发挥更大的效能。公共关系工作计划的预算一般包括三个方面：

人力方面。应落实公共关系工作计划需要组织投入多少人力，应有什么样的人员结构，是否需要外借人员等内容。

时间方面。应标明整个公共关系工作计划的持续时间；各阶段主题活动可能耗费的时间；具体活动项目的起止时间，共需多少时间；活动开展的具体时间安排，与其他工作时间是否冲突等。

经济方面。主要涉及开展公共关系活动的各项费用，如员工和外聘人员的工资和报酬、办公费用、调研费用、传播媒介使用费、特别事件活动经费、宣传资料印刷费、各类会议和展览费用、纪念品费用、招待费用、交通费等。

5. 形成书面报告。将上述四个方面的内容和公共关系工作目标、背景情况介绍全部形成文字资料。一是以此向组织的决策层汇报，以便他们心中有数，给予配合、协调和支持。二是以此存档，以便经常对照检查，发现问题，予以补充、修订、纠正。

第三节　实施与传播

方案和对策毕竟只是一种设想，设想只有付诸实施，才能收到预期效果。在确立目标和拟定计划之后，就需要在工作中具体落实计划，使公共关系活动真正起到“形成、改善、强化”组织形象的积极作用。公共关系计划的实施是整个公共关系活动的中心环节，也是最复杂、最具体的一个环节。

一、实施与传播的特点和要求

公共关系工作实质上是在公众中形成组织形象、改善不良形象、强化良好形象的过程。公共关系工作所做出的一切努力，都是为了谋求公众和社会对组织的理解和支持。这就需要公共关系工作把良好的愿望和理想的设计付诸实施，化为具体的行动，力求在实际工作中做出成绩，并在“做”的基础上加上必要的“说”——传播，使社会和公众了解组织的愿望，感受到组织的善意，明了组织的状况，赞赏组织的行为。因此公共关系工作实施和传播方面的一个显著特点是不提倡“埋头苦干”，而是主张

“付出的努力让社会知道，面临的困境求公众理解”。

从公共关系活动的实施来看，它主要有提高产品质量、完善服务方式、优化组织管理、广交各界朋友、参与公益活动五大活动内容和方式。这五种方式有一个共同的要求，就是要从“大处着眼，小处着手”。从大处着眼，从内容上说，就是考虑全局和长远利益，考虑有重大影响的大事情；从形式上说，就是要形成轰轰烈烈的声势；从小处着手，就是要从具体的小事抓起，从不起眼但确实又有影响的事情做起。不能因为事情琐碎繁杂而不屑去做。

从公共关系的传播来看，它可以充分利用前面所说的各种传播媒介。运用这些传播媒介的共同要求是，公共关系信息的传播应新颖、别致、不露声色，同时使人印象深刻，最好能达到“随风潜入夜，润物细无声”的效果。例如美国太平洋电话公司曾于1986年6月在《华尔街日报》上连续登邓小平的大幅照片作为广告。广告中用几行文字提到邓小平是成功的改革家，其主要法宝是鼓励分权，实行多种经营，并给邓小平冠以中国分散化经营总公司董事长的头衔。最后提到“美国太平洋电话公司是美国电报电话公司独立出来的新公司，望各位新老主顾给予充分的信任和合作”①。其用意何在呢？原来美国的一些公司在行将倒闭时，便分出一些分公司来，并声称这些分公司是独立的，以减少破产时债主索赔造成的损失。太平洋电话公司正好遇到了这类误解，为消除误会，故此借中国的改革和分权来论证自己的合理性。这真可谓巧妙别致之极。

实施和传播是公共关系活动中最费力气、专业技术性最强的工作。这两项工作不仅活动频繁，而且头绪众多。在各项具体活

---

① 罗慰年、詹颂生、田乃吉：《实用公共关系88例》，科学普及出版社广州分社1988年版，第64页。

动中，如果对整个公共关系工作的统筹和协调不够，就容易出现忽略整体目标，沉溺于具体事务，过分重视某一阶段任务或某一方面任务，甚至把次要目标和局部工作当做整体目标来对待的情况。其结果是出色的局部工作妨碍了整体目标的实现。因此在实施和传播中，必须注意发现和纠正这种重局部轻整体的倾向，时刻提醒自己，树立统筹全局的思想，注意将目光盯在公共关系整体目标上，克服偏离倾向。当局部工作与整体目标相抵触时，按照目标管理的原则，及时予以协调。这里的目标管理是指，将公共关系的总体目标分解成系统的层次目标，使组织内每一部门在每一阶段都有明确的目标，并以这些目标作为指导工作的依据，来统一认识、协调步骤、检验实施情况、评价实施结果的管理活动。

二、实施、传播与公众心理

公共关系人员运用一切适当的工具和媒介，组织实施的各种公共关系活动，其目的都是向目标公众输送一种信息，以求改善和加深他们对组织的印象，从而赢得他们的理解、支持。因此公共关系活动成功的关键就是能否向目标公众输出想输出的信息，促使他们形成某种意识、态度和行为。要想使这种公共关系信息的输出取得理想的效果，对目标公众产生预期的影响，就必须使公共关系活动和公共关系传播的信息能为目标公众所接受。由于公共关系活动和公共关系传播的信息是诉诸目标公众意识和情感的活动，因此应在方式方法和内容上考虑到目标公众的心理承受力、理解能力和心理相容能力。

目标公众都是具有一定社会经验和养成了某种习惯的公众。在生活的历程中，他们具有了一定的独立性和自尊心。一般来说，他们喜欢受人尊重和重视，喜欢依靠自己的感觉和经验来判断外界事物，而不喜欢被别人牵着鼻子走。尽管他们事实上常常需要借鉴别人的意见，并有明显的从众倾向，但是当他们明显感到外界的强制倾向时，常常会感到不舒服，甚至采取抵触和拒斥的态度。这种意识和行为的基础是感情和情绪。这种感情和情绪先是影响人们的瞬间感受，然后又形成心理定势，最后影响人们的行为。因此公共关系活动输送信息的内容和方式首先要照顾到目标公众的感情和情绪需要，不能激起目标公众的厌恶和反感；否则会收到适得其反的效果。例如，在公共关系具体活动中，一些广告或宣传的失败就在于引起了目标公众的逆反心理。逆反心理的引起一般有一个阈值，即边界限度。在一定限度内，人们对不喜欢的或涉及自尊心、生活习惯和情感的事物是能容忍的。当超过一定限度时，人们则感到无法忍受，就可能反其道而行之。因此，组织实施公众关系活动和传播公共关系信息时，需要考虑目标公众的心理承受能力。这需要公共关系人员根据公众心理和情感，把握公共关系活动和输出信息的分寸，不能给公众“表演过分”的印象，更不能触及和伤害公众的自尊心和情感敏感点。

实施公共关系活动和传播公共关系信息还需要考虑到目标公众的理解能力。因为公共关系活动也是诉诸公众理智的活动。一个信息，只有被接收到，经过一定分析推理，被理解了，才能算是被接受了。如果公共关系活动只顾输出公共关系人员所熟悉的行业语言、专业语言和自己才能理解的信息，而不管对方是否能理解，那么这种信息的输出就是白费功夫。争取目标公众理解信息的第一步是使公众注意到有关活动和信息。这需要公共关系人员想方设法使公共关系活动绘声绘色、别致和有特色。争取目标公众理解信息的第二步就是使公众按照你欲传达的意思来理解公共关系活动和传播的信息。这既要顾及到公众的自尊心和情感，又要有充分明确的表达。有时需要把欲表达的信息抽象化、条理化，有时又需要把欲表达的信息形象化、含蓄化，有时又需要通俗、易懂。无论是怎样处理，都应避免模棱两可和引起理解上的歧义。总之，要根据目标公众的特点，使公共关系活动和传播的信息能为他们理解。

公共关系活动和公共关系活动传播的信息，只有被目标公众相信了、接受了，才能真正发挥作用。目标公众自有一套价值观和批判事物的价值标准。他们对接收到和理解了的信息，常常会根据自己的价值观和行为准则加以评判，只有那些与他们价值体系不相冲突或冲突不大的信息才能被他们所接受，并愿意按照这种信息引导的方式去行动。因此，公共关系人员在组织公共关系活动和传播信息时，要注意到组织的价值观念和公众价值体系的相容性。例如尼日利亚“标准银行”鉴于人民对多国公司的普遍反感，经过银行公共关系部研究，为了赢得人民支持，吸引新的顾客，决定在三易其名的基础上（“英国西非银行”—“西非银行”—“尼日利亚标准银行”），再次改名为“尼日利亚第一有限银行”。公共关系部为此起草了自然流畅和重点突出的有关新银行的新闻报导和新闻通讯稿，阐述银行的目标、分行的数字和职员的实力。结果不仅争取到以前抱敌视态度的新闻媒介的支持，而且赢得了公众的信任，使该银行60%的股份被一抢而空。

总之，公共关系人员在实施的公共关系活动中，应根据调查分析和计划对策过程中了解到的目标公众的经济、政治、社会、文化和心理等方面的特点，来组织安排各种活动，撰写稿件、广告、演讲词，设计传播中的形象资料。当然这并不意味着公共关系人员在活动中要完全被公众所左右，一味迁就公众的情绪、情感、理解能力、价值观念和趣味标准。在重视公众意见时不能违背公共关系活动承担社会责任、建树组织形象、争取公众理解、影响公众行为的初衷。公共关系人员完全可以运用技巧和艺术，把组织目标与目标公众的需要结合起来，使公共关系工作更有成效。

基于这一要求，在组织实施公共关系活动和传播公共关系信息时，就要注意以下三点：

一是真实。真实是公共关系活动成功的前提。只有真实的东西才具有强大的生命力和说服力，才能经受住时间和实践的检验。当组织实事求是地面对公众，表现和宣传自己的优点并承认自己的不足时，一般都能得到公众的信任、赞许和谅解。尤其在商品经济社会，存在许多虚假、虚伪现象时，更是如此。反之，一切假话、大话、空话和虚张声势的表演，不仅违背了公共关系的宗旨，而且还会使组织失去社会和公众的信任。尽管有时虚假的现象和信息也能欺骗、蒙蔽一些公众，但是至多只能隐瞒一时一事和一部分公众；一旦露出马脚，其结果只能败坏组织形象，使其臭名昭著，失去公众支持。

二是真诚。真诚是公共关系活动成功的基础之一。公共关系活动在本质上是维护组织和社会整体利益的，因此兼顾公众利益是它的重要原则。基于这一点，它针对目标公众所开展的各项活动没有理由是虚情假意、言不由衷的，而应该是真心诚意的。对目标公众的利益和意见的尊重，为目标公众提供的服务，对目标公众的谦让，都应是周到热情和发自内心的。而且只有真诚才能真正感动公众，改变公众的意见和行为。如果目标公众感到公共关系人员是逢场作戏、虚与应酬，其活动效果是可想而知的。

三是有效。有效是公共关系活动成功的保证。真实和真诚未必就能有效。公共关系活动欲取得预期成效，除了要取信于民外，还要使组织的公共关系活动确实有理、有利、有节。有理，是指公共关系活动要把握目标公众的接受特点，言之有据，行之有理。言之有据是指公共关系活动要借助一定的科学依据和事实依据。例如大亚湾核电站要让目标公众放心和消除误解，就要宣传必要的科学知识，列举他国核电站成功运行的事例。行之有理是指公共关系活动要符合社会行为准则，符合目标公众的价值观念和评判事物的是非标准。有利，是指公共关系活动要照顾到目标公众的利益，让利于民，让他们感受到组织确实是考虑到了他们的利益，并在为保证他们的利益而努力，让他们懂得组织和他们的利益是一致的。有节，是指公共关系活动要把握目标公众的接受能力，在声势上要把握分寸。从施加影响的范围上看，声势是越大越好，从影响的效果看，则未必如此。有时是声势到了一定程度，效果就不再增长了，这就是人们常说的边际效应。过大的声势不仅会造成人力、物力、财力的浪费，有时还会引起目标公众的反感，误以为组织是以势压人，使效果适得其反。因此，公共关系人员应把握对目标公众施加影响的程度，力求做到不温不火。

三、公众反应与计划调整

制定公共关系计划时，不论考虑得多么周密，也无法预料到将要发生的所有事情和事情的细节，公共关系计划与实际的公共关系实施过程总会存在一定差距。因此，在实施公共关系计划的过程中，需要根据公共关系总目标，对原定计划和公共关系活动加以一定的调整。

调整公共关系计划和公共关系活动的根本依据是目标公众对公共关系活动的反应。要根据目标公众对组织已实施和正在实施的公共关系活动是持注意和赞赏态度，还是持漠不关心、视若未见、闻若未闻、甚至反感的态度来调整公共关系计划。如果是第一种情况，组织的公共关系活动就要坚持下去。这时计划调整的重点应放在解决具体问题和克服客观障碍上，调整方针是巩固和扩大已有的公共关系成果。如果是第二种情况，就应坚持公共关系总目标，部分修改公共关系计划。此时计划调整的重点应放在活动方式的选择和改进上，力求为公共关系活动注入新的活力，使之与目标公众的利益、兴趣、需要发生更密切的联系。如果是第三种情况，就应暂时停止执行公共关系计划。此时计划调整的重点主要是检讨公共关系计划。首先是重估和重新评价公共关系总目标，其次应检测公共关系活动的内容是否与目标公众的利益和心理发生了抵触，了解发生了什么问题，然后重新制定公共关系计划。

调整公共关系计划和公共关系活动的其他依据，一是需要及时收集实施公共关系活动和信息传播中反馈回来的信息，掌握公共关系工作的进度。公共关系工作在开展过程中，因为面临的具体情况不同，有时会造成各部分或各阶段工作的脱节，影响公共关系活动的正常进行。因此，应经常检查落实工作的实际进度，及时发现超前或滞后的工作，分析造成问题的原因，调整有关计划，及时协调人力、物力、财力。二是需要根据社会的变动和组织经费的变化来调整公共关系活动。社会处于不断变动中，经济形势、政治形势、竞争情况都不断在变化，无论是变得对组织有利还是不利，都不能以不变应万变。作为组织的经营和经济状况也在不断变化，这些变化可能会直接影响到公共关系经费的开支。公共关系活动还得根据组织能提供的经费来决定活动规模和方式。

公共关系计划和活动的调整不仅要有外部依据，以便有的放矢，而且还需要有内部条件。这个内部条件就是要充分发扬民主，放权授权。一方面让公共关系人员在自己岗位上敢于负责、能够负责，充分发挥自己的主动性、创造性和积极性，在执行公共关系计划的活动中具有灵活性和机动性，能独立处理有关事务。另一方面让公共关系人员能对全局工作发表意见看法，知无不言、言无不尽，做到集思广益。此外，公共关系人员还应该征询了解组织内其他部门员工的意见，为公共关系活动和公共关系计划的调整奠定更坚实的基础。法国欧洲工商管理学院和密歇根大学企业管理学教授普拉哈拉德和多泽认为：竞争的优势来源于组织在变化的环境中的战略能力，和以不断变换的方法调动其资源来实施这些战略的能力。这就从侧面论证了不断调整公共关系计划和活动的必要性。

第四节　评价与总结

公共关系效果的评价和总结，是公共关系工作的最后一个程序，也是一个必要的程序。它不仅涉及对已完成的公共关系工作的总结，涉及对经过公共关系工作努力后的组织形象的估价，而且还涉及今后公共关系计划的设计制定，涉及向组织管理层的汇报、对组织员工的鼓励、对外部公众的宣传问题。由于公共关系工作的连续性，这一阶段公共关系工作的第四步——评价总结，实际上也包含着下一阶段工作的第一步——调查与分析的某些内容。因此，我们在第一节介绍的调查分析方法同样适用于“评价与总结”的信息收集。

一、公共关系工作效果检测

社会组织的公共关系活动的开展，受到多方面、多层次因素的影响，组织形象地位的改变也是多方面配合工作所取得的，因此，要准确检测和评价公共关系工作的效果是比较困难的。为了使检测评价更加可行，结果更加可信，需要确定检测、评价的标准，确定检测、评价的方式。

检测、评价公共关系工作效果最直接的标准就是看既定的公共关系具体目标是否实现了。当然，检测公共关系计划的进展，核算预算的经费是否超支，评价公共关系活动给组织带来的经济效益，也都可以作为评价公共关系工作效果的标准。但是，公共关系原定计划是否落实，不仅有实施方面遇到客观困难的原因，还有原定计划是否合理的问题。因此仅以计划和实施之间的差距来评价公共关系工作效果只能说明理想工作效果与实际工作效果之间的差距，只能作为评价公共关系工作的参考标准。预算经费是否超支至多只涉及公共关系工作是否浪费的问题，更何况也有预算不合理和物价变动方面的因素，故也只能作为一个参考指标。至于公共关系活动的经济效益则很难评价，因为组织的经济效益往往是组织其他部门和公共关系部门共同努力的结果，并受到多种因素的制约和影响，很难分清是谁的功劳。而公共关系目标实现与否，就能最直接地反映出公共关系活动的成败。

检测、评价公共关系工作效果的最终标准，就是组织形象地位的变化。一切公共关系计划和公共关系活动都是为了“建立、改善、强化”组织形象地位，因此，一切公共关系计划和公共关系活动的成败和绩效，都能用组织形象地位建立和改善与否、知名度扩大没有、美誉度提高没有来予以评价。而且由于在制定公共关系计划和开展公共关系活动之前，已经有一个组织形象地位的调查和分析，那么，把经过一段时间努力后的组织形象地位与原有的形象地位比较一下，通过再制作一次“组织形象地位四象限图”和“组织形象地位要素间隔图”，检查一下组织的实际形象地位与公众评价的组织形象地位、组织自我期望形象各要素之间的差距缩小程度，是不难发现公共关系工作成效的。

检测评价公共关系活动效果，一是要求尽量客观准确，二是要求定性分析和定量分析相结合。为了做到客观准确，就不能光凭公共关系工作人员的自我感觉和认识，而应继续采用原来调查分析时采用的渠道和方式，采用原来的评价、分析标准，以增加现在和过去组织形象地位要素的可比性。另外，效果评价毕竟又和原有的调查分析不同。为了保证人们能客观准确地评价公共关系工作效果，还需要增加下面一些评价方式。

1. 自我评价。公共关系工作人员直接进行公共关系活动，对活动发展进程中的酸甜苦辣感受最深切，体验也最充分，从而对成效的理解也有独特之处。尽管这种自我评价带有公共关系人员的主观色彩，但是却能让常人之未见、易为别人忽视的成绩和缺点也有机会得到表达。自我评价的好处还在于它有助于公共关系人员的经验总结，提高自身的思想和业务素质。

2. 专家评价。专家是对公共关系工作有一定经验和水平的“旁观者”。他们丰富的经验使他们能比较鉴别该组织公共关系工作与其他先进典型经验之间的异同和差距，发现专业技术上的特点和弱点。而且他们作为“旁观者清”，能跳出组织环境的局限，使评价工作有较强的客观性。

3. 新闻报道分析。新闻界的报道也是一种评价方式。新闻界是社会舆论的晴雨计，它的报道常代表着社会舆论的认可和否定，同时它又是影响社会舆论的重要工具。所有组织的公共关系活动都想借助新闻界这一重要媒介来扩大影响，提高美誉度。因此，将整个公共关系工作期间见报、上电台的次数、时数和以前的次数、时数相比较，也可反映出公共关系工作的效果。

4. 舆论调查。专家评价和新闻报道虽可代表和影响公众舆论，但是毕竟不等于公众舆论。日常生活中不乏公众与专家和新闻界唱反调的事例。因此专家评价和新闻报道的分析不能代替公众舆论的调查。从某种意义上说，公众的评价才是最重要的评价。对公众的舆论调查除了要沿用原有标准和方式外，还可增加一些新的内容和方式。例如调查公众对组织的态度，组织对公众的吸引程度，列出“注意”程度、“兴趣”程度、“记忆”程度、“信任”程度、“行动”程度等指标，加以统计测评。

对公共关系工作效果的定性分析要求对各种检测、评价结果进行概括分类。把评价归纳成若干大类，作为总体好坏、上升下降的估计和评价，并说明原因、提出证据、标明性质、做出结论。对公共关系工作效果的定量分析，要求对定性分析的结论能用统计数字衡量。例如理解程度加强、牢骚减少、投诉减少、原有顾客稳定、回头客户增多、求职者增多、组织信誉看好、组织股票抢手、经销网络扩大等等，都需要用具体的百分比来表示。又如新闻舆论看好，则应用报道次数、时数、字数，媒介层次高低，报道是否及时、适时，报导的内容是全方位的还是某一方面的等等数字加以量化。

二、报告公共关系活动成果

公共关系计划的实施情况及其效果，是公共关系人员和组织领导层所共同关心的。向组织的领导层报告公共关系活动效果，可以使他们对公共关系活动的方式、意义和效果加深了解，对公共关系工作做出恰当的判断和评价，为今后公共关系工作的开展争取到更多的支持。尤其是在当前公共关系工作刚在我国发展起来，有些组织的领导把公共关系视为无助于完成组织任务、可有可无的机构，就更应争取他们的理解和支持。

报告的内容主要应陈述公共关系活动的开展情况和取得的成果，对公共关系工作的效果进行质量的分类评价，并进行数量上的说明。一是要将具体实施的公共关系计划、经费开支与原计划、经费预算加以比较；二是就公共关系的长期目标、中期目标、近期目标以及特殊目标的实现情况加以说明，指出达到的程度以及存在的问题、差距；三是将现有组织形象地位的状况和公共关系活动开展前的组织形象地位加以比较，列出简图，并说明改善的状况、原因；四是将公共关系工作结果与组织的总目标、总任务联系起来评价，并附以具体可见的和可测量的成果做论证说明。

报告的形式常用的有书面的和口头的两类。书面报告有年终总结和年度报告、定期备忘录和工作报告、情况通报和简报。口头的有小组或委员会会议、工作汇报会。

无论采用何种报告形式，若辅以图表、图片，都可以使报告更加生动、形象，效果则更加理想。

三、公共关系工作的进一步准备

进行公共关系工作效果的评价总结不仅是为了向各有关方面和自己证实公共关系工作的成绩，更重要的是总结经验、发现问题，以利再战。公共关系部门自己的工作总结不仅要看到已取得的成绩，分析取得成绩的原因，总结取得成绩的经验，还应总结公共关系工作中的失误和教训，分析公共关系工作中的不足和缺陷。另外，公共关系部门还应通过工作总结，分析挖掘潜力的可能性和途径，制定挖掘潜力的具体方式，以便为制定新的公共关系计划提供依据，不间断地改善组织形象。

利用公共关系工作的评价和总结为下一阶段的公共关系工作做准备，还包括争取新闻报道和组织对员工的宣传教育。公共关系工作要扩大影响，需要把工作成果最大限度地传播出去。因此，应通过组织记者来访、举行信息发布会，力求让公共关系成果见报、上广播或电视。组织新闻报道可以使公共关系工作的评价总结成为又一次传播活动。由于新闻传播媒介的客观性和权威性，这些媒介的报道和介绍可以进一步扩展组织在外部公众中的影响，并可对内部公众起到鼓舞士气的作用。为了使公众了解传播媒介对本组织的报道，还可以采用张贴、分发复印件，在内部刊物上转载报道内容等方式来扩大影响。如果新闻媒介没做报道，公共关系部门应自己制作情况通报或印发资料，向内外公众宣传自己的工作成果，以期扩大影响。

思考题：

1．公共关系工作的程序有哪四步？这四步程序之间有什么关系？

2．公共关系的调查方法有哪些？你认为从你熟悉的学科中还可借鉴哪些方法？

3. 设法了解社会组织分析公共关系调查资料的常用方法，将其与书中方法相比较。

4. 为什么制定公共关系计划必须设立长远目标、中期目标和近期目标？

5. 请为你所熟悉的社会组织（机关、学校、企业）设计一次公共关系主题活动。

6. 据你了解，实施公共关系计划最大的困难是什么？最容易遇到什么问题？你认为应采取什么对策和措施？

7. 为什么在实施计划过程中还要调整计划和活动？调整计划和调整活动有什么不同？

8. 总结、评价公共关系工作成果和教训的意义是什么？

第六章　公共关系工作人员的素质与培训

公共关系工作主要是处理组织内外各种人际关系和组织与组织之间关系的工作。人们之间的关系和组织内外环境的复杂多变，使公共关系工作成为一门知识性、技术性和艺术性很强的工作；需要从业人员掌握运用许多学科的有关知识，具备多种才能，能够洞识、预见社会活动、人际交往的规律和特点，尽可能运用工作和生活中的技巧和艺术，来设计和实践公共关系活动，处理公共关系问题。在实际公共关系工作中，公共关系工作人员的素质如何，对公共关系工作开展得好与坏有着最直接的重要影响。因此，公共关系工作人员应通过学习、训练和实践，不断提高自身素质。

第一节　公共关系工作人员应具备的素质和基本条件

任何职业，都有对从业人员的职业水准要求。公共关系职业的复杂性和工作的多面性，决定了它对公共关系工作者的要求非常高，远不像人们看到的表面现象那样，只要漂亮、微笑、有魅力就行了，而是要求公共关系工作者在心理素质、工作能力和仪表修饰等方面都具有较高的修养。

一、公共关系工作人员的基本素质

素质是个人身心条件的综合表现，是个人生理结构、心理结构及其机能特点的总和，是个人参与各种活动的基本条件。素质一般包括身体条件、气质、性格、能力、智慧、经验、品德等要素。人的这些素质是在先天遗传基础上发展起来的，是经过社会实践和教育训练，不断得到改善和提高的。不同的职业对从业人员的素质结构和发展有不同的要求。公共关系工作人员应具备的基本素质主要有以下五种：

良好的个性品质。公共关系工作需要经常与人打交道，参加各种类型的社交活动，因此，有人强调公共关系工作人员应具备外向的性格。其实外向、内向只是人的性格的一种指向，它并不表明个性的基本品质。只要有良好的个性品质，不论性格内向、外向，均能胜任公共关系工作，让人喜欢你、信任你、尊重你。公共关系工作需要工作人员具有的良好的个性品质包括豁达、开朗、热情、冷静、理智、诚挚、自尊、谦和、耐心、机智、幽默、有毅力、现实感强、具有同情心和自制力等。

广博的知识修养。公共关系工作需要公共关系工作人员能较好地处理对内、对外错综复杂的关系，因此公共关系工作人员不仅要掌握本行业的专业理论知识，还应具备多种多样的相关知识，包括经营管理学、市场学、广告学、经济学、法律学、社会心理学、哲学、社会学、传播学、新闻学、历史学、逻辑学、外语、文学以及写作、编辑、演说等方面的知识。良好的教育和广博的知识是公共关系工作人员提高工作质量的基础。

丰富的社会经验。社会经验是人们在社会生活和工作中由于经历和体验而产生的感性知识，它虽然不及理性知识系统、完整和深刻，但是它是工作和生活的具体、直接的感受和反映，对公共关系工作人员解决公共关系实践中的各种问题有着不可低估的效用。公共关系工作人员所应具备的经验主要有人际交往、传播工作、应付突然变故的经验和处理问题的经验等。

高尚的道德品行。公共关系工作要赢得公众的信任和尊敬，公共关系工作人员就必须具备高尚的道德品行。公共关系工作人员是代表组织与人打交道的，品行稍有不端，就会既损害公众的利益，又损害组织的形象。因此，公共关系工作人员在品德上应公道正派、真诚老实、宽容大度、谦逊礼貌，具有责任感。

杰出的工作能力。公共关系工作需要处理和对付各种各样的日常事务，需要公共关系工作人员把自己的知识、经验应用到具体的工作中去，因此，公共关系工作人员的素质还应包括各种能力。或者说，素质是能力的静态存在形式，能力是素质的动态表现形式。

公共关系工作人员应具备的主要工作能力有五种：

组织领导能力。公共关系既需要组织策划，又需要做具体实施计划的工作。无论是参与高层领导的决策和咨询，还是信息的收集调查，或者是举行记者招待会、举办展览会，都需要公共关系工作人员进行活动的组织和协调，进行活动的部署和安排，并执行计划，控制活动。因此，组织领导能力是公共关系工作人员必备之能力。广州中国大酒店开业一周年的时候，许多在酒店住过的客人都收到了酒店公共关系部寄来的一张特制的明信片。明信片上印的是酒店2 000余名职工的团体照。该酒店公共关系部经理说，拍这张照片时，2 000名职工（包括全体高级职工）集合在一个运动场，然后分成 28 排排列得整整齐齐，其中还让一部分员工穿着白色制服，形成一“中”字，其整个拍摄过程总共花了两个小时。

社会交往能力。公共关系工作需要和各种背景的人打交道。在社会交往中，为了广结良缘，消除人们的心理屏障，树立组织的良好形象，扩大组织影响，获得有关信息，就需要公共关系工作人员具备良好的交际能力，善于建立友好的人际关系。为此，公共关系工作人员应懂得各种社会交往礼仪和不同民族的风俗习惯，善于理解对方的心理需要和特点，能够赢得陌生人的好感，巩固熟人之间的关系，具有与大多数人建立友好关系的本领。

宣传表达能力。公共关系工作，在很大程度上是信息传播工作，它需要及时、准确地向各类公众传播、发布、解释组织的各种有关信息，并且经常都会面临一些演讲的场合。还需要进行大量的交谈，需要撰写稿件，草拟计划和各种报告。因此公共关系工作人员应具备文字表达能力、口头表达能力、表情和体态表达能力。

自控和应变能力。公共关系工作和各类公众打交道，负责处理有关组织形象的矛盾和摩擦，需要进行多种多样的交涉，难免会遇到各种不尽如人意、甚至被当成出气筒的情况，这就需要公共关系工作人员有良好的自控力。公共关系工作还要处理各种突然变故和偶发性事件，因此还需要公共关系工作人员具有临变不惊、遇事不慌、处难不乱、遇暴不怒，沉着冷静、机智勇敢地处理事务的应变能力。

观察思维能力。公共关系工作需要收集信息，掌握公众和环境的情况，需要通过对公众言谈举止的细微变化的“察言观色”，来发现公众未言明的意图，了解公众心理变化的趋向。这就要求公共关系工作人员具有敏锐的观察能力，以便正确分析公众的情绪和意向。对收集和发现的信息的处理，又需要公共关系工作人员具有较强的逻辑思维能力、分析能力和概括归纳能力。公共关系工作内容丰富、形式复杂，为联络和吸引公众，使公共关系工作做得有声有色，还要求公共关系工作人员具有丰富的想像能力和创造能力，以增强公共关系活动的效果。

公共关系工作是塑造组织形象的工作，公共关系工作人员也应注意塑造好自己的形象。这除了要讲究有道德、有礼貌外，还应注意仪表修饰。仪表和服装表面上看来与业务工作没有直接关系，但实际上这是影响公共关系工作组织形象塑造的一个重要因素。个人的衣着款式、外表容貌、风度举止足以影响一个人在别人心目中的印象。因此公共关系工作人员应随时衣冠整洁、举止大方，通过仪表表现出积极向上、朝气蓬勃的精神面貌。

二、对不同公共关系工作人员的不同要求

公共关系工作人员应具备的基本素质和基本技能是多方面的。公共关系工作人员应通过学习和实践，努力提高自己的素质和能力。但是，实际工作中要使所有公共关系工作人员都具有上述素质和能力，是不可能的。因此，组织应根据自己的具体情况，对不同的公共关系工作人员提出不同的要求。

对公共关系一般工作人员的要求。公共关系一般工作人员指的是在组织的公共关系部门或公共关系公司从事辅助性或事务性工作的办事员、接待人员、资料员等助理人员。他们一般不参加公共关系事务的决策，不组织重大的公共关系活动，而是执行和实施公共关系计划，开展日常事务性工作，参与公共关系活动。如收集整理资料，参与社会调查，接待来访人员，收发信函，协助举办产品介绍会、展览会等。因此，对他们的工作要求主要是保质保量完成公共关系事务工作和日常活动，保证公共关系计划的正确实施和顺利进行。这就需要他们受过中等以上的教育，有清楚的思维能力，有明晰的语言表达能力，头脑敏捷，反应灵活，个性品质良好，爱好广泛，有礼貌和有一定的道德修养。

对公共关系专业技术人员的要求。公共关系专业技术人员指的是在组织的公共关系部门或公共关系公司从事专业性和技术性较强的工作的人员。他们主要从事广告设计、美工摄影、市场调查、资料分析等工作。因此，要求他们不仅有公共关系工作常识和经验，具备开展一般公共关系活动的能力，还要受过较系统的

专业训练，有较广博的知识面、敏锐的感受能力、丰富的创造能力和想像能力、较强的逻辑分析能力，并在专业技术上有较高的修养和水平。

对公共关系专职工作人员的要求。公共关系专职工作人员指的是在组织的公共关系部门或公共关系公司从事公共关系计划制定、规划审核、工作主持或活动组织的工作人员，包括公共关系部门的负责人和顾问人员等高级职员。这一类人员应受过高等教育，系统学习过公共关系知识，有较广博的知识面和较坚实的科学文化知识基础，有较丰富的实践工作经验，有较强的分析问题、判断问题、处理问题的能力，以及较高的政策水平、较宽广的视野、较长远的战略眼光、较强的组织活动能力和较强的自控应变能力。有人认为：

公共关系部门作为组织形象的设计者，也是领导者的耳目和助手，在组织的经营管理决策中占有相当重要的地位。因此，要求公共关系专职人员应具备领导者的头脑，能够把握组织经营管理的战略全局，熟悉组织经营的具体情况，有深刻的洞察力和敏锐的观察分析能力，善于组织、协调各部门、各方面的活动和信息交流活动。

公共关系部门作为组织形象的代言者，也是组织对内对外的喉舌，需要运用现代传播工具向公众准确、及时地传递组织的有关信息。因此，要求公共关系专职人员应具备宣传家的能力，掌握信息传播的基本规律和方式，具备熟练的传播技巧，善于应用各种传播方式和媒介将组织的有关信息传播给对象公众。

公共关系部门作为组织形象的体现者，也是组织的对外代表，在组织的正式和非正式交往中常常要唱主角。因此要求公共关系专职人员应具备外交家的技巧、风度和交际应酬能力，熟悉社会各类公众的兴趣、需要、特点和爱好，了解本组织业务情况，熟悉礼仪和风俗，善于交结朋友、交涉问题、化解矛盾。

鉴于上述三个方面的要求，公共关系的专职工作者一般都应是具有大学本科学历的人员，如有条件，具有本科学历后还应再接受两年左右的公共关系专业研究生教育，或新闻传播、企业管理一类的研究生教育。不过学历仅仅是一种“潜力的标志”。美国科罗拉多大学心理学家分析了学历与工作成就之间的关系后说，好成绩和学历并不能决定在今后的工作中取得光辉成就，因此，公共关系工作人员还应在公共关系实践中继续不断地学习新知识、掌握新技能，还应密切注意与本行业有关的公共关系技术、理论发展动向，以及其他社会组织成功的公共关系活动事例，并亲自参加各种重要活动，注意总结经验，扩大自己的知识面，提高自己的工作能力。英国公共关系之父斯蒂芬·特伦茨爵士总结其 25 年工作的经验时说：“我从最广泛的意义上把公共关系看成是我们时代最广泛和最重要的工作。我也知道，要想干好这工作，不仅需要在简单的行政和商业机构工作那样的组织能力，而且还需要有理解和与艺术家打交道的眼力和智力。”[①]

第二节　公共关系工作人员的培养

随着市场经济的迅猛发展，我国公共关系工作人员的社会需求量越来越大，对合格的公共关系工作人员的素质要求也日益提高。由于我国公共关系学才刚刚起步，公共关系知识的教育和推广处于初始阶段，还缺乏大量受过系统训练、并有实际工作经验的合格的公共关系工作人才。但是，人的素质是可塑的，公共关系工作人员的素质和能力可以通过各种途径和方法培养和提高。

① 《公共关系译文集》，《开发》1987 年总第 10～11 期，第 52 页。

一、公共关系工作人员的培养目标和培训途径

在培养公共关系工作人员时，首先要根据公共关系工作的需要和公共关系工作人员个人的特长，确定公共关系工作人员的培养目标。一般来说，公共关系工作人员有三种培养目标：

一种是专职公共关系人才。这种人才的培养目的是为了培养能够安排和协调全部公共关系工作的组织者和指挥者。因此，在培养时注重全面提高公共关系工作能力，要求他们具有较全面的知识结构和能力结构，且有一定深度。这种人才的培训一般需要在综合性大学的基础课和专业课教育的基础上，再系统学习和掌握与公共关系密切相关的其他学科知识，并且有较丰富的实践经验。

第二种是专业技术公共关系人才。这种人才的培养目的是为了使他们能担任公共关系工作中技术要求较高的工作，能够从事和处理某一方面的公共关系活动，并且具有较高的技术水平。因此，应着重培养他们动脑、动手的专业能力，并具有与专业相关的较广泛的知识结构。这种人才培训一般需要在大学专科或中等专科教育的基础上，再经过一些短训班的具体学习，培养其有关的学科知识和进行技能训练。

第三种是一般公共关系工作人员。这种人员的培养目的是为了使他们承担公共关系的一些辅助工作，完成公共关系的事务工作，维持公共关系部门的日常活动。因此，对他们应注重一般工作常识和能力的培养，注意仪表修饰、礼节礼貌和道德品质的要求。这种人员的培训一般从高中毕业生中选拔，通过短训班和职业教育班给予适当的职业训练，使他们明确公共关系工作的性质和任务，在日常工作中增加目的性、提高自觉性，并通过工作实践积累经验、提高能力。

公共关系工作人员培训的途径主要有三条：大专院校的专门

培养，短训班培训，实践工作中的岗位培训。

大专院校师资力量雄厚，教学内容系统丰富，教学方法正规，有较好的教学设备和条件，是培养公共关系专职人才的一种最好的学习方式。美国于1923年首先在纽约大学开设公共关系课程。我国深圳大学于1986年9月首次在国内系统开设公共关系课程。国内外大学开设的公共关系课程主要有：管理学、经济学、市场学、销售学、社会学、社会心理学、管理心理学、人类学、法律学、写作、外语、计算机科学、传播学、广告学、组织学、身势学、公共关系学、谈判学、演讲、摄影、印刷技术、报纸杂志研究、社会调查等学科。

通过大专院校进行公共关系人才培养，既可以招收公共关系专业学生，也可以选送其他专业本科生进行公共关系培训，还可以选派在职人员脱产或半脱产进修或代培。

正规大专教育往往需要2～4年的时间，在我国目前公共关系人才奇缺的情况下，这种费时较多的正规学习往往不能满足实际需要，因此，许多组织常采取短期培训的方式。办短训班有三种形式：一种是由学校或公共关系公司办的短训班；一种是用人单位办的短训班；一种是学校和用人单位联合办的短训班。

学校和公共关系公司办短训班的优点是专业力量强，师资雄厚，学科设置较齐，理论水准高。用人单位办短训班的优点是节省开支，提高了时间利用率，培训面宽，学科设置实用性和针对性强，师资可外聘专家、内请组织内有经验的工作人员。联合办短训班可发挥学校和办学组织各自的优势，既保证了学科设置的合理性，又保证了学科设置的实用性，使受训人员在理论水平和实用技术两方面都得到提高。

短训班学习时间较短，故应根据实际需要或对培训对象的要求选择综合培训与单科独进相结合的教学内容。

公共关系学是一门应用性很强的学科，仅仅通过学校和短训班学习公共关系有关知识及其技能是不够的。因此，还应注意对公共关系人员的岗位培训，或者派出去参加公共关系公司组织的实习培训。实践中进行岗位培训可采用见习培训、模拟培训、特别任务培训、职位轮调培训、专家现场指导等方式。

见习培训是让刚参加工作的公共关系人员充当原有公共关系人员的助手，让他们观察学习别人处理公共关系事务的方式，在别人带领指导下进行公共关系实践，增加感性认识。模拟培训又分情境模拟培训和角色模拟培训两种。情境模拟培训是设计一个模拟情境和课题，让公共关系人员处理这一情境中的问题，增加他的经验，提高他的实践能力。角色模拟是让公共关系人员充当和扮演某类公众，从而在活动中把握公众的感受、情感和要求，使其体验到公共关系工作的方式、态度和意义。特别任务培训是指派公共关系人员承担一些特殊任务，如让其组织联欢、安排社会调查、撰写稿件等，锻炼其通盘考虑活动内容和协调各项活动的能力，使其发挥潜在能力，增长才干，获得特殊工作的经验和能力。职位轮调培训是有目的地安排公共关系人员轮流担任各种工作，使他们对组织的业务和要求有较全面的了解，获得广泛的知识和经验，以便做好内部协调工作。聘请专家现场指导，对公共关系人员提高业务技术水平，增加解决复杂问题的能力，是一种针对性强、见效快的培训方法。

二、公共关系工作人员心理品质的培养

心理品质是一个人素质的重要方面。公共关系工作人员的心理品质对其在工作中处理好人际关系，处理复杂问题和调解矛盾，有着不可忽视的作用，是做好公共关系工作的非智力因素。对公共关系人员心理品质的培养应从以下几个方面着手：

1. 广泛的兴趣。兴趣是积极探究某种活动的倾向。它是促进人们学习、掌握和提高知识技能、思维水平的动力。一个人的

兴趣越广泛，求知欲也就越旺盛，精神生活也就越丰富，思想也就越活跃，其处理问题的才干也就越强。公共关系工作涉及的知识面广，接触的公众有各种文化背景和兴趣爱好，如果公共关系人员具有广泛的兴趣，不仅可以使自己找到和公众的“共同语言区域”，使之产生“认同感”、“亲近感”，而且也可以增加自己工作的乐趣。

兴趣是在需要的基础上产生和发展的，并且具有较大的可塑性，能通过学习和努力培养起来。怎样培养公共关系人员的广泛兴趣呢？从公共关系人员自己来看：一是要明确认识到广泛兴趣在公共关系中的重要性，通过目标需要来激发兴趣。二是在培养兴趣过程中，既要注意体验兴趣对工作的助益，又要注意感受兴趣本身所蕴含的乐趣，通过对兴趣带来的愉快结果和喜悦心情的感受使兴趣成为自然的爱好。三是在兴趣形成过程中，还要学会变化和创新，进行积极地探索和克服一定的困难，保持刺激性和新奇的感受。从公共关系机构角度来看：应提供公共关系人员发展自己兴趣的条件，根据组织的公共关系工作性质和特点，引导公共关系人员发展相应范围内的兴趣，并通过安排活动形成气氛，组织比赛强化兴趣，奖励和鼓励个人，来巩固和维持公共关系人员的广泛兴趣。

2．乐观而健康的情绪。情绪是人们对于周围事物的一种内心感受和体验。情绪能影响一个人的精神状态，影响个人能力和水平的发挥，或激发人的热情，使人朝气蓬勃，或压抑人的积极性，使人烦躁和萎靡不振。情绪还能改变一个人的处世态度和待人接物的方式、方法。情绪还具有感染力，积极的情绪能感染工作对象，创造出融洽和谐的气氛，使对方感受到温暖和愉快，驱散忧郁或烦躁的心情，从而较好地完成公共关系工作。消极的情绪则令对方不安和窘迫，造成僵局和对立。因此，保持稳定而乐观的情绪，对公共关系人员来说，是非常重要的。

情绪是在人们对周围事物认识和体验的基础上产生的。从事公共关系工作的人员要培养自己稳定而乐观的情绪，首先，应该树立乐观主义的人生态度，善于从身边各种事物中去寻找欢乐，尽量去发掘生活中美好的事物，体验人生的幸福。其次，对工作和生活中的困难要有充分的心理准备，学会接受现实、正视现实，注意克服急躁情绪，不对工作和自己提出达不到的要求，以减轻不必要的心理压力。第三，要拓宽胸怀，从渺小的个人情感中解脱出来，不为一时一事所困扰和痛苦，认识到烦躁和忧虑不解决任何问题，时时提醒自己，把牢骚转化为现实的态度和积极的行动。从公共关系机构角度来看，则应为公共关系工作者创造愉快的工作环境。领导者要做出表率，以自己乐观、健康的情绪感染其他公共关系人员，在遇到问题和困难时，保持镇静，以幽默风趣的语言消除大家沉重的感受，并注意鼓励大家振作精神。日本新大谷饭店的妙方则是：职员不能把个人烦恼带到工作单位上，一进饭店，每个职员必须进入角色，用微笑来迎接客人。笑的感染，笑对身体的放松，笑对困窘的淡化，笑对心理的调节，常常使职员们的消极情绪转化为积极情绪。

3. 顽强果断的意志。意志是人们自觉调节自己的行为去克服困难，以达到预定目的和完成活动的心理品质，它是个人抵制外在诱惑和压力，克服内在怯懦和动摇，约束和控制自己冲动，按预定目的实施计划行为的重要心理因素。公共关系工作极其烦杂，常常出现各种各样的障碍和意想不到的困难。因此，公共关系人员要达到公共关系目标常常需要顽强的意志。

意志品质包括自觉性、果断性、坚忍性、自制性和自主性。公共关系人员欲培养自己的顽强意志，首先要培养对公共关系工作的高度责任感和使命感，明确自己所承担的工作的目的和意义，强化达到目的的动机，坚定自己完成工作的信念。其次，在日常生活和公共关系活动中，通过有意识的努力，克服内在阻力和外在困难来增强意志。这种有意识的努力要注意从小事做起，尤其是从自己常忽略的、但是又最能体现自己弱点的小事做起。第三，有计划地去完成没有直接吸引力，但是很有意义的活动，在实践活动中培养坚持性，克服懒散和惰性。第四，注意知识和经验积累，做到有胆有识和善于捕捉机会。尤其是应该认识到机会比周全的考虑更重要，从而避免优柔寡断，培养果断性。从公共关系机构角度来看，要培养公共关系人员的意志品质，主要应启发公共关系人员加强意志修养，引导和帮助他们加强自我锻炼，鼓励他们用榜样、名言、格言对照自己、勉励自己，检查自己的行为。毛泽东同志说："往往有这种情形，有利的情况和主动的恢复，产生于'再坚持一下'的努力之中。"① 其他方法还有协助公共关系人员坚持制定个人计划，监督和鼓励他们执行计划，组织他们参加体育活动，进行意志锻炼等，使他们体验到意志的积极状态对生活、工作、学习的帮助。

4．强烈的进取精神。进取精神是个人不满足于现状、不断追求更美好的生活和更完善的境界的一种心理状态，同时也是竞争意识、成就意识和危机意识的一种表现。现代科学研究表明，每个人都有巨大的潜在能力还未充分发挥出来。如果个人具有强烈的进取精神，就可能加倍焕发出自己的潜在能力，使自己更完善，使工作完成得更好。公共关系工作是一个可深、可浅、没有止境的工作，做得好与坏，与公共关系人员是满足、保守、迷惘还是进取、拼搏、努力分不开。因此，应培养公共关系人员不断提高工作效率、追求完善的进取心。

进取精神是建立在对社会竞争状态和自己深厚潜力的清醒认识基础之上的一种不甘落后的心理。要培养自己的进取精神，首先要拓宽视野，不能满足于已有成绩，要知道天外有天，人外有

① 《毛泽东选集》合订本一卷，人民出版社 1973 年 1 月版，第 381 页。

人，从而不甘于现状，为自己定出更高的发展目标。第二，要有充分的自信心，克服自卑心理，认识到自己还有极大的发展潜力，别人经过努力能取得的成绩，自己经过努力同样能达到。第三，要充分认识到现代社会是一个激烈竞争的社会，不进则退。安于现状，耽于幻想或无所作为的心理状态将导致一个人的失败和落后。第四，应该有不怕失败和挫折、敢于尝试、勇于创新的精神和心理准备，懂得大胆尝试出才干的道理。从公共关系机构角度看，则主要应创造竞争气氛，奖励竞争，鼓励个人参与竞争和竞赛，以此激发员工的“竞胜”心理。同时，应及时赞赏员工进取过程中的小成功，对其失败则予以安慰、指导，使其愿意以全部精力投入工作。

5. 健全的人格。人格是个体由遗传和环境所决定的，是实际的和潜在的行为模式的总和。它既是一种稳定的心理结构，又是一种独特的动力组织，并且是个人独特的稳定的行为风格。在公共关系工作中，健全的人格有助于公共关系人员以现实理智的态度去处理工作中的各种问题和矛盾，使其既保持明确的目标追求，又具有豁达大度的容忍力，能理解和体谅别人，抑制过强的行为反应和冲动，从而对加强友谊、协调关系、化解矛盾、赢得理解和支持，具有不容忽视的重大意义。

人格是由遗传和环境所决定的，环境的作用又要通过意识和习惯来完成。要培养自己健全的人格，首先要对人格结构有一个较清醒的认识，以便有针对性地改变自己人格中的不足之处。加拿大柏恩博士认为人格是由父母（Parents）、成人（Adult）和儿童（Child）三种心理状态所构成的PAC结构。所谓“父母”状态以强迫和权威作标志，习惯以命令支配人，以不容许怀疑和商量的方式处理问题。所谓“成人”状态以现实和理智感为标志，待人接物处事冷静，目的明确，以思考、协商来选择正确的方式行事。所谓“儿童”状态以任性、冲动和听任别人摆布为标志，一方面喜欢探索、创新，一方面感情用事，喜怒无常。每个人身上都有这三种心理成分，只是视其成熟程度不同三者比例有所不同而已。人格越健全，“成人”状态比例越大，越能控制其他两种状态的表现程度和表现的时间、场合、方式，避免人格的不适当表现所造成的冲突和尴尬，从而也就越能有效地进行目标活动。其次，完善自己的人格，需要有强烈地完善自我人格的愿望。改造和完善自己固有的行为模式，克服人格缺陷，并非易事，它需要持之以恒地“积行成习，积习成性”。因此，非得有强烈的愿望和顽强的意志不可。第三，要培养自己对社会的现实态度，学会理智地、冷静地接受自己，接受别人，接受既成事实。在公共关系实践中，对人、对己、对社会都不能过分苛求，对人性中的弱点、缺点都要有现实的态度和心理承受力，学会根据事物的实际情况而不是希望来评价情境，提出现实的解决办法。第四，学会把自己的爱从自身、家庭转向更多的人，学习在慈爱、耐心、同情中体验更多的快乐，学会用幽默感来处理窘境，驱散痛苦，松弛紧张情绪，保护自己。第五，树立健康的人生目标，用稳定的价值观把自己的理想、动机和行为模式统一起来。因为健全的人格都有一个稳定的人格核心，这样才能始终如一地追求自己的人生目标，评判和选择自己的行为。从公共关系机构的角度看，可以仿效国外公共关系实践中利用录像来培训人员的方法。比如放映一些人们遇到纠纷和无理取闹时，各种不同的表情、反应和处理方式，然后设想自己在这种情况下可能采取的反应，并分析预测录像中当事人可能采取的方法，最后再观察录像中人们所采取的妥善方法，以此来对照检查自己人格中的缺陷和不足。

心理品质的形成和改善远非一朝一夕所能完成，它需要长年累月的刻意磨炼，这种自觉的自我磨炼既是一种苦差事，又是一件快乐的事。在这种磨炼过程中，公共关系工作人员必能体会到越来越多的工作乐趣和人生乐趣。

第三节　公共关系工作人员的技能培养

公共关系活动要依靠人来设计和完成。公共关系活动是一门复杂的艺术，远不是靠公共关系理论和模式所能应付的工作，它要求公共关系人员能够综合运用自己的知识、经验和其他文化素质，创造性地解决实际问题。因此，公共关系工作要求公共关系人员具备相应的能力，并注意在实践中培养和提高自己的公共关系工作能力。

一、公共关系工作人员组织技能的培养

公共关系计划的实施，常常需要通过组织各种具体的公共关系活动来进行。这些活动有些是小规模、小范围内进行的，有些是在相当大的规模上进行的。在这些活动中，需要调动人力、物力、财力，做出各种安排和决断，需要协调方方面面的关系。这些活动组织得好不好，不仅关系到活动本身的效率问题，还关系到公共关系目标能否实现和实现的程度问题。因此，培养和提高公共关系工作人员的组织技能十分重要。

公共关系工作人员要提高自己的组织能力，首先应了解组织公共关系活动的要求和特点。组织公共关系活动的三个要求是：在组织公共关系活动之前，要明确活动所欲达到的目标，并让这一活动目标为所有参与组织活动的人都能正确理解；在组织活动的过程中，要注意节省人力、物力、财力和时间，提高组织工作的效率和公共关系活动的效率；活动应尽可能安排得有条不紊，注意协调各组成部分的活动，让活动能持续稳定地进行。组织公共关系活动的基本特点有四个：一是要根据“职责划分原则”进行分工和授权，明确参与人员各自的责任范围，使其各司其职。

二是要根据“指令性控制原则”，建立完善的指令控制体系，保证上情下达、令行禁止。为了保证指令实施，还应有相应的监督检查部署，并能对工作业绩予以奖惩赏罚。三是根据“协商合作原则”进行各责任部门的纠纷仲裁和协调工作，调整和理顺各部门的关系，实现各部门、各环节的一体化，保证分工不分家，既分工又合作，使全局的统一安排能步调一致。四是根据“反馈调整原则”，及时了解工作进程，调整工作计划和安排，使工作能更合理地进行。

其次，公共关系工作人员应注意提高个人的影响力。个人影响力是组织好活动的一个重要方面。个人影响力可来自职务权威和个人威信。职务权威来自职位、资历和等级，个人威信来自个人的品格、才智、经验和情感感召力。前者依靠组织的认可，不是个人所能培养的。故提高公共关系人员个人影响力主要是指提高个人威信。组织者的品格主要是通过其言行表现出来的道德、品行、人格、工作和生活作风等。注意品格修养，具有优秀品格，可以使人产生敬爱感和吸引力。在品行和作风中最重要的就是公正和认真负责。因此，公共关系工作人员应着力培养自己这两方面的品质。此外，公共关系工作人员还应努力学习有关知识，了解自己职权范围内容易出现的问题，尽可能使自己熟悉并具有有关的业务能力，使自己的专长得到人们的认可，从而对其安排心悦诚服。为提高个人影响力，公共关系工作人员还应培养自己与他人的情感，以减少心理距离和对抗力。这主要是通过平时待人友好亲切、关心体贴人、尊重人和宽容大度来实现的。“子产治郑，民不能欺；子贱治单父，民不忍欺。”公共关系工作人员提高个人影响力就需要使人“不能欺，不忍欺”。

从组织的角度看，要培养公共关系工作人员的组织能力，可以通过提供榜样示范、出示范例等方式，为公共关系工作人员组织活动提供模仿和参考的样板。但是，仅此还不够，还应引导公共关系人员在具体活动中“多想、多问、多干”。多想，即多做活动设想和方案构思，力求列出各种可能的方案设想，然后找出最理想的方案，并有相应的替换补救措施。多问，即虚心求学、不耻下问，向专家咨询，向有经验者请教。通过行家里手的指导，才可能逐渐弥补自己之不足，丰富和增长才干。多干，即勇于实践，敢于实践，多干实事，在实践中积累经验，增长应付各种局面的能力。

二、公共关系工作人员交际技能的培养

交际活动是公共关系工作中最一般的日常工作。公共关系中交往活动的主要目的是建立关系、培植友情、化解矛盾、寻求理解和支持。除此之外，它还具有促进沟通、搜集信息的功能。为了更好地实现交往目的，公共关系工作人员必须不断地提高自己的交际能力。

公共关系工作人员要提高自己的交际能力，首先必须了解交往的性质和特点。在目前的社会中，人际交往一般都具有功利性质。功利性指的是人们的活动带有注重功效和利益的性质。它又具体表现为人们在一切活动中都有一定的目的和需要。狭义的功利性仅指和道义相对应的物质上的功效和利益。广义的功利性指的是一切活动都注重功效和利益。

即使是最漫不经心的交往，背后往往也潜藏着没有被人们所意识到的功利性目的。在一般的人际交往中，功利性较强的目的有利益互换，信息交流，影响他人认识，改变他人态度。功利性较弱的目的主要有结识朋友，以便分享信息、经验和感情；肯定自我，以证实自己的观点、感受和价值；消除孤独，以排遣寂寞、宣泄感情；有时还有表现自我和炫耀自我的含义。在现实交往中，人们常常怀有多种目的。基于交往的功利性质和上述目的，交往又具有三个要求：在物质方面要求互利，在感情方面要

求互悦，在精神方面要求互惠。中国有句成语，“来而不往非礼也”，就相当生动地概括了这三个要求的共同特点。换言之，在交往中，人们付出了一定的时间、精力、财力，是为了得到某种回报。这种回报可以是物质对物质的，也可以是精神对精神的，还可以是物质和精神相融性的。基于交往的这些要求和特点，我们可以把交往分为“无效交往”和“有效交往”。无效交往是没有满足功利性目的和要求的交往。这种交往越多，人们之间的时间、精力浪费就越大，彼此关系可能就越淡漠。有效交往是或多或少满足了功利性目的的交往。不难设想，越能满足彼此的功利性目的和要求，人们之间的关系越可能亲密。因此。公共关系工作人员要提高自己的交际能力，就需要学会揣摸和了解对方的交往目的，满足对方的交往要求，增加公共关系工作的针对性，减少无效交往。即使因为工作原则，不能满足对方的物质利益要求，也应设法满足对方的情感要求或精神要求。

公共关系工作人员应学习和掌握的有关交往技巧和方法如下：

一是要学会积极倾听和反应。在生活中每个人都有独特的感受，并希望为自己的感受找到听众，以证实自己的感受，或表现自己，或宣泄感情。交往为人们提供了这种机会。注意倾听对方的谈话，并适时做出恰当的反应，不仅为他的感受找到了宣泄的渠道，也向他表示了你对他的注意和尊重，同时也显示了你的教养和礼貌。不言而喻，这样做的结果是能赢得对方好感的，同时也能更好地了解对方的交往意图。遗憾的是，我们每个人都有自己的心事和思路，再加上思维比说话的速度快，我们对别人的谈话常常心不在焉，其结果是令对方大失所望或不满。美国一位著名的推销员乔治·吉拉德曾谈到，一次一位名人向乔治买车，乔治向他推荐一种新车，眼看就要成交，对方突然不买了。事后一了解原因，原来对方向乔治提起自己引以为荣的儿子时，乔治因一时疏忽，与另一名推销员讲笑话去了，结果触怒了他。因此公共关系工作人员不能在交往中虚假应酬，而应掌握认真倾听、适时反应的技巧，并且应注意不要过分热心地表现自己，频频打断别人的话题。

二是要学会察言观色，分析对方未道出的真情。在交往中，人们常常有些话因碍于情面和出于礼貌或故意隐瞒真相而不能明说，这就使其真实意图不易被发现。准确理解对方真实意图，了解真实情况，是做出正确判断和决策的基础。因此，公共关系工作人员应通过察言观色，了解人的体态、表情、动作表达出来的信息，去发现对方闪烁其词或经常重复的话题，发现其未道出的真情。

三是学会建设性地交流意见和解决问题。在交往中，出现意见分歧和棘手问题是常有的事，遇到这类问题时，切忌一味指责对方，也不能抱消极态度。最好的办法是努力寻求双方的共同点，说明双方共同利益之所在，然后提出建设性意见，让对方感受到你愿意解决问题的诚意。其他方法有说明自己的难处和困难，请求对方谅解，也可以向对方征询解决问题的建议，以示尊重对方。

四是优化个人形象。个人在交往中能否被人接受，与他的个人形象是分不开的。个人形象有内外形象之分。外在形象主要是指音容仪表。人们的社会经验心理学试验表明，外表漂亮整洁和有风度气质的人，一般都能博得人们的好感，引起人们的注意。他们在需要帮助时容易得到帮助，在犯错误时容易得到别人谅解。这种现象称为“魅力效应”。内在形象是依靠健康的交往心理和良好的行为举止而培养起来的形象。它包括克服交往中的自卑、羞怯和孤僻心理，在交往中自信、大方和友好；克服交往中的吹牛拍马，随声附和，在交往中保持自尊、平等，讲究信用；克服交往中的冲动、急躁和嫉妒的心理行为，学会制怒、宽容和冷静；克服交往中狂躁、轻浮、冷酷、无情等表现，养成言谈适度、举止得体等一系列行为习惯。优化个人形象还包括丰富自己的知识，提高文化素质等方式。无论内外形象，在公共关系工作中都十分重要。因为要推出和建树组织形象，首先要推出和建树自己的形象，别人只有接受了你，才可能进一步接受你的组织。优化个人形象还要注意提高自己的人际吸引力。心理学研究认为，增强人际吸引力的因素有态度相似性吸引、需求互补性吸引、情感情悦性吸引、邻近和熟悉性吸引、能力和权威性吸引。公共关系工作人员应注意从这些方面着手增加自己的吸引力。

五是及时鼓励你喜欢的行为。每个人在做出努力后，都喜欢别人肯定自己的行为。及时向他人表示你赞赏他的某种行为，既可使他感到满足，又可使他更积极地去做你希望他做的事情。在赞赏时要注意四点：要真心诚意，使人感到不是应付了事；要明确具体，以免发生误会和混乱；要注意适可而止，过头话会使人感到窘迫，有时还可能激起不恰当的希望；要及时，迟到的赞扬不如及时的赞扬有效。

六是尽量消除嫉妒。在交往中，人们难免会遇到由嫉妒引起的敌意和对抗。因此，消除嫉妒、减少对抗也成为交往的重要技能。遇到嫉妒，人们习惯于采用改变和压抑自我、不予理会、针锋相对三种方式来对付别人的嫉妒。这三种方式用来对付心术不正的小人和鸡毛蒜皮的小事是可以的。但是，在公共关系工作中最好的办法是化解妒意。嫉妒一般产生于同辈的人和同层次的人之间，是对对方的成绩和自己的失意不满产生的情绪和行为。化解妒意的最好方法是让他们知道你为成功所付出的艰巨的代价，知道你在这方面虽然成功了，但是在其他方面有痛苦和失败，其他方面不如他们成功。另外，还可通过真心助人进步，帮助其发挥潜力来消除妒意。

三、公共关系工作人员表达能力的培养

公共关系工作中的一项主要任务是传播信息，它要求及时、准确地把所欲传播的信息传送到公众之中，要避免公众对信息的误会和不关心，力求公众对信息印象深刻。因此，公共关系人员应注意培养自己的表达技能。

公共关系中的表达方式主要有三种：交谈、演讲和写作。要提高这三方面的技能，首先要明了公共关系中表达活动的性质。公共关系中的表达活动可分为两大类：信息表达和情感表达。信息表达的目的是让对方明白你的意图或某种情形，因此，要求明白易懂、简明扼要。情感表达的目的是让对方感受到你的友谊和关心，或对某些事物的好恶，因此要求真挚、诚恳、适度，注意对方的心理相容度。在实际表达活动中，这两种表达有时是泾渭分明的，但是更多的时候又是交融在一起的。因此，公共关系工作人员在表达中要注意根据表达的对象和场合，进行恰如其分的表达，有时简明扼要地讲清道理就行了，有时又要晓之以理、动之以情，有时又要声情并茂。

其次，要了解各种表达方式的基本知识、特点和有关技能要求。各种表达方式的基本知识、特点有专门的学科和书籍加以介绍，此处不再赘述。这里我们着重谈谈技能要求。

交谈的技能要求。交谈可分为有准备的交谈和无准备的交谈两类。对有准备的交谈，应有充分的考虑、周全的准备。交谈时无论直截了当，还是含蓄迂回，目的和主题在自己心中一定要明确，谈话要清楚明白，不能漫无边际、语无伦次。应注意选择谈话的场合，严肃的话题适宜在办公室进行，个人联络情感和意见交换适宜在休闲场合和家中进行，应尽量避开外界干扰。对无准备的谈话，应尽量寻找共同的话题，并尽可能预备一些话题。在交谈时要创造轻松、平静的气氛，对紧张的对话者可讲点笑话和

拉家常。在这两类交谈中，都应以身势语言为主，辅以必要的表情和动作。在表达自己意见时，要从容大方。在争取对方理解时，应向对方的价值观诉求。在交谈过程中，尽量少说“我怎么样，我怎么样”，而应多称赞对方。对交谈中自己明显的错漏，应欣然改过，或以幽默方式自嘲。

为了提高交谈的效果和影响力，还要注意几点：一是需要多吸收别人的经验，培养自己谈话的信心和勇气；二是将自己的热忱和经验融于谈话之中，使谈话更具感染力；三是多学习、多看书报，以丰富自己的话题，加深谈话深度；四是可以适当利用居家优势，请对方到你家或你的办公室谈话；五是注意避免谈话中的误解，有了误解要及时予以澄清或更正；六是注意适时提出问题，把谈话不断导向深入，向特定目标前进，或转换话题，避免尴尬和窘迫。

此外，在交谈中不能只以言简意赅为标准。有时过分简洁的语言会令人感到咄咄逼人，激起对方心理上的抵触，不利于交谈的继续进行。因此，在交谈中还需要顾及对方的立场、情感和自尊心，注意说话的语气、方式、态度和分寸，保持一定的“冗余度”，即考虑到对方心理承受力而说些委婉的多余的话。

演讲的技能要求。演讲是一种口头交流思想的重要方式，它能够在较短的时间内，让一大群人一起分享某一信息。演讲可以分为即席演讲和有准备的演讲。按其内容可分为娱乐性演讲、传授性演讲、说服性演讲、鼓动性演讲。无论何种演讲，它都要求：①演讲时口齿应清楚，念音吐字要字正腔圆，语调要自然，抑扬顿挫要适当，其轻重缓急、高低快慢要与演讲内容和听众的心理节奏一致。②演讲者的心情应泰然自若，演讲者的目光要向全场投放，保持与听众的接触。③演讲者的表情要丰富，要随演讲内容进行变化，或慷慨激昂，或低吟浅唱，或如泣如诉。在演讲中注意用动作、姿势来辅助表达，使演讲绘声绘色。④演讲者要注意仪表修饰和服装整洁、大方。⑤在演讲中，对低层次的公众应主题明确，对高层次的公众不宜让演说目的直截了当地表现出来，而宜使其融合在演讲中。⑥演讲的结尾要简短有力、发人深省，或用格言警句，给人留下深刻的印象。

为了增加演讲的效果和影响力，还应注意一些技巧：一是要开好头。演讲者登台时，要先用平静、真挚的目光扫视全场，沟通与听众的初步联系，然后以精彩的开头抓住听众，设法激起大家的兴趣，也可以提出问题让听众思索。二是要注意根据听众的情绪反应，灵活地调节自己的演讲内容和方法，当会场嘈杂时，演讲者要沉着地采取积极对策。如果听众显出疑惑不解的表情，可要求听众提问，或重述演讲过的主要论点；如果听众表示出不友好的态度，可用幽默来缓和气氛；如果听众厌倦和不耐烦，可插入精彩的案例，或者适当缩短讲话。三是在演讲中要充满自信，使自己语气坚定，有感染力。这一方面需要通过认真准备和练习来克服怯场心理，一方面需要多考虑一些设想，多准备一些趣味性和感染力强的案例或格言警句。

写作技能的要求。公共关系工作中写作的种类很多，对其技能要求不能一概而论。但是一般都要求中心明确、重点突出、结构严谨、层次分明。尽管有的要求突出科学性，有的要求突出趣味性，有的要求论证严密，有的要求通俗易懂，有的要求说理充分，有的要求简明扼要，但是，清楚流畅，正确使用通行文体、格式和标点符号，却是共同的要求。公共关系工作人员主要应通过多读、多看和多练笔来提高自己的写作能力。

四、公共关系工作人员应变技能的培养

公共关系工作中不可避免地会遇到各种不幸事件、突发性事件乃至工作中的失误。这些事件可能由环境变化、工作失误和挑剔的公众所造成。这些事件的发生，往往导致公共关系工作正常活动的中断。这不仅将公共关系工作人员置于尴尬境地，而且还可能危及组织的声誉和形象，给组织造成经济损失。在发生这类事件时，公共关系工作人员如能处置得当，及时应对和采取补救措施，则有可能转危为安，摆脱个人的窘困，减少和避免组织的损失。为此，公共关系工作人员应注意培养自己的应变能力。

应变能力是一个人的自制力、适应性和灵敏性的综合表现。公共关系工作人员要培养自己的应变能力，首先要培养自己临变不惊的心理素质。任何人遭遇突然变故，都难免会为之一惊。有的人一惊就慌，一慌就乱，从而一发不可收拾。有的人则虽惊不慌，或在事变之初有点慌乱，但随之很快就恢复镇静。任何变故，一旦冷静下来是不难找到对策的。因此，公共关系工作人员在突遭变故时，应力求保持或恢复镇静，以便能沉着从容地考虑对策。当然，遇到重大变故，或遇到挑剔的顾客吹毛求疵，当众为难人，要想沉住气确非易事。故公共关系工作人员应时时提醒自己，保持理智，克服冲动，增强自我控制能力。如能像苏轼在《留侯论》中所说“卒然临之而不惊，无故加之而不怒”，那么就可以使自己的应变能力逐步提高。

其次，要锻炼自己灵活机动的适应性。世界上的一切事物都处在不断发展变化之中，一个组织的内外环境也处在不断变化之中。因此，不可能有一成不变的行为模式和处理问题的方式。一切活动都有变通的解决办法，平时就应养成灵活机动的思维方式和工作方式。在工作中，任何一个问题的解决和处理，都可以用多种方式，通过多种途径来解决，而任何一种方式和途径，都不止适用于一种情况。因此，在工作中不能墨守成规，而应不拘一格地尝试用各种不同的方式来解决自己所遇到的问题。心理学家吉尔福特曾设计了一道题，要求人们在 8 分钟内说出红砖的可能用途。把红砖局限在“建筑材料”范围内考虑，只算思维流畅。如能突破“建筑材料”框框，就打破了心理定势，说它可以打狗、垫脚、压纸……就表明有了变通性。能考虑到与众不同的用法，说能磨成红粉，在地上划线，或涂在脸上装饰，就表明有了独特性。如能经常进行这类思维的变通训练，在公共关系工作中遇到意外事件是不难找到变通对策的。

第三，尽量丰富自己的人生知识，学会迂回战略和幽默地处理问题。公共关系工作中许多应付变故窘境的方式、方法与人生的知识和经验有关。有了丰富的知识和经验，就能在出现变故和窘境时找到恰如其分的反应方式和对策。例如光大实业公司董事长王光英飞赴香港创办光大实业公司时，一下飞机就被记者包围。其中一位女记者有意问到："你带了多少钱来？"这一问题比较尖锐，不理睬不礼貌，如实回答又不可能，支吾其词也不行。王光英凭借自己丰富的知识和阅历，巧妙地借用社交界的有关习俗答道："对女士不能问岁数，对男士不能问钱数。小姐你说对吗？"[①] 一句妙语使窘境顿解。这一事例说明了丰富的知识和经验的重要，也说明了在处理意外事故和窘境时，有时不能直来直去，而应采取迂回战略和幽默来渡过难关。

第四，在面临一些较重大的变故时，要学会迅速反应，争取及时控制住局面，使不良影响不至扩大影响面。美国苹果计算机公司总裁约翰·斯卡利在谈怎样把危机变成机遇时，不仅谈到了不拘泥于"标准"的做法，坚持自己重视的东西，谈到了不要恐慌，敢于冒险等，还谈到了需要迅速控制局面和迅速消除问题的情况。又如美国导演马丁·斯科塞斯执导的《基督的最后诱惑》，原定于1988年9月下旬在美国公映。1988年7月中旬，美国基督教会首先发难，批评影片歪曲耶稣基督形象，亵渎神圣。25 000名教徒在环球影片公司附近举行抗议示威，要求撤回影片。美国家庭协会发起了最有组织的攻势，寄出了250万份抗议

① 《实用公共关系手册》，《南风窗》1986年增刊，第49页。

邮件，并向700家电台和50多家电视台发出了呼吁观众不要观看此片的通知。面对此起彼伏的抗议浪潮，环球公司将原定于9月23日的公映期提前为8月12日，声明“由观众自己做出结论”。8月12日影片在美国的洛杉矶和加拿大的多伦多等9个城市同时上映。同一天，美国导演协会总部举行了记者招待会，数十名导演出席，声援导演斯科塞斯。最后影片终于在美、法、英、意相继公映。有些公共关系专家建议，在遇到窘境和重大变故时如责任在己方，就迅速道歉，纠正失误；如责任是事故，就迅速寻找解决方案，同时安抚公众，说明情况，因为情况不明会激起更大程度的混乱；如果是误会，就应迅速澄清事实；如果是对方的挑衅，则可以以平静、坚定的语气提出建议或者可采用较硬的措词，但是无论如何不能发火，失去常态。

最后，应变能力并不只与“急智”有关，一种好的应变措施和应变方案，往往和事先的精心准备分不开。既然“天有不测风云”，意外事故是公共关系工作中不可避免会遇到的问题，那么，公共关系机构从组织角度出发，平时就应提醒公共关系工作人员，使其对突然变故和意外事故有充分的心理准备，随时准备应付不测事件。有了这种心理准备，就能提高不测事件出现时的适应能力。同时，还应协助公共关系工作人员在平时正常工作时，就预见本行业、本组织容易发生的事故，密切注意“危险信号”，多做一些假设，多想几个“如果……怎么办”，多准备几套预备方案和补救措施。例如，在当前电力供应紧张的情况下，影响了一些商业组织的正常营业，那么补救方法可自备柴油发电机，可错开白天用电高峰，搞夜间服务，也可采用蜡烛照明……总之，有备就能无患，就可平安渡过难关。此外，还应引导公共关系工作人员学会真诚、礼貌地处理意外变故。出现意外变故时，利益受到损害的公众常常是焦虑不安或气急交加的。此时伴有过激的言论和不当的举动也在情理之中，应要求公共关系工作人员忍让、克制和有礼貌，让对方感到你真心诚意在道歉，并采取补救措施，切忌忙乱时出现粗暴态度，造成对立的局面。一些意外事故发生后，新闻界可能会闻讯赶来，平添一份忙乱，甚至导致火上浇油。此时，也应耐心说明情况，公开事实真相，尽量提供方便，使他们能及时报道真实情况；自己也应采取相应的补救措施，避免谣言四起。

五、公共关系工作人员创造技能的培养

现代公共关系活动是在一个充满竞争、瞬息万变的信息时代进行的。在众多的信息中，如何吸引公众的兴趣和注意力，如何使组织形象给人留下深刻的印象，这不仅需要组织本身讲求质量信誉，还需要公共关系工作人员洞察环境发展趋势和公众心理，根据组织的性质和特色，设计出别具一格的公共关系活动，塑造出新颖别致和富有个性的组织形象。因此公共关系工作人员还应具有较强的创造能力。

创造能力可以通过学习、训练和实践得到提高。从学习来看，公共关系人员应了解创造的特点和过程。创造活动不是简单的重复和模仿，而是发明新事物、新活动或新的活动方式的活动。公共关系中的创造活动偏重于对各种公共关系活动方式进行推陈出新的设想和改进，使之具有前所未有的独特性，从而使公众为之耳目一新。鉴于此，公共关系中的创造活动的根本特点就是打破常规。要想使司空见惯的、平常的公共关系活动表现得与众不同，就不能满足于公共关系活动的一般表现模式，不能囿于固有思维模式和行为模式，而应力求超越常规，摆脱常识和习惯的束缚，进行“既出乎意外，又在情理之中”的创造性构想。公共关系中创造活动的第二个特点是要借助非逻辑思维，即借助直觉、灵感和想象。直觉是无意识的、不按推理论证规则进行的思维，它源于个人的学识和经验，它在发现新问题和选择、判断、

创造方案方面有重要作用。灵感是长期辛勤劳动和冥思苦想的结晶，往往在创造者调动全部智力，处于极度紧张状态时出现。柴可夫斯基曾形象地说：“灵感是这样一位客人，它不爱拜访懒惰者。”想象是对记忆中的表象进行加工改造后得到的一种形象思维。它通过分解、综合、对比、夸张、联想种种表象的某些特征后产生。例如，中国大酒店的公共关系工作人员在1986年春节，由虎年想到虎，又联想到如果能以真虎来取代一般的悬挂横幅或模拟的人造动物造型，肯定能给宾客留下更深刻的印象。他们遂向中山大学生物系借来老虎标本，放置在大厅一侧的假山下。客人突然看见假山下“走”来一只真虎，难免一惊，再细一看，又免不了一喜。惊喜之余就会忍不住上前拍照留影。此时老虎上方“恭贺新禧，中国大酒店全体同仁鞠躬”的横幅也就摄入影中。[①]

从创造过程来看，孕育一个新的设想大致有五个步骤：①选择目标。对要解决的问题或者准备进行的活动规划一个目标。②准备期。搜集尽可能多的有关这一课题的信息，从前人和他人的经验和事例中获得知识和启示。③酝酿期。通过借鉴传统的和反传统的知识、经验和方法，冥思苦想各种可能解决问题的方案。④顿悟期。通过反复思考、尝试，思路豁然开朗，出现灵感，产生解决问题的方案。⑤验证期。调动理智和判断力，对灵感和预感进行逻辑上的证实或否认，或者完善、修正新想法。了解了创造的一般过程，公共关系工作人员就可根据这一过程来设计和进行创造活动，并且有针对性地加强自己的薄弱环节，有目的地不断推进创造活动的过程。

从训练和实践来看，公共关系工作人员主要应培养与创造有关的心理品质和掌握有关的技巧。

---

① 罗慰年、詹颂生、田乃吉：《实用公共关系88例》，科学普及出版社广州分社1988年版，第188页。

从创造所需的心理品质来看，主要应培养“超越常规”的动机。首先，创造者一般不安于现状，不满足现有经验，不迷信已有权威，而强烈地想标新立异、渴求冒险。在这种动机引导下，方能积极创新。其次，要有持之以恒的毅力。创造是一个艰苦的过程，常常使人百思不得其解。因此它需要创造者一丝不苟地刻苦钻研，坚持不懈地努力。第三，要有探索问题的敏锐性。在一般思维活动中，每当人们采取一种特定思路取得成功后，人们下次就可能沿用同样的思路。这就是“思维定势”。人们还习惯于接受已有知识和观念“坐标体系”内的东西，这就妨碍了人们去发现新问题，去寻找新的解决问题的途径。因此，创造者应能从平常中看出不平常，敏锐地去感受事物，并发现其不足。第四，要有经验迁移的能力。创造活动需要创造者有意识地把熟悉的事物看成是陌生的，按照新的角度或新的理论来认识它。另外，又需要把陌生的事物看成是熟悉的，采用已熟悉的知识的尺度来比较它。

日本心理学家多湖辉认为，创造思考的障碍主要来自“常识”、“过去经验”、“迷信权威”、“迟钝的观察力和想像力”、“无动于衷”。美国当代著名创造工程学家奥斯本认为妨碍创造力的心理品质主要有“自我气馁”和“羞怯”。显然，为了培养创造力，必须克服这些心理上的障碍。

创造作为一种探索性活动，虽然在活动内容上不能模仿，但是在方法和技巧上却有规律可循。有人曾做过统计，认为目前世界各国应用的创造技法约有三百种。从公共关系活动来看，适用的主要有以下几种：

模仿创造技法。在人类的创造发明活动中，在模仿的基础上加以改进而产生的创造占很大的比例。模仿的对象可以是动物和昆虫，也可以是他人成功的活动和发明物。有人还认为，模仿是一切创造的基础，即创造由模仿始，终于独创。中国的公共关系起步晚，公共关系中的许多做法开始都是模仿国外的先进经验，然后在实践中又根据中国特色加以改进。结果表明，这种方法很有成效。在公共关系的创造活动中，应尽量收集别人成功的事例、新奇的设想，通过借鉴和模仿来积累经验，以期激发自己的灵感。例如，重庆两路口百货公司在当前风行一时的巨奖销售的商战中，不是简单地模仿，而是在模仿中创新。在 1992 年年初针对上班族和工薪阶层人士买大件高档商品的困难，率先推出高档商品分期付款。然后又针对巨奖的渺茫希望，提出“万分之一的幸运不如百分之百的保险”的口号，推出累计购货登记卡。凡半年内在该公司累计购买商品 200～3 000元，均可免费享受 1 000～10 000元的家庭财产保险。结果使回头顾客不断，效益大增。

联想创造技法。由一事物的表象、语词或动作联想到另一事物的表象、词语或动作，叫做联想。古希腊哲学家亚里士多德提出了联想的三个定律：接近性、对比性、相似性。联想起与某一事物有关的经验、动作和事物叫接近性联想。例如，美国奥尔康公司由玩具娃娃想到玩玩具娃娃的小孩有姓名和出生证，于是给玩具娃娃也附上了出生证、姓名，还盖上“接生人员”的印章，给玩具娃娃注入了“人情”，从而增强了产品的生命力。联想起与某一事物相反的经验、动作和事物叫对比性联想。例如日本日立公司由顾客中盲目消费现象和一些公司竭泽而鱼的一槌子买卖的做法，联想到进行消费教育，“指导人们妥善地利用电气化产品”，帮助消费者设计生活，结果赢得了更大的信赖和支持。联想起与某一事物相类似的经验、动作和事物，叫做相似性联想。如前面中国大酒店的公共关系人员由虎年联想到老虎，即是相似性联想。有人曾举了“山—河—鱼—虾”来理解联想，由山想到河为对比联想，由河想到鱼为接近联想，由鱼想到虾为类似联想。

联想又可分为横向思维法、纵向思维法和逆向思维法。从一事物与其他事物的相互联系中去寻找解决问题的办法，就是横向思维法，如前面所举三例联想法。从一事物自身发展的轨迹和趋势去思考有关解决问题的方法就是纵向思维法。如由旧式玩具→机械玩具→塑料玩具→电子智力玩具的发展轨迹，想到进一步的推陈出新应有更多的感情投入，于是模仿真实生活推出“温情式”玩具，就是纵向思维法。逆向思维法是从事物常态的相反方向去考虑问题。人们对某种事物和现象习以为常，认为事物理当如此。此时如能换一个角度，做相反方向的考虑，常可获得意外收获。例如，传统的思维观念都认为商品应坚固耐用，而台湾出口雨伞则以“短命”著称。这种伞用不上两回就要折骨、断线，照理应在质量上狠下功夫。但是厂家则从另一个角度来认识和解决问题。根据美国消费者的特点，他们把努力花在价廉和花色上，以满足美国人随用随丢追求方便和便宜的需要，结果占领了美国市场。

头脑风暴法。这种方法又叫智力激励法，由美国创造学之父奥斯本发明。这种方法通过一个特殊的会议，使参加会议的人员相互启发，填补知识空隙，从而激起创造性设想的连锁反应。参加会议的人员在12人左右。奥斯本特别强调成员中最好有几名妇女，有几名常设成员和一名秘书，并根据会议性质邀请有关方面有经验的人参加。有关会议的问题应提前10天送交与会者。会议过程中提倡任意自由思考，提出的设想越多越好；不允许批评他人的设想，也不做判断性结论，以免窒息或扼杀设想的积极性；不允许用集体意见来阻碍个人的创造性思想。在这种会议上，每个与会者都可根据他人的设想来激发自己的灵感，因此效果极好。例如，美国华盛顿联邦政府曾用头脑风暴法解决“为了使每个来华盛顿参观的游客对政府留下一个良好的印象，联邦政府成员应做些什么事”这一问题。结果在短短的30分钟内就产生了 120 条设想。在美国通用电气公司的一次头脑风暴会议上，与会者在 35 分钟之内提出了 131 条改善现行建议制度的设想。这些设想中有些极好，有些是目前可行的。

关于创造的技法还很多，我们不能在此一一介绍。总之，公共关系工作人员应懂得：“意造本无法”，“适我无非新”。要积极保持和强化自己的好奇心和想像力，尽可能多地搜集公共关系的案例和经验，尽可能地去开拓自己的视野，丰富自己的想像力。这样，在需要创造性地解决问题时就可以找到通向成功的途径。

上述五种能力，是公共关系工作人员做好公共关系工作的必备能力。公共关系工作人员应努力在实践中，通过学习和总结经验，不断丰富和提高自己的能力。

第四节 仪表修饰和交往礼节

在与公众的交往和公共关系活动中，交往的技巧和能力固然重要，保持良好的仪表修饰和交往礼节同样也很重要。仪表整洁、待人和气，可以使人觉得你充满朝气和友善，并可能营造一种自然、和谐和安全的交往气氛。

一、仪表修饰和要求

在个性化和民主化的今天，越来越多的人喜欢强调个人兴趣和爱好的自由，变得不拘小节。“穿衣戴帽，各人所好。”对个人仪表和服装的修饰，常常是见仁见智，极难有一个公认的一致标准来衡量孰是孰非。从个人的生活来说，这种仪表修饰和服装穿着上的自由，不仅是无可非议的，而且简直就是应该的。

但是，当这一问题不是涉及人们的个人生活，而是涉及工作时，问题就不能这样看了，尤其对公共关系工作更是如此。虽然仪表和服装表面上似乎与公共关系工作没有直接联系，但是，仪表和服装是公共关系工作中的重要因素，是社交礼仪中的基本要素。在仪表和服装方面给对方造成的印象，不仅使对方产生对个人的好恶，而且还影响到对组织的看法。日本松下电器产业株式会社创始人松下幸之助曾在日记中记载了这样一件事：有一次他去理发时，理发师批评他太不重视自己的容貌。理发师说“你是公司的代表，都这样不重视衣冠，别人会怎么想，连人都这样邋遢，他公司的产品还会好吗?”一席话说得他无言以对。以后他接受了理发师的建议，“不惜重金来东京理发”。

根据心理学的“第一印象效应”，人们在交往中留下的第一印象对交往的发展常常起着意想不到的作用。而人们认识他人的第一印象总是从仪表和服装开始的。心理学研究还表明，人际交往中还存在着“魅力效应”，而仪表对个人的魅力有极大的影响。它既可以令你光彩照人，又可以使你魅力大大地打折扣。因为人们在交往之初首先是从仪表来判断你的性格和个性，并产生一定好恶情感的。曾经在中国惠普有限公司从事公共关系工作的崔和平说：“如果让我选择从事公共关系工作的人员，我首先对他们考查的不是学历和外语水平，而是品质和修养。如果对方不能给我一个诚实、善良的印象，而处处露出虚假、油滑，言行与思想不一的表象，那我决不录用他。因为往往客户比我更挑剔、更怪癖。”日本则有一句民谚：“服装整洁就是最好的介绍函。”由此可见，魅力不仅由先天素质，如容貌姣好、身材匀称所决定，也包括后天的修饰。在公共关系工作中，注意自己的仪表修饰，一是可以使公众通过仪表正确地认识自己、认识组织；二是可以使公众对你和组织产生好感，体验到一种愉快的感觉。

根据公共关系工作的性质，公共关系工作人员在仪表修饰上要注意的首先是整洁，这也是最基本的要求。其次要注意的是美观。这两个要求又具体体现为以下内容：

1．头发应保持清洁，梳理整齐，发型不要太怪。男性职员的头发不宜过长，要适时理发。胡须亦应常剃，因为让胡子乱长也是不礼貌的。

2. 指甲要经常修剪，不宜留得太长。还要注意修剪鼻毛。

3. 女性职员化妆要淡雅。眼黛、口红、扑粉、面颊化妆在白天都应淡雅，晚宴时可以稍浓一些。洒香水也不能用量太多，幽幽清香即可。整个人的化妆要与衣饰装扮的颜色相协调。

4. 注意端正自己的身姿。坐时，要挺直脊梁；站时，要伸直脊梁；走时，也应挺直脊梁，步行时还应注意把脚尖伸直。这样才能给人一个精神饱满的好印象。

公共关系工作人员的仪表修饰还有一个化妆打扮之外的重要因素，这就是保持积极的情感。苏联整容医生克列晓娃认为："对青春和美来说，积极的情感要比涂脂抹粉重要得多。我见过许多人，我能无误地认出正在爱的人，孤独的人。根据人的一双眼睛和微笑就能分辨出来。正在爱着的人总是比自己的实际年龄要年轻，他总是精神焕发。"也许正是因为这个原因，林肯总统做出了自己的选择。据说，林肯的一个朋友向他推荐一个人入阁，林肯却没任用他。这位朋友问林肯的原因时，林肯说："我不喜欢他那副长相。"朋友惊讶地问："可是，这不太严厉了？他不能为自己天生的面孔负责啊？"林肯答道："不，一个人过了40岁就该对自己的面孔负责。"日本推销之神原一平也认为，代表一个人声望和感化力的魅力，是个人长期努力的结晶，妙就妙在它会先显露于一个人的容貌上。因此，比漂亮的面孔和仪表更具魅力的是积极的情感和表情。

俗话说："马靠鞍装，人靠衣裳。"服装可以代表一个人的地位，显示出他的兴趣，也可以显示出一个人的力量。因为在现代社会，穿衣戴帽除了可以御寒保暖外，在很大程度上具有了显示个人形象的意义。在服装穿着上，公共关系工作人员也应予以相当注意，因为工作时的服装不是个人发挥个性的道具，而是提高工作效率、建树个人和组织形象的道具。对公共关系人员来说，衣着主要应整洁大方，与自己的身份相符，同时照顾到所接待和交际的公众的习惯。美国一家大型商业公司的经理在谈到公共关系工作时曾说：我们要想图生存求发展，首先必须赢得人们的尊崇，使公众有一种安全感，相信这样的公司不会坑骗他们。因此该公司在服装的样式和色彩上下了很大功夫，以便给公众一种稳重感和全店上下团结一致、休戚与共的印象。

对公共关系工作人员着装的要求大致有以下五点：

1. 衣服要大方、整洁、合体、合适、合度，避免过多虚饰和奇装异服，以便能更充分地反映出朝气蓬勃和稳重的精神面貌。

2. 一般场合可穿便服，但在较正式或隆重、严肃的场合应着深色礼服。在我国，上下同色同质的毛料西装或中山服可作为礼服。无论何种场合，衣服都应熨平整，注意挺直整齐。着西装时，胸口口袋上可插放装饰的手帕，只有在工作场所才能插钢笔或圆珠笔。

3. 在穿衬衫时，领口和袖口的污迹最显眼，因此要注意保持干净。如果打有领带，不能歪歪斜斜、松松垮垮；否则西装再好，衬衫再白，也会使人感到不舒服。

4. 穿鞋子时，鞋子颜色应与衣服颜色相配。在庄重和正式场合，以穿黑色皮鞋为宜。鞋子也应光亮干净，不能脏兮兮的。

5. 如果戴有帽子，也应注意整洁和整齐。帽子的式样和颜色要和衣服相协调。

公共关系工作人员注意了仪表修饰和着装整洁，就为留下良好的第一印象创造了条件。

二、交往的礼节要求

仪表和服装，是公共关系工作人员建树自己形象的“静态素质”的表现。要给公众留下深刻而又良好的印象，还需公共关系工作人员注意自己动态素质的表现，即注意自己的言谈举止和在交往中的礼节礼貌。公共关系工作人员的言谈举止和礼节礼貌，是个人素质的外化。

在公共关系工作中，对公共关系工作人员最基本的礼貌和修养要求就是尊重交往者的人格。每个人都有自己的自尊心，都希望得到社会的认可和赞许，而不喜欢别人伤害和否认自己。因此，相互尊重就成为交往中最基本的礼貌要求。正如一句谚语所说：“你要想别人尊重你，你首先要尊重别人。”尊重人主要体现为尊重对方的生活方式、生活习惯和志趣爱好，赞许和肯定对方的成绩，不随意贬损别人。在尊重人的要求的基础之上，还派生出谦逊和平等待人的要求。谦逊就是在与人相处时，不争功、不自夸、不沽名钓誉，实事求是地评价自己的成绩和作用，承认和赞赏别人的成绩和作用。平等待人就是对所有的人一视同仁，不以衣貌取人，不以地位取人，对所有的人都表示自己的尊敬和友好。

除了最基本的礼貌要求外，公共关系工作人员在交往迎送、会见和交谈中还分别有些礼节要求。

交往迎送是公共关系的日常工作内容之一。在交往迎送公众中免不了相互介绍。在正式会见时，一般由第三者做介绍，公共关系工作人员通常应先向来宾介绍前来欢迎的身份最高者。介绍时要自然，注意先后秩序，先把身份低的、年纪轻的介绍给身份高、年纪大的，把男子介绍给女子。在普通会面时，公共关系工作人员可向来宾做自我介绍。在介绍时，要注意点头示礼，点头弯腰行礼时必须充满敬意，过分小心或粗心大意都是不应该的。介绍过程中握手时，要看着对方的眼睛，态度要不卑不亢。伸手时，同性应先向地位高的或年纪大的伸手，有异性时应先向女性伸手。男性在握手时要除下手套。介绍后，应主动找话题寒暄，以打破拘谨。

在交往迎送中，还要根据交往对象的身份和交往的目的，确定迎送的规格和方式。规格要与来宾的身份相当，尽量做到对口、对等。方式包括接送来宾的交通工具的安排、时间的安排。安排应考虑到来宾的方便。在交往迎送中，对妇女和上了年纪的人要给予特别的关心和照顾。

在交往中，要讲信用，遵守诺言，说能办到的事情一定要办到，即使遇到困难也要努力办到。自己没有把握的事，即使碍于面子不宜当面拒绝，话也不要说死。如果为了讨好别人把明明办不到的事情也包揽下来，反而会弄巧成拙。

在进屋或上车时，应注意为对方开门。关门时要轻轻碰上，不能用脚关门，或大力、粗暴地把门甩上。带人参观时，应注意带路和介绍情况，走路时脚步要放轻。

会见是公共关系工作常用的一种活动方式。会见中要注意遵守的最重要的礼节就是守时。无论是开会、赴约，还是做客，都不能迟到。迟到是轻慢和不尊重对方的表示。因此，准确掌握会见时间，事先做好准备，争取提前到达，就甚为重要。

会见中其他的礼节有：自己做主人时，应到门口迎候客人，会见后应送客人上车并挥手道别，或送至门口握手道别，并且目送客人离去。自己做客人时，当主人介绍到自己时，要起立点头示意或挥手示意。

会见中的座位安排一般是宾主相对而坐，客人坐面向正门的上席，主人坐背门的下席。多边会谈，座位可摆成圆形和方形。

交往迎送和会见都离不开交流，在交流时要注意以下礼节：

在对人讲话时态度要诚恳，声音不要太大，语气要亲切，表达要得当，辅助动作不要太大，不能用手指指人，不要拉扯拍打，避免引起别人反感。对熟人可不必过多客套，但是对妇女、老人和初次见面者则应彬彬有礼。无论对何人都不能口出污言秽语。

在同别人谈话时，要看着对方的眼睛，不要翻阅文件，挪动东西，摆弄小玩艺；否则给人留下一种不耐烦的印象，或者打断了别人的思路。在坐下谈时，不要跷二郎腿，更不能将脚胡乱抖动。谈话时也不能东张西望，给人一种心不在焉或不感兴趣的印象，而要做出反应。

参加别人谈话时要先打招呼。别人在个别谈话时，不能硬凑进去，更不要问自己不需要知道的事情。多嘴多舌，常使人反感。

说话要力求简洁，故意卖弄自己的高谈阔论，讥讽攻击别人都会惹人讨厌。在讲话中，要给别人发表意见的机会。当别人讲话时，不要随意打断别人的讲话。要适时表明自己的看法，但不能说“瞎说”、“废话”，而应陈述理由去反驳或补充对方的意见。注意不要伤害别人的自尊心。

有人主动搭话，或来参加谈话，应表示欢迎。谈话中如需离开，应表示歉意。

在谈话中，不要谈对方忌讳的事情。对女子不问年龄、婚姻，对男子不问收入、财产。

谈话过程中，不能挖鼻孔、掏耳朵、搓泥污、剔牙缝、修指甲。咳嗽、打喷嚏时应用手帕捂住口鼻，面向一旁，不能发出大声。在参加交谈前，不要吃葱、蒜。注意保持口腔清洁，防止口臭。如口有异味，可用咀嚼茶叶或咀嚼口香糖的方式来抑制。

在交谈中，不能随地吐痰，乱丢果皮纸屑。吸烟要征得对方同意，烟灰要弹入烟缸。

如果是主人，还要多准备一些话题，避免出现冷场。

思考题：

1．公共关系工作人员应具备的基本素质有哪些？

2. 书上提到了哪几种公共关系工作人员的培训方式？在我国的现实条件下，还有没有其他培训方式？

3. 根据你的经验和实地调查，你认为公共关系工作人员最重要的心理品质有哪些？

4. 公共关系工作人员为什么要培养自己的组织能力和交际能力？

5. 谈谈你在生活中应付窘境的经验。你认为，要提高应变能力还应加强哪些方面的知识和实践锻炼？

6. 公共关系工作中的创造活动有哪些特点？还有哪些可资借鉴的创造技法？

7. 仪表修饰在公共关系工作中有何意义？

8. 在公共关系活动中为何要注意礼仪？

第七章　公共关系工作中的传播活动

现代科学技术的发展和社会需要的发展，使传播在今天成为极其复杂和无所不在的活动。每时每刻，人们都被淹没在传播所提供的各种信息之中。可以说，传播已成为影响人类社会行为的一种重要活动。在公共关系工作中，传播是一种极其重要的活动，它是影响公众感受和态度，促进公众了解和信任组织的一种重要手段。公共关系工作人员应懂得传播的基本理论，掌握有关技巧，学会运用各种主要传播媒介。

第一节　传播的基本理论

传播是一个很古老的活动，发展至今，已有了很多种类和形式，社会影响面也越来越大。尽管如此，各种传播活动还是有着许多共同的特点的。对这些共同特点的了解，有助于我们更好地利用这些形式，做好传播工作。

一、传播的基本类型和特点

传播从本质上来说，是人们彼此间交流信息的一种社会性行为。人们通过某种有意义的符号，将自己感受到的信息传送出去，沟通彼此的思想和情感，调节彼此相互联系的行为，协调共同的活动。传播有两大特点：一是信息的共享和交流。通过传播，甲方和乙方都了解了某种信息。这种信息的了解不会因一方的分享而影响另一方的享有，而是可以共同享有。这一点和物质商品不一样，一方的分享会影响到另一方的享有。在传播中，不仅存在单向的信息传播，而且还有程度不同的信息反馈，以及由信息传播引起的行为互动。二是信息不仅具有客观性质，而且还具有明显的主观意图，并会产生一定的影响。

从传播的类型来看，一般分为五种类型。第一种是自我内向传播。美国社会心理学家米德将自我分为主格我（I）和宾格我(Me)。自我的这两部分经常相互交流和对话。人们既需要进行人际交往和人际交流，也需要进行自我交流。人们内心的思考和独白、内在动机的冲动、自言自语、自我陶醉和自我发泄，就属于自我内向传播。第二种是人际传播。人们彼此间面对面的或个人与个人亲自进行的信息交流和传播，例如相互交谈、打电话等活动，就是人际传播。第三种是群体传播。人们在某一小群体范围内进行的信息传播活动，例如小组讨论、交换意见，以及群体与群体之间的传播，就是群体传播。也有人把小群体传播和人际传播划为一类。第四种是组织传播。有组织、有系统、有领导，按照一定正式途径进行的一定规模的传播，叫组织传播。组织传播具有疏通组织内外渠道，密切组织成员和组织与组织之间关系的作用。第五种是大众传播。大众传播是指通过报纸、杂志、广播、电视、电影和书籍等现代化的传播媒介，面对极其广泛的受众所进行的大量信息的传播。前面四种传播的特点是传播的主体和受体的联系比较直接，在信息和情感上都容易留下较深的印象；能够迅速得到信息反馈，反馈的方式较灵活，内容较清楚明白，可以进行较详尽的反馈；传播主体可根据互动情况及时调整传播内容，补充说明某一信息内容。大众传播的特点是影响范围广泛，传播迅速及时，突破了以往传播的时空限制；信息公开，面向社会；单向传播，反馈有限；传播内容由传播机构和职业传播者决定；传播的信息被赋予了社会承认其重要性和社会性的意义。了解了传播的类型和特点，在公共关系工作中就可以根据需要采取不同的传播类型。对小范围的特定公众，对需要获得较多信息反馈的公众，对需要产生较深印象的公众，对需要建立长期联系的公众，我们就可采用人际传播、群体传播、组织传播的类型。对大范围的一般公众，对需要迅速传播的信息，对需要让社会承认和重视的信息，对无需反馈的信息，就可采用大众传播方式。

传播活动还可以根据传播中使用的媒介来加以区分。常见的有：①语言传播。语言是人类社会产生最早、使用最普遍的一种传播媒介，也是最基本、最实用的传播媒介。它的特点是简便易行，节约经费，能直接进行情感交流，及时得到信息反馈，但是，受到时空的限制。②书面传播。文字也是人类普遍使用的一种传播媒介。在公共关系活动中，它和语言一样得到了广泛的使用。它的特点在于可以超越时空限制，便于保存，便于远距离联络，可以反复阅读，但是在意思表达上受到一定版面的限制。③电磁波传播。电磁波传播包括电话、电报、广播、电视、电影、幻灯、录音、录像等方式。电磁波传播的特点是快捷，突破了时空限制，尤其广播和电视覆盖面大，还可以进行艺术化加工。④社会活动传播。社会活动传播包括举办展览会、仪式庆典等方式。它们的特点是生动、形象，使公众在轻松愉快的氛围中接受影响。

无论何种传播，都必须具备传播的四个要素，这就是传播的主体——发送信息的传播者；传播的信息——传播者所发出的具有一定意义的符号；传播的媒介——信息的物质载体，如报刊文字、无线电广播的电磁波等；传播的受体——信息的接收者。美国传播学专家拉斯韦尔博士认为一个完整的传播活动应包括：①谁传播？②传播什么？③通过什么渠道传播？④向谁传播？⑤传播的效果如何？说明了这五个问题，也就解释了传播活动。研究传播活动，也可从这五个方面着手。

就传播的目的来看，主要有以下几种：共同享有信息，增加感情联络，协调相互间关系和行为，沟通彼此的认识、体验，影响对方的认识、态度和行为。在公共关系工作的传播活动中，最主要的目的是促进沟通，加深理解。无论要达到哪种目的，传播活动的基本过程都是一样的：制码→传送→接收→译码。制码是指传播者把自己所欲传播的信息，按照通用的习惯和规定，按照通用的理解方式，加以整理编组，转化成具有一定形式和规律的一组符号的活动。简言之就是赋予信息以特定表达形式的活动。传送是通过一定媒介和一定渠道将信息输出给接收者的活动。接收是受众从众多信息中选择、识别、接受特定信息的活动。译码是指接收者将接收到的符号还原成具有原来意义的信息的活动。译码还包括接收者的解释和理解。经过制码→传送→接收→译码，就完成了一个单程的传播。两个以上的单程传播就可构成社会中更复杂多样的各种传播活动。

二、影响传播的因素

无论何人进行传播活动，他所关心的就是传播的效果问题。传播活动作为人类社会文化活动之一种，必然会受到社会文化和人们心理因素的影响。影响传播效果的因素很多，如像传播的信息能否引起接收对象的注意，传播本身的目的是否与受众的利益一致，传播的内容是否是受众关心的问题，传播的信息是否具有影响力和感染力等。这些因素都是在具体的传播活动中应予以注意和努力解决的问题。上述因素主要涉及传播的方式、技巧和传播的信息内容等问题，这些我们将在公共关系传播的具体方式中加以说明。这里我们仅就传播活动过程来讲影响传播效果的一般因素。

从传播过程来看，影响传播效果的因素首先是传送和接收过程中的信息损失和杂乱信息对欲传播信息的干扰。在传送信息的过程中，无论用什么媒介，借助什么渠道，都不可能把传播者所欲传送的信息尽善尽美、保质保量地传送出去。在传送的过程中，信息可能损失，如信息量变弱、信息中掺杂进了不相干的信息干扰或信息失真等。这种信息损失是必然的，只是有的传播媒介和传播渠道信息的失真度较少，如文字、图像；有的失真度较大，如人际传播中的带话、中介环节过多的传播等。这种信息损失毫无疑问会影响传播的效果。因此，在公共关系传播活动中，减少传送信息过程中的损失，提高信息的保真度，是提高传播效果重要的一环。具体做法有多开辟信息传播渠道，减少中介环节，保证传播渠道畅通，用大道消息杜绝小道消息等。

从传播过程来看，影响传播效果的因素是制码和译码这两个环节。一是制码这个环节。传播者能否把自己所欲表达的信息按照通用的规定转化为一定形式的符号，在转化中是否清楚地表达了自己的意思，是否准确地表达了原有意思，是否完整地表达了自己的意思。这些都将影响到接收者在译码时对原有信息的理解和解释。二是译码这个环节。即使传播者的制码完全符合要求，译码者由于种种原因，不能按照原样还原这一组符号，即不能正确理解和解释，同样也会影响传播的效果。

影响信息的制码和译码，使之不能完整、准确、清楚地转换和还原为原有信息的因素主要有以下几种：

文化系统方面的障碍。这方面的障碍有语义表达上的障碍，如像驾驭语言文字的能力较差，表达不准确，词不达意等；有文化水平上的差异带来的障碍，如像传播者制码用语的层次过于艰深抽象，接受者水平低，无法译码；有文化习惯差异造成的障碍，如不同民族、不同地区人们有不同的习惯表达方式和习惯的表达用语，又如一词多义造成的歧义等。

社会系统方面的障碍。这方面的障碍有年龄上的障碍，如

"代沟"造成不同年龄的人对同一用语有不同理解，以及在制码和译码上的不同习惯和用语等；有社会地位方面的障碍，社会地位带来的利益差别、社会距离和心理距离，使传播者和接受者彼此无法理解；有团体或阶级障碍，传播者和接受者分属于不同的社会团体或社会阶级，彼此间的利益对立造成对同一组符号的不同看法，或者干脆对这一组符号反感、抵触。

个性系统方面的障碍。这方面的障碍有欲望的强弱和欲望的不同种类，容易使人对某些信息，或信息中的某一部分特别敏感，从而造成译码过程中的断章取义；有人生观方面、个人爱好方面的差异引起的对信息的偏见和歧视等；有态度方面的差异引起的好恶选择等。

为了保障传播的效果，就必须针对各种可能影响制码和译码的因素，采取有效的防范措施。作为公共关系中的传播活动，不能对公众在译码上的偏差好恶做出指责，也不可能提出要求。因此，只能做好自己的工作，对策动传播的公共关系人员提出相应的要求，并采取相应的措施。在公共关系传播活动中，对公共关系人员提出的要求和采取的措施一般有：提高传播者在语言、文字、图画、影像等方面的表达能力和制作水平，要求他们尽量完整、准确地将自己欲表达的意思表达出来；要求传播者在制码过程中严格遵守通用的规则和习惯，尽量避免会引起歧义和误解的表达；要求传播者的表达制码尽量适合对象公众的兴趣、口味和理解能力，不能自顾自地进行表达；要求传播者针对不同层次、类型的对象公众选用不同的表达方式、不同的传播媒介；要求传播者力求使传播的内容、目的与对象公众的利益相符合，以免引起反感和抵制。

从传播过程来看，影响传播效果的第三个因素是受众对信息的识别、选择和挑剔。现代社会是一个信息泛滥的社会。公共关系传播和现代社会的各种传播一样，都面临巨大的压力。每天有滚滚而来的信息涌进人们的脑海，人们已学会躲避各种自己不喜欢的信息，已经能熟练地选择自己想要的信息。因此，一次公共关系传播不可能引起所有对象公众的注意，注意到了的对象公众中又不可能全都能很好地理解和解释，而能很好理解信息意义的对象公众又不可能都改变态度和产生行为。这样，公共关系传播活动实际的效果是相当有限的，对这一点，公共关系传播人员必须要有清醒的认识和正确的估价，并据此制定自己的传播战略和传播战术。同时应努力提高自己的传播技巧，认真研究公众接受传播的心理，采取切实可行的方法。

第二节　公共关系与新闻传播媒介

新闻传播媒介以其报道的信息具有广泛的社会意义和重大的社会价值而受到广大受众的普遍关注。新闻传播媒介还有较完善的传播系统和较宽广的覆盖面。此外，新闻传播媒介报道的信息具有公正、客观的面貌，容易赢得公众的信任。因此，新闻传播媒介是公共关系传播工作的重要工具之一，公共关系传播人员应熟悉和掌握运用新闻传播媒介的理论和技术。

一、公共关系中运用新闻传播媒介的意义

新闻传播媒介主要指报纸、杂志、广播和电视四大媒介。在现代社会，这四大传播媒介是日益发展和完善的组织系统，拥有庞大的工作人员队伍，先进的技术装备和技术手段，发现、选择和传播着巨大的信息量，已经成为社会传播业的主体力量，同时也是影响社会舆论和社会发展的巨大力量。新闻传播媒介以其四个特点而著称：一是传播的信息多。它们能够将社会中每一件它们认为有意义的事件发掘整理出来，加以传播。电台可以全天24小时播音，电视台也能播送十几个小时的信息，报纸每天以

众多的版面输出信息，杂志则以更多的文章传送信息。二是影响的范围大。所有的新闻传播媒介都有巨大的覆盖面，有众多的受众。一份报纸的读者可达几十万、几百万，电台和电视台的受众可达数亿人。这种影响面可超出地区界限和国界，产生世界范围内的影响，这是其他任何传播媒介都望尘莫及的。三是信息传送及时。新闻传播媒介可以将所欲传播的信息在数小时或数分钟内传向全世界。四是影响力巨大。新闻传播媒介传播的信息一般都是站在第三者立场上加以报道和评论的，因此常给人公正、客观的印象，容易得到受众信任。同时由于它的性质和地位，它总是从众多的信息中挑选出最具广泛的社会意义和重大的社会价值的信息来传播。因此，它还给受众一个印象，它报道的信息都是重要的，即它具有“赋予信息以社会承认和社会价值”的功能。这样，使受众容易注意和重视它所传播的信息。它也因此而成为最具影响力的传播媒介。

新闻传播媒介的这四个特点，使它成为公共关系传播工作中需要妥善加以运用的重要工具，因为公共关系传播工作如能借助新闻传播媒介，可以大大提高自己的传播效果。第一，可以在更大范围内提高自己的知名度。第二，可以更迅速地将信息传送到受众手中。第三，可以借助新闻传播媒介赋予所传播信息以重要地位的作用，使公众注意和重视组织的有关信息，而不至于在众多的信息中将其忽略了。第四，可以减少传播费用，甚至达到免费宣传的效果。第五，也是最重要的一点，新闻传播媒介传播的组织的有关信息，更易赢得公众信任。组织自己传送的信息，常有“王婆卖瓜，自卖自夸”之嫌。无论你多么公正、客观，公众总怀疑你具有“隐蔽动机”。而借助新闻传播媒介，以消息报道方式传播，则是第三者的公正报道，因此更容易让公众信服。正是基于上述五点，公共关系工作尤其强调公共关系人员在传播中要善于运用新闻传播媒介，来进行公共关系传播。

新闻传播媒介既是公共关系传播工作应学会运用的传播工具和传播途径，又是公共关系工作的重要公众。它之所以成为公共关系工作的重要公众，不仅在于公共关系传播工作可以通过它增加自己的传播效果，或者只有搞好了与它的关系，才能充分发挥新闻传播媒介的“工具”作用，而且还在于它本身的传播影响到组织的美誉度。新闻传播媒介的地位、性质和作用，决定了它对一个组织的褒贬足以影响到组织生存和发展。因此，公共关系人员必须做好新闻传播媒介的工作。要做好这一工作，公共关系人员应了解新闻传播的基本原理、基本过程和基本要求，了解新闻传播工作的基本规律，在自己的工作中自觉运用新闻媒介搞好公共关系工作。

二、各种新闻传播媒介的特点

各种新闻传播媒介既有其共同的特点，又有其不同的特点，为了更好地根据公众类型来组织传播，有必要进一步了解其不同的特点。

报纸。报纸是一种印刷媒介，它在我国目前的新闻传播媒介中占主要地位，在公众心目中有很高的权威性。报纸有全国性报纸、地方性报纸、综合性报纸、专业性报纸及内部报纸。

报纸的优点是：发行量大，它与全国城乡的各种企事业单位和广大群众有较密切的联系；信息面宽，它可根据国内新闻信息的情况刊登要闻简讯和详细报道，又可适当地增加版面，还能在字号、标题、图片、版面安排上对信息量加以控制；信息刺激清楚，不仅在于对有些消息可做深入细致地报道，而且在于文字刺激可以反复阅读、仔细琢磨；读者的选择余地大，读者对自己需要的信息可以仔细阅读，对自己不感兴趣的信息可以跳过。有人曾说：广播电视是让受众隶属于它的时间和空间，报纸则让自己隶属于受众的时间和空间，这一特点使报纸受到受众欢迎；储存性能好，报纸可以长期保存，也可以剪贴、摘录、复印，还可以加以分门别类的整理和汇编，便于使用时检索。

报纸的缺点是：在传播新闻的速度上不如广播和电视及时；在感染力上不如电视、广播形象生动；要求受众具有一定的文化水平和阅读理解能力，因而使读者数量受到一定的限制。

在公共关系传播活动中，如果想希望传播有一定深度，能够提供受众查阅、检索的信息，应利用报纸这一媒介。如果要向全国扩大知名度和发布有影响的信息，应力争在全国性报纸上发表；如果是只具有地方意义的信息，可只在地方性报纸上发表；面向专业受众的信息，在专业报纸上发表，可被赋予专业权威认可的价值。

公共关系工作人员应主动加强与报界的联系，尤其是与其编辑部、广告部两个部门的联系，但是应区别发布新闻报道和刊登广告之间的不同要求和特点。

杂志。杂志也是一种印刷媒介，它和报纸有许多共同点，只是其出版周期稍长一些，新闻性也不如报纸。但是，它有自己独到的优点：它的种类繁多、形式多样、发行量也比较大；其版面和内容比报纸更活泼、丰富，专业性较强，读者的范围比较稳定；其报道更加深入细致和系统，一般能提供比报纸更翔实的资料；其学术和史料价值更多，更具保存价值；印刷较精良，感染力更强。

公共关系的传播活动在利用杂志这一传播媒介时，应了解杂志的读者面和它拥有的读者群，应注意自己传播的信息与杂志的特点、性质是否相符。一般来说，通过杂志提供的公共关系信息应具有一定深度。

广播。从我国的现状来看，广播的普及程度和覆盖面大大超过了报纸和杂志，它是一种最普及的大众传播媒介。我国除了有全国性广播电台，有省、市、地区广播电台等无线电广播外，在广大农村还有有线广播系统。

广播的优点是：传播迅速、覆盖面大，广播的信息由电磁波传播，因此速度最快，其发射和接收一般也不受空间限制，只要有收音机就行，这使得它的作用对象非常广泛；它具有易得易懂的大众性，广播以人们最熟悉的口语方式传播信息，男女老少不论文化水平高低都可收听，而且可以一边做其他工作，一边收听，不受工作限制，不需要独占时间；用口语广播，可利用音调的抑扬顿挫来更好地表达喜怒哀乐，因此更具有说服力和感染力，能使听众产生一种亲切感；广播的形式和手法丰富多样，有新闻传播、专题报道、专访、讲座、对话、实况转播、听众点播、专题讨论等，还可以随时撤换、插播、修改、重播，使同一内容的信息以多种方式表现出来，取得较好的传播效果；广播节目制作过程较为简单，可以迅速制作，且成本较为低廉。

广播的缺点是：广播的内容一般较简洁、浅显，不能做深入、细致、详细的理论报道，对复杂的事物和复杂的过程难以交待清楚；广播的信息受到时间限制，且稍纵即逝，错过时间便收听不到，如果想反复收听和仔细研究，只有借助录音机，不如查阅报纸、杂志方便；在某些地理环境中，广播播音的清晰度会受到杂音干扰或信号衰减的影响；听众自由选择节目的范围有限，收听广播的速度、时间都不能随心所欲；广播缺乏直观性，也没有图像，容易使听众收听时心不在焉，印象不深。

在公共关系传播活动中，如欲传播简单、明了、不甚复杂的信息，可借助广播传播，这样既可使信息迅速传播出去，影响到社会的各个层面和角落，又可以因为传播成本低廉，得到多次反复的传播。

电视。电视是大众传播媒介中最先进的传播方式。它既可传送画面，又可传送声音和文字，其传播效果和作用，是其他传播媒介不可替代的。电视业目前在我国还全是国有的，有中央电视台和地方台之分。随着我国人民生活水平的提高，电视机越来越普及，各地又修建了大量的转播台和差转台，电视的大众性和易得性特点日益突出。

电视的优点是：具有音像同步的特点，可以真实生动地传播事情或事物发生、发展的过程，能使观众产生身临其境的真实感，具有较高的吸引力；电视传播最接近面对面的个人传播，传播时聚集在屏幕前的又是以家庭和各种小群体为主，他们在同一时间共享同一信息，彼此间又有交流和互动，使它容易产生亲切感，从而具有强烈的感染力；电视节目和广播节目一样，不受观众文化程度的影响，老幼皆宜，因而具有大众性；电视也是以电磁波为传播方式，传播速度快，在播放和收看节目时具有同时性；电视表现手法和节目内容丰富多样，可综合运用文字、图片、动画、电影、声响等各种技巧以及特技手段来加深观众的印象。

电视的缺点：节目制作成本高，制作过程也稍长；节目有固定时间，稍纵即逝，信息不易保留，不便查找；观众的选择余地较小，一般都处于被动地位。

在公共关系传播活动中，是否选用电视传播媒介，首先要考虑的是经费问题，因为其费用是以分或秒计算的。其次要考虑效果问题，电视传播信息快捷、范围大。美国在一次调查中，被调查对象收看电视新闻的占 51%，通过报纸了解新闻的占 31%，而利用其他媒介的仅占 18%。电视节目和电视广告传播的信息生动、逼真、形象化，使之可接受性强。公共关系信息在电视中播送，可产生比其他传播媒介更广泛的影响，给观众留下更深的印象。

鉴于上述新闻传播媒介各有优缺点，公共关系的传播活动在选择新闻传播媒介时应综合考虑下述几个问题。一是要考虑传播活动对象公众的文化水平、工作和生活习惯，以最适合他们理解、最能引起他们注意、最符合他们工作和生活习惯的传播媒介来传播公共关系信息。二是要考虑传播的信息内容。这一内容是以文字，还是以声音、图像传播为最佳，这一信息的内容是需要简洁表达即可明白，还是需要进行详细说明才能产生效果？这一信息只需反复播映即可，还是需要仔细研读？从而选出最合适的传播媒介。三是要考虑传播的经费开支。本组织的经济实力、公共关系的经费预算都是在选择传播媒介时应予以考虑的。四是要考虑所传播信息的时效要求。信息要及时传播，赶在什么时候之前，还是晚一点没关系？是不是可以通过更高的内容质量来弥补？这也是需要考虑的一个重要内容。这样综合考虑，可使公共关系传播活动既节省开支，又达到了公共关系的活动目标。

三、与新闻传播媒介联系的要求和战略

运用新闻传播媒介为公共关系传播活动服务，有两种方式：一种是支付一定经费，从而占据一定的报纸、杂志版面，或占用一定的广播、电视时间。一种是不支付经费，“借助”报纸、杂志、广播、电视以消息报道、专题采访等来进行公共关系信息传播。前一种方式虽是必要的，但后一种方式对组织的公共关系活动更为有效。这倒不完全在于为组织节省了一笔经费，更主要的是这种传播的可信度和权威性更高，受众更易于接受和相信。公共关系传播活动欲“借助”后一种方式，公共关系工作人员就必须主动搞好与新闻界的关系，加强与新闻界的联络和合作。具体说来，要做好以下几个方面的工作：

从事公共关系传播活动的工作人员，应了解新闻传播媒介对稿件的一般要求，并努力满足这些要求。这些共同要求有：时效性——新闻必须是新近发生的事实或未曾传闻过的信息，许多事件一旦时过境迁，就不再具有报道价值，因此，抢新闻应争分夺秒；真实性——新闻必须实事求是，言出有据，弄虚作假就是谣

言而不是新闻了，新闻正是凭这一点取信于民，因此，投递新闻稿件必须尊重客观事实，实事求是；趣味性——新闻应该具有一定的趣味性，才能引起公众注意，因此应避免一般化，而应从平凡和普遍中发掘出不平凡的东西；公告性——新闻应该是为社会公众所关注的具有普遍意义的事情，或者是为社会公众应该了解的事情，因此应使报道的信息具有社会性、公告性；责任性——新闻应对社会负责，对人民、道德、法律负责，因此不能损坏社会利益，败坏社会风气，同时也不能违反国家的政策方针，而应具有积极的社会意义。

协助新闻界搞好工作，形成互利关系。协助新闻界搞好工作主要有两项：一是协助记者和采访人员获取资料和素材，为其提供交通便利、工作条件，开放材料和组织，协助找当事人和提供工作助手等。二是为记者和编辑提供核实的方便，无论对方来电、来函、来人，都要尽量予以配合，尽快查证、落实、答复，提供必要的补充说明和证明。

提供高质量的稿件，形成可被信赖的印象。公共关系工作人员应经常或定期向新闻媒介寄发各类资料、新闻稿件，以供编辑在需要时选用。要写高质量的稿件，一是需注意稿件的价值，要明确所写新闻的主题，做到意在笔先。二是要写好新闻导语，使中心思想在开头的几个词上就能体现出来，并使头一个自然段能概括整个新闻，揭示主题，吸引公众注意。三是采用“倒金字塔”式的结构，逻辑要严谨。“倒金字塔”式的结构是指以信息的重要性递减的顺序来安排事实在报道中的地位。四是注意语言的精练、活泼、风趣、生动，增加可读性。五是结尾应简短。英国公共关系学者弗兰克·杰弗金斯认为公共关系新闻报道应包括七个要点：中心思想，代表的组织，组织的地址，提供的好处，有何用途，具体的细节，消息来源。他还指出了公共关系新闻稿的六种模式：具备上述七个要点的新闻稿，概要性技术报道，背景情况稿件，工作报告或演讲的概括，图文并茂的稿件，简讯。如果一个组织的公共关系人员能经常向新闻媒介提供高质量的稿件，或者无论何时何地，只要新闻媒介有所需求，就能为其提供确凿的材料，那么它必定能获得新闻界的信赖，使双边关系得到加强。

未雨而绸缪，与新闻界搞好人际关系。新闻界也是公共关系的公众，最忌讳的是“平时不烧香，临时抱佛脚”，应该平时就加强联系和往来，广结良缘。例如成都饭店平时就注意和《成都晚报》、《四川日报》、《四川工人日报》等加强联系，报社记者非常关注饭店的各种信息，每当饭店一有新的动向和动态就能及时在报上刊出，结果大大提高了饭店的美誉度。和新闻界加强联系的方式有：与记者和编辑保持经常接触，主动提供各种信息；尊重记者和编辑，以朋友身份与他们交往；指定专人负责联络，加强平时联系；积极安排记者与组织领导人的会面、晤谈；建立系统完善的资料档案，以供记者查取资料等。

开好记者招待会，安排好记者活动。公共关系工作中组织记者活动的方式有三种：一种是记者招待会，一种是记者茶话会，一种是参观组织设施。这三种活动既有信息发布作用，又有与新闻界密切关系的意义。公共关系工作人员在组织记者活动时，应注意以下事项：选择适当的时间；选择方便的活动地点；准备好请帖，并写清楚时间、地点和活动内容；提前两周发出邀请；准备充足的席位；设置签到簿；工作人员和接待人员佩戴标志；准备足够的资料；保证所有的活动器具处于良好的备用状态，如麦克风、放映机、展品；严格按照时间安排有步骤地实施活动，以节省记者的时间；茶话会应有足够的主人，以便记者能有机会采访主人；参观组织的活动，应事先规划好路线，安排专人带路，请有关业务人员讲解和回答问题。

总之，由于新闻传播媒介在影响公众、引导舆论方面的重要作用，以及本身的独特性质和地位，公共关系工作人员不仅应把它当作可以“借助”的工具，而且应把它当成重要的公众，想方设法和它搞好关系。这种关系应着眼于长远，而不应着眼于眼前，应注重帮忙和提供方便，而不能只求实惠。

第三节　公共关系与广告传播

广告是现代社会的一种重要传播方式，甚至已成为人们日常生活中必不可少的一部分。它作为商业和艺术结合的产物，以其独有的方式和作用，引导着社会公众的消费和生活，加速了组织形象的传播和商品的流通，促进了社会生产。广告以其丰富多彩的形式和无孔不入的手段，将特定的信息传播到社会的每一个角落。公共关系的传播活动需要借助一切传播媒介和传播方式来扩大组织知名度，提高组织美誉度，当然也要借助广告这种方式，即制作公共关系广告。因此，公共关系工作人员应了解广告的基本特点和一般形式，掌握广告制作的基本原理。

一、广告的基本特点和种类

现代社会中，人们制作和运用广告的技术越来越娴熟，水平越来越高，方式也越来越多。各种令人眼花缭乱的广告越来越和宣传、教育、艺术、公共关系活动、社会公益活动融合在一起，甚至有些广告就是想使广告的某些特性隐藏在其他形式和其他活动之中。因此，人们有时对区分什么是广告感到很困难。不过，只要认真分析，还是不难发现广告的特点的。一般来说，广告具有以下特点：

有偿性。广告是各种社会组织运用某种影响较大的专业传播媒介来扩大组织影响，推销产品、观念、形象的一种重要传播形式。它要花费一定的社会劳动，而且又是社会组织要求这些专业传播媒介为自己制作和传播的，因此，它需要为此付费。换言之，广告是用钱来购买某种专业传播媒介的使用权。例如，美国可口可乐公司每年要支付1.5亿美元的广告费用。

公众性。任何广告都是针对较大数量公众的，并力求传播到尽可能大的范围中，影响尽可能多的公众。它不同于有些宣传，只针对少量的公众，也不同于个人间和人际间的传播，而是具有广而告之的特点。因此，有人说广告是说服大众的武器。

自主性。广告从内容、形式到发表时机，全由社会组织自己掌握。选择何种传播媒介，如何编制内容，怎样更称心如意的表达自己的意图，以及信息传递的时间、次数，都由广告的主人自己掌握。这样可以控制传播时机、影响传播效果。新闻稿件的内容、形式，以及发不发表的时机则由大众传播媒介控制。

劝诱性。任何广告都有明确的主题，旨在把某种信息告之公众后，影响公众的态度和行为。这种影响一方面具有强烈的导向性，它突出表现主题目标的优越性，使对象公众去注意和考虑它的导向。一方面这种影响不具有强迫性，公众接不接受导向，全由公众自己决定。一般的信息传播，劝诱性不如广告强。

艺术性。无论以何种传播媒介、形式出现的广告，都要以一定的艺术形式表现出来。它要符合美学原理和规则，以多种艺术形式去表现主题、渲染主题，以增加自己的趣味性、娱乐性和感染力。

灵活性。广告的表现角度较为自由，它可以由广告主自由选择表现的主题，选择渲染主题的哪一部分，以及决定所站的立场。比如是赞扬，还是致歉，是晓之以理，还是动之以情，是以公众的评价来证明，还是以专家的检验来证明，全由广告主决定。

真实性。广告的内容虽然由广告主自己确定，但是必须以事实为依据。若胡编乱造、浮夸欺骗，最终不仅会损坏公众的利益，而且还会损毁自己的声誉。轻则违背了广告的职业道德，重则可能负法律责任。

广告的这些特点是相互联系在一起的。把握了这些特点，对广告的性质就会有一个较明确的理解。此外，我们还可以从广告的定义来把握它。日本学者川胜久认为："广告是为了促进企业市场所使用的大众传播活动。""广告是把商品或劳务向人们宣传，以说服其购买的传播技术。"[①] 台湾学者王丽芳说得更艺术，她说："广告乃系透过文案、实物、图案、照片……诸多媒体打动消费者心扉的方法。"[②] 英国广告商协会下的较为权威的定义则是："广告尽可能以最低费用向购买产品、接受服务的主顾提供最具诱惑力、最易接受的销售信息。"[③]《不列颠百科全书》给广告下的定义是：广告是一种传播形式，意在促进商品的销售和劳务的扩大，影响公众的意见，获得公众的支持，推动某一事业或诱出某种反应。

广告活动和社会组织的其他活动一样，也必须十分注重效益。正如英国广告商协会所说，要尽可能以最低费用提供最具诱惑力、最易接受的销售信息。要达到这一目标，就对广告制作和传播提出了两个要求：一是要对目标市场进行充分调查，准确了解谁是产品、劳务和观念的目标公众，确定什么样的广告内容最能打动目标公众的心理，明确什么样的广告形式更能引起目标公众的注意，捕捉住他们的愿望，影响和引导他们的行为，从而使选用的媒介和方式能使广告信息更有效地达到目标公众。二是要在广告设计上拟定明确的表现主题，以创造性的技巧撰写文字、

---

① 川胜久著，汪志龙、施锦标译：《广告心理学》，福建科学技术出版社 1985 年版，第 3 页。

② 《广告心理学》台湾经营者丛书编译组编译。

③ 《公共关系译文集》，《开发》1987 年总第 10～11 期，第 73 页。

设计图案、绘制画片，力求以最生动、最透彻的形式来表现主题，增加广告的吸引力，以足够的吸引力来增加说服力。

在实际运用中，有各种各样形式的广告。从广告的载体来看，主要有电视广告、广播广告、报纸广告、杂志广告、广告牌广告、招贴画广告、画册式广告、实物式广告、橱窗广告、社会活动广告等。从广告的内容来看，可分为两大类：一种是信息通知式广告。这类广告主要通过对信息进行客观地、明白地、诉诸理智地表达，让目标公众接受影响。一种是情感煽动性广告。这类广告主要是通过对信息进行极富感情地表达，让目标公众接受感染。

从公共关系工作角度看，又可把广告分成两种性质的广告。一种是一般商业性广告。这种广告的目的是侧重于直接推销产品的服务，广告的内容是列举或证明产品和服务的优点，广告的信息无非是消费导向或告之产品和服务。一种是公共关系广告。这种广告的目的是向公众介绍一个社会组织，改善组织形象，提高组织声誉，在组织与公众之间架起一座理解的桥梁。广告的内容主要是介绍组织的历史和发展，介绍组织的价值观、组织对社会所做的贡献、组织的理想和奋斗目标、有关组织产品和服务的科学知识。广告的信息主要偏重于取悦公众和争取公众的理解。公共关系广告又称为“观念广告”或“形象塑造广告”。

随着时代的发展，公共关系广告内容和方式都有不少创新。如果再分一下，大致有以下几种类型：

组织形象广告。这类广告的主题旨在建树组织的良好形象。其内容大致有四个方面：一是宣传该组织的价值观念，力图使这一价值观念符合公众心理，并为公众所接受，以便对内产生凝聚力，对外产生号召力；二是介绍自己的业务范围和经营方针，解释自己的生产目的，使公众对组织的活动予以理解和配合；三是介绍自己的财力、物力和人力，有些组织还开列出组织的高级技术人员名单和他们的成果，详细介绍装备情况，以便公众对组织的能力产生信任感；四是阐述组织生产流程和制造工艺，宣传自己在新技术开发、技术革新、经营管理、质量考核方面的不懈努力，以便给公众留下一个朝气蓬勃和充满生机的印象。

公众服务广告。这类广告的主题旨在通过自愿的、义务的社会公益活动，扩大组织知名度和提高美誉度。这类广告主要通过一系列社会公益活动来展示。这类广告又有两种形式：一种是率先发起某种社会活动，如植树造林、敬老周活动、举办艺术品展览等。一种是响应别人发起的某种社会活动，如响应政府的法制宣传月活动，参加“五讲四美三热爱”活动、参加体育比赛和文娱演出等。这类广告能给公众留下组织热心社会公众利益、积极参与社会活动、组织与社会公众利益一致的印象。

驳斥广告。这类广告的主题旨在对各种诬蔑不实之词和流言蜚语予以驳斥，以正视听，以维护组织的声誉和尊严。

人事关系广告。这类广告的主题旨在讨论组织的人事、职工的福利、感谢职工家属、感谢有关方面的协助和支持等，以进一步密切各种关系。例如在节日期间向公众问候、祝贺等。

致歉广告。这类广告的主题旨在通过公开赔礼道歉向有关方面谢罪，并表示诚意，以消除不良影响。

特殊事项广告。这类广告的主题旨在通过公告组织的重大活动、周年庆典、陈列展览等，以引起公众的注意，扩大组织的知名度。

社会贡献广告。这类广告的主题旨在通过总结的形式，向社会公众说明组织对国家经济、社会发展所做的贡献，并感谢公众的合作，以求得公众更好的理解和支持。

二、广告在公共关系工作中的作用

广告是现代社会的一种重要传播方式，它在现代社会经济生活中的重要性日益为人们所重视。例如，在美国，广告业是一个大事业，有4 000多个广告机构在为 400 万个企业服务。又据统计，1984 年世界各国的广告费用支出总计达1 500亿美元。人们已经认识到，在激烈的生存和发展竞争中，宣传不宣传，效果大不一样。新产品、新社会组织要想引起公众注意，赢得公众信任，争取老牌产品的市场，争取老牌组织的公众，就必须通过广告来宣传自己、推销自己。而老牌产品、老牌社会组织，面临众多同类产品、同类组织的竞争，要想保住自己已有的地位，或继续改善、提高自己的地位，也需要通过广告来宣传自己。国内外许多声誉卓著的组织、销路极畅的产品至今每年都要花费巨额广告费，努力让自己的质量、信誉、形象更加深入人心，如柯达胶卷、三洋电器、健力宝饮料、成都全兴大曲，都是这样。因为现代社会众多的产品和组织在质量、设计、包装、性能、特点、服务方式、价格、信誉、形象上的区别相差并不是很大，如果你不通过广告宣传自己，你的有关信息就可能传达不出去，就可能被淹没在众多的宣传信息中。

具体来说，公共关系广告具有以下作用：

经济效益间接而久远。一般商业性广告的经济效益较为明显，它对产品和服务的推销有着直接的作用。公共关系广告的经济效益则较为长远，它对产品和服务的消费导向起着间接的作用。它虽然不能使消费者在看过这种广告之后立即产生消费动机，但是它透过客观事实和友好的姿态，使消费者对该社会组织及其产品和服务产生注意和兴趣，产生好感，并且可以避免商业广告“王婆卖瓜、自卖自夸”带来的不信任心理，使这种广告能更加深入人心。因此，有的广告专家建议：如果社会组织以长期发展为目标，公共关系广告是一种最坚实有用的手段，它最能确实、有效地扩大市场渗透范围。

提高组织声誉。公共关系广告通过强调组织为社会和公众服务的宗旨和决心说明组织的不懈努力和对社会的贡献，宣传产品和服务的科学知识，不仅能促进其扩大社会影响，引起公众的注意和重视，而且能提高其声誉，赢得公众的赞许和好感。

改进职工关系，提高职工士气。公共关系广告对社会组织经营方针、经营状况、职工政策的公告，可以使社会和职工更加了解社会组织，对组织内部的管理、利益分配措施更加理解和支持，从而使职工关系更加协调、融洽。另外，公共关系广告使组织社会地位提高，还能使职工作为组织成员引为以自豪，有助于提高职工士气，吸引和招揽更多的人才。

给投资者以好印象，争取更多投资。人们的一般心理认为，经济实力不雄厚的社会组织是无钱登广告的。登商业性广告的社会组织经济实力又不如登公共关系广告的社会组织财大气粗。因此，公共关系广告尤其能给投资者留下较深印象，这就有利于社会组织争取更多的投资。

消除误会，促进谅解。通过公共关系广告说明社会组织的政策、经营状况和实际能力，能消除公众对组织的不当期望，消除一些心理隔阂。一些问候、致礼的公共关系广告可以消除一些积怨，而致歉广告通过赔礼道歉，说明事实真相，讲清善后措施则可避免因事故和失误造成的不良影响继续扩大，甚至可给更多的公众留下诚实、诚恳的印象，恢复信任，赢得谅解。例如广州花城汽水厂 1988 年 8 月 20 日在《成都晚报》上刊登致歉广告，说明 4 月 14 日、4 月 29 日“凌空牌”易拉罐高橙饮料的“胖听”和“炸听”系酵母菌污染所致，愿意赔偿消费者的一切损失，并郑重道歉，表示今后一定要把好质量关。这一广告为其挽回不良影响、提高信誉奠定了基础。

正是由于公共关系广告的上述特殊作用，有位广告专家预测道：未来的广告世界中，公共关系要素将逐渐增加，商业痕迹将逐渐淡化，原来仅仅引起顾客消费欲望的直接商业性广告，将转换成建立顾客消费的预备基础的公共关系广告。

三、公共关系广告的制作要求和战略

由于公共关系广告的目的不同于一般商业广告的目的，这就使得它的制作要求和战略与一般商业广告稍有不同。要想较好地实现公共关系广告的目的，就必须注意广告制作过程中的一般要求。

首先，应遵守国家的有关法令和广告管理条例。公共关系广告是建树组织形象的广告，而形象中最重要的一点就是奉公守法，这是取信于民的根本。国家的法律、法令也是加强广告管理、使所有的广告有章可循、有法可依的重要手段。公共关系人员应主动配合，做好这方面的工作。因此，在制作公共关系广告时，应了解国家的有关法律、法令，严格遵守有关的法律、法令。

其次，应实事求是，对公众负责。公共关系广告的一个根本要求就是要实事求是，不讲过头话。广告的基础是事实，广告的内容应与事实相一致，不能文过饰非，不能抬高自己贬低别人，更不能够轻率地宣称自己是一流，是誉满全国、全球，否则就失去了公共关系广告的特点。例如有一家燃气热水器的广告，宣称"我用了很多热水器，还是×××最好"。这样公开贬低别家产品，反而使公众反感，哪一家会用很多热水器呢？公共关系广告不是在自吹自擂上做文章，而是在内容准确、可靠，形式鲜明、生动上做文章。

第三，应尊重并符合公众的心理要求。公共关系广告欲达到最佳效果，就必须了解公众的注意特点、兴趣热点，感知和理解的水平、态度及情感的趋向，了解公众的动机和愿望。在了解的基础上，使广告尽可能符合公众的心理要求，这样才能使广告具有强烈的吸引力和感染力，才能使公众对广告印象深刻。尊重公众的心理要求，还包括尊重公众的文化心理和习惯。据《世界知识》1988 年 20 期介绍：日本索尼公司在泰国推销录音机，广告中的佛祖释迦牟尼也被录音机中的美妙音乐所打动，全身随音乐而摆动。结果在佛教之邦的泰国引起轩然大波，不仅公众十分愤怒，连泰国当局也提出抗议。最后索尼公司以致歉而告终。又如某些过分夸张的、华而不实的广告词，也易引起公众心理上的抵触和反感，这也是应注意的。

第四，应保持公共关系广告主题的连续性。组织形象远非一朝一夕所能建树起来，这就需要公共关系广告能围绕一个主体形象进行持续不断地宣传，形成始终如一的一贯风格和一致形象，使组织的名称、形象、信念、宗旨和口号融为一体，给公众以稳定、一致的印象。例如可口可乐公司针对公众寻求幸福和温情的心理，在一段时间里持续不断地围绕这个主题做广告。第一阶段是用活泼动人的小调唱出：常令你欢喜，常令你感到愉快；第二阶段是借一首名曲的调子唱出：世界目前所需要的就是爱，甜蜜的爱；第三阶段用文字表示：倍添情趣。

第五，广告文字应简练易记，广告内容应不断创新。广告欲给公众以深刻持久的印象，必须使文字尽量精练简洁，朗朗上口，从而使公众过目不忘，并能广为传诵。同时，还应使广告的内容、角度、手法不断推陈出新，避免给公众以呆板、陈旧、模仿他人的印象，应通过不断创新，既使公众喜闻乐见，又使公众感到组织总是具有新的灵感、新的成就、新的活力。例如上海鹤鸣鞋帽店一反“一本万利”的成语，制作了“九本一利，薄利多销”的广告主题。又如新中国成立前上海的梁新记兄弟牙刷公司的广告标题是“双十牌，一毛不拔，明目洁齿，巧笑倩兮”。这些都能给公众留下深刻持久的印象。

最后，公共关系广告应突出自己与一般商业广告的区别，避免过多的商业化痕迹。自私、自大、虚假、功利性过分明显的广告，常常会引起公众的反感和疑虑，使效果适得其反。而成功的广告则常常从公众的立场和利益着眼，这样才能给组织带来长远的利益。

制作公共关系广告，还应研究和注意广告制作的战略。战略是指重大的、带全局性的谋划。广告战略则是为实现组织的长远目标，在制作、运用广告的过程中，对工作重点所做的统筹部署和设计的总方案，对经济、文化、公众心理、资源、时间、地点媒介选择等因素利用的总体安排和指导原则。

要制定正确的、切实可行的广告战略，首先要了解广告市场的现状和布局，通过市场调查了解广告的现实市场和潜在市场，了解广告业的发展水平、现有条件、时代特点和公众心理，分析竞争对手的经济实力、广告特点、对公众的影响及市场占有的情况。其次要衡量自己组织的经济实力、设计水平、可能利用的资源的优势，以及欲建树的形象目标怎样才能符合和深入公众心理等。然后制定出广告的基础策略：在一段时期之中如何安排广告活动，明确各阶段、各个广告之间的衔接配合关系，各自突出的重点和中心；为完成这些广告准备花多少经费和人力、物力，对广告设计制作费、广告媒介刊载费用、广告调研费用、广告管理费用、其他杂费等做出广告预算；对何时、何阶段选用何种广告媒介做出安排，在经费许可的条件下尽可能采用“立体战争”的形式，将电视、广播、报纸、招贴、杂志、邮递、户外、交通(车辆)、购物点各种广告媒介相互配合，在经济条件不许可的条件下，则应有重点地选择符合自己组织特点，最利于传播组织形象的媒介；对广告使用的基本内容、阶段目标和广告文稿做出总体设想和安排；对广告过程的监控和效果的评价衡量提出相应措施。例如，有些新成立的小企业，因为没有经济条件上大广告，就利用传单这种形式，在可能发生业务往来的地域和单位内大量散发和张贴，仍然起到了良好的广告作用。

在制定广告战略时要注意几个问题：一是广告战略的制定，必须照顾到组织的长远利益，注意到公众的心理需求，着眼于市场的开拓，与组织的整体活动相协调。二是各阶段的广告目标应清楚明确、切实可行，并根据自己面对的对象公众具有一定弹性的特点，使广告目标具有个性和新颖性。三是选择传播媒介时，不能只看经费支出的大小，而应将经费支出大小和有效传播面结合起来计算，即计算千人/成本。比如甲种杂志的读者约 200 万人，一整版四色广告的费用是 1 万元，那么千人成本是 5 元。乙种杂志的读者约 40 万人，一整版四色广告的费用是4 000元，那么千人成本是 10 元。公共关系人员应综合考虑究竟利用何种传播媒介刊登广告效益最高。例如 1983 年春节前夕，冀县暖气片厂在资助春节联欢会的 20 多个厂家为排定名次展开的角逐中，以 1.5 万元的标价力压群雄，名列榜首，在文艺晚会后的黄金时间，第一个出现在电视屏幕上，代表全厂干部职工向广大电视观众拜年，使自己名扬全国，收到了奇迹般的公共关系广告效果。

明了公共关系广告的制作要求和制作战略后，还应注意公共关系广告制作的一般格式和法则。广告文稿的一般格式是标题、开头、描述、劝诱、结尾。标题是广告最重要的部分，它起着画龙点睛的作用。人们常说："题好一半文。"写标题常用的方法有六种：新闻报导式，设问，叙述，祈使，举例，怎样和为什么。开头紧接标题，也很重要。人们常说："好的开头等于成功了一半。"国外有人提出写稿四法则：开头要惹人注目，描述要清楚明白，劝诱要有利可得，结尾能推动欲望和行动。也有人提出过写稿五法则：要有设想（Idea），要有冲击力（Impact），要有趣味（Interest），要有信息（Information），要能引起冲动（Impulsion）。

在制作广告文稿过程中，应力求广告的简洁明快。因此应"文不厌改"，尽量将可有可无的字句删去，尽量用上口、悦目的字句来取代平淡无奇的字句。另外还应力求“形象生动”，做到图文并茂，色彩鲜明。

第四节　公共关系的其他传播方式

组织沟通自己与社会公众之间联系的传播活动除了借助新闻媒介和广告外，还有一类传播活动，这就是通过自办刊物、社会赞助活动和图片、视听资料来扩大影响，促进理解性。这类传播活动的传播面虽不及前两种传播活动的传播面宽，但是由于其自主性大、针对性强、对象具体明确，作为一种经常性和辅助性的传播活动，其作用也不可低估。

一、自办刊物的类型和要求

自办刊物在公共关系传播活动中，是一种简便易行而又行之有效的传播方式。由于它制作简便、快捷，能根据组织的公共关系活动进行经常的、有计划的、有目的的信息传播，并且可以反复阅读、便于传送。这就使它能及时向社会公众和内部公众通报组织的有关情况，有针对性地扩大组织对有关公众的影响。因此，自办刊物是公共关系传播中的一种重要形式。

自办刊物，这里泛指社会组织自己印制的、针对组织特定公众的各类定期和不定期发行的印刷品。自办刊物有三大类：一类是内部刊物。这类刊物主要是针对内部公众办的，其内容大都涉及社会组织的经营管理情况通报、人事关系通报、组织内部要闻、先进人物、先进经验、科技知识、业务知识介绍、管理措施和政策介绍、职工的工作和生活情况介绍，以及其他扩大职工知识面、提高职工素质的有关知识和信息等。一类是对外刊物。这类刊物主要是针对外部公众办的，其内容主要涉及社会组织的经营状况、对社会的贡献、与外部公众的通讯、对组织产品和服务的介绍等外部公众感兴趣的问题。还有一类刊物不分对内对外，是针对所有公众办的，刊载的内容是与大家有关和大家感兴趣的信息。

自办刊物的形式更是丰富多样。常见的有通讯、情况通报、工作总结、工作动态、参考资料、产品介绍、年报、行业信息、月刊和季刊等杂志、自办小报、黑板报等。

公共关系人员在编辑、制作自办刊物时，首先，应明确自办刊物的出版目的。自办刊物要和整个公共关系规划的需要相配合，要明确是为组织的公共关系目标服务的，重点应放在促进公众对组织的理解和支持上，放在建树组织形象上。其次，要明确读者对象，即这种刊物是针对内部公众还是针对外部公众；是仅仅针对内部公众中的一部分，譬如专业管理人员、行政管理人员、股东、一般职工，还是针对全体内部公众；是仅仅针对外部公众中的一部分，譬如供应商、经销商、消费者、社区领袖、政府主管部门，还是针对全体外部公众。确定读者对象的目的，一是为了使刊物内容更具针对性，二是为了确定印制和发行的数量，三是为了确定刊物所采用的形式。例如，美国西屋电气公司有按月出版的管理人员刊物，专供管理人员阅读。美国波尔顿乳品公司有《乳品摘要》，专门为供应牛乳的牧场主阅读。第三，要确定发行周期。发行周期一是要考虑到需要传播的信息的周期性特点，二是要考虑到对象公众的心理需要，三是要考虑到公共关系活动经费的可能性和印刷制作的力量。第四，要确定刊物的名称、印刷形式、编排形式。刊物的命名应该有自己的特色，名字最好能与组织的名称、产品或服务的类型、组织的宗旨等联系起来。由于名称一经决定，更名易引起猜疑，故命名时应特别慎重。印刷方式也应稳定，最好根据经费能力决定是胶印还是油印，是否套色等。编排形式应考虑开本大小、排版方式、是否插图、栏目划分、刊物装帧和色彩。第五，要考虑刊物散发、发行方式。刊物如何送到公众手中，是邮寄还是专人分发，是随工资发给，还是设立固定的分发点。同时还应确定是免费赠阅还是只收成本。无论何种方式，向上级机关或个别重要公众免费馈赠自办刊物已成为一种传统做法。第六，确定刊物的资料获取方式。编辑人员应注意刊物内容的信息搜集工作。靠几个人的力量或坐等稿件是无法办好刊物的。因此，应注意建立、健全通讯员网络，联系特约稿件，发动读者来信来群策群力办好刊物。第七，收集读者意见，根据信息反馈，提高刊物质量。了解刊物的效果的方式，一是可以调查读者人数、保存刊物人数；二是举办竞赛，根据参加竞赛的报名人数了解公众对刊物的兴趣程度。要改进刊物质量，则必须认真对待读者来信，根据读者的兴趣和反映的问题调整版面。还可以邀请专业的记者和编辑当顾问，学习他们的经验和知识。

由于自办刊物能让公众及时了解组织的政策和管理情况，促进职工和管理者、外部公众和组织之间的了解，消除彼此的误会，增加职工的归属感，提高生产效率，赢得公众的好感和支持，并且能引起新闻媒介的关注，同时又具有自主性和灵活性，因此世界各地的社会组织纷纷效法，创办了许多质量很高的自办刊物。

二、社会赞助活动的方式和要求

社会组织作为社会的一员，不仅对组织内部负有经济和技术责任，而且对社会公众和社会发展也负有不可推卸的社会责任。一个只顾自己的社会组织，不仅会影响自己的知名度和美誉度，而且还可能导致声名狼藉。因此，许多社会组织通过赞助活动来推动社会经济、文化事业的发展，从而建树自己良好的组织形象。赞助活动由慈善事业发展而来，弗兰克·杰弗金斯将其称为现代化的施舍形式。但社会组织作为施主，并非是为了当一个纯粹的慈善家，而是基于赞助活动对扩大组织知名度、提高组织美誉度的各种考虑。第一，赞助活动可以使组织的名称、产品、商标和服务获得新闻媒介的广泛报道，有利于扩大组织的知名度，更可以配合组织的其他传播活动使公众对组织留下深刻的印象。第二，赞助活动可以树立组织关心和热心于社会公益事业的良好形象，使公众认识到组织不是一个一味追求自己经济效益、惟利是图的自私组织。第三，赞助活动能培养公众对组织的感情，赢得理解和支持，吸引到潜在的公众。例如赞助老年人喜欢和必须的活动，可使老年人对组织产生好感；赞助儿童喜欢和必须的活动可赢得家长和孩子们的欢迎；赞助青年人喜欢的时髦活动，则可赢得青年人的拥护。第四，赞助活动可表明组织对社会具有高度责任感，使公众对组织产生信任感。毫无疑问，赞助活动的这些作用将有利于组织的生存和发展。因此，尽管各种社会组织参与赞助活动的具体目的可能各不相同，但是有一个目的都是一致的：建树组织的良好形象，赢得公众的好感和支持。

随着公共关系活动的发展，赞助活动的范围和形式也日益多样化。常见的有以下几种形式：

赞助各类体育活动。这是赞助活动最常用的一种方式。因为体育活动是广大群众喜闻乐见的活动，也是许多公众热心的活动，涉及的公众层面较宽、范围较大，使赞助活动影响的广度和深度都很大。赞助各类体育活动的方式有提供经费、场地、饮料、食品、服装、奖品和其他便利条件，以及组织体育比赛等。最近国内还发展起一种方式，就是提供生活补贴、奖金和训练、比赛经费，实际是养一支体育队伍。如我国的十几支甲级足球队被一些企业“买”去，以这些企业或企业的产品命名，参与比赛。

赞助各类文化活动。这也是一种常见的赞助活动。文化活动吸引的公众层面也较宽，影响也比较好。赞助的文化活动主要有音乐会、电视节目、文娱演出、书画展、摄影作品展。例如英国中部银行坚持赞助卡化特乐园的歌剧演出，日本越秀屋百货商店举办画展。又如国内深圳奥林天然饮料有限公司同成都军区战旗歌舞团联合主办奥林之声歌舞晚会，四川新津酒厂与四川省文联联合主办周又郎篆展等。如果经济实力雄厚，还可以筹拍电影和电视剧。例如美国经营肥皂的普路特－嘉宝公司出资赞助了一系列家庭生活片，统称为肥皂剧，成为家庭主妇们的消遣良友。国内也有不少企业出资赞助影片拍摄的。

赞助各类出版物。这种赞助活动的影响面虽不及前两种大，但由于出版物可以保存和反复阅读，因此是一种影响时间较长久的赞助活动。这种赞助活动的对象有画册、纪念册、专刊、丛书、地图、指南、年鉴、技术手册、旅游手册和日历等。

赞助教育事业。教育事业与社会发展有最密切的关系，也与千家万户有联系。赞助教育事业的形式有赞助学校建设图书馆、实验楼，建立基金会，提供奖学金、教学设施，捐赠教学大楼、图书资料，赞助科研项目，兴办学校等。赞助教育事业一方面为组织树立了关心公众教育的良好形象，一方面也密切了组织与有关院校的关系，为组织的人才培训和招聘奠定了基础。

赞助社会福利事业。这项活动虽不及前面那些赞助活动影响面大，但是更能体现组织对社会公德的关心。这类活动的对象主要涉及社会救济对象和有具体困难的公众。活动的形式有捐款、捐赠设备和其他所需物质，提供人员为残疾人募捐，到敬老院、孤儿院、荣军院慰问演出，义演、义卖，兴办残疾人事业，提供医疗设施等。

例如有“海上霸王”之称的台湾长荣海运公司，一年的慈善捐款达上亿元新台币。其董事长张荣发感叹地向《亚洲周刊》表示：“企业家一定要回馈社会，这是富人的义务。”为了回馈社会，张荣发设立了“张荣发基金会”，致力于公益事业。

赞助社区活动。这项活动的主要作用是增进睦邻关系。活动方式有派员参加社会的公益活动，参加社区的文化活动、体育活动，为社区的一些重大活动提供设施、捐赠经费等。

赞助有关学术理论活动。这种活动的影响面虽然不大，但是意义深远。一是可推动与本组织性质、产品和服务有关的研究深入发展，为组织发展奠定基础；二是可提高本组织在同行中的知名度。在报刊上举办的学术理论活动还可以扩大影响面。

赞助活动的项目和方式很多，只要公共关系人员留心，是不难发现各种有利于建树组织形象的赞助活动的。在赞助活动中，公共关系人员必须充分考虑的是，如何使有限的经费发挥出最好的社会效益。一是因为就我国目前的经济发展来看，需要赞助的事业和活动太多，社会组织的经济实力有限，不可能解决很多问题。二是社会上一些部门趁社会组织重视赞助活动之机，刮起一股“摊派”歪风。为了解决“供不应求”的经费缺口问题和抵制摊派歪风，就要求公共关系人员在赞助活动中做好以下工作：

1. 明确自己参加赞助的目的，选择最能达到赞助目的的赞助活动，并以此确定本组织对外赞助的主要对象、款项比例和基本原则。

2. 对赞助活动的需求情况进行调查和深入研究，将赞助项目和基本原则预先通知一切可能向组织请求赞助的对象，要求其在赞助的年度计划制定前提出申请。

3. 对请求赞助的项目和活动进行可行性研究，了解赞助对象的基本情况，看其目的是否正当，是否值得支持，所需款项费用是否合理、能否负担，能否有助于建树组织的良好形象。

4. 根据前三项研究和本组织的经济实力及赞助费预算来制定赞助年度计划。在计划中要确立赞助对象范围、赞助项目的数目、赞助形式和赞助预算、赞助的机动经费和开支原则，然后报请董事会、经理会和员工代表大会讨论通过，作为日后进行赞助活动的依据和抵制摊派的依据。

5. 在制定年度计划时有几个原则应考虑：一是尽量使赞助活动与组织的活动“合拍”；二是要尽量照顾社会公益事业；三是机动款项只能用于临时的重大活动；四是一定要量力而行，有效才做，有利才做。

6. 对遭到拒绝和不可能满足其要求的赞助请求对象应坦率而诚恳地解释组织有关的赞助原则，坦诚地告之自己的难处，婉转地表示减少赞助费和不宜参与赞助。对无理纠缠者不必屈服于威胁利诱，可以当面揭露其用心并向有关部门反映，最后还可诉诸社会舆论和法律。

做了上述工作，就可以使赞助活动师出有名，也可以减少组织与请求赞助者之间的矛盾，使赞助活动获得更好的社会效益。

三、展览活动的特点和组织要求

展览是通过实物、文字、图片和图表来展示组织成就的公共关系传播形式。一般展览活动的目的是介绍产品和服务，并通过展览来促进业务的发展。公共关系利用展览的目的在于介绍组织和组织的成就，促进公众对组织的理解。展览活动中的公共关系工作有两种：一种是展览活动的组织者利用公共关系工作来加强和扩大展览的效果；一种是公共关系利用展览来传播公共关系信息，以促进公众对组织的理解和支持。前者的重点在于通过展览来扩大销售活动，后者的重点在于宣传组织形象。

展览活动的传播范围虽然局限在一个地区，影响的仅仅是到场的公众，但是正如俗话说：“耳听为虚，眼见为实。”首先，配以文字的实物、图片、图表具有很强的说服力，再加上精心设计的布置和版面、动人的解说、热闹的现场气氛、优美的造型艺术、他人的议论评价，往往能给公众留下十分深刻的印象。例如四川大学图书馆咨询部利用厅内宣传橱窗举办“书在哭泣，书在抗议”残书展览。展出残破图书百余本，其中约有1/3是上架不久的新书。展览半月以来，凡入厅的读者对此情景既痛心又气愤，纷纷留言斥责破坏图书的行为，呼吁爱护图书，并对加强管理工作提出了若干建议。其次，由于展览活动是一种综合性的大型活动，比较容易引起公众的兴趣和新闻界的注意，使组织进一步为公众所关注。第三，展览活动可以综合性地利用多种传播媒介刺激公众的感官，使公众通过抽象的、具体的、直观的、形象的各种媒介，更加全面地了解组织。第四，在展览活动过程中，组织与公众可以形成直接的双向交流，彼此倾听对方的要求和解释，了解对方的特点和兴趣。组织可以更好地宣传自己的经营管理方针和组织运营情况，可以更好地了解公众的期望。这是其他传播方式所无法比拟的。第五，尽管展览活动接待的公众受到地区和人数的限制，但是真正与展览有关的公众和有代表性的公众还是愿意来。因为展览活动集中展出了有关方面的产品和信息，使公众可以在短时间内了解到平时要花数倍时间才能了解到的信息。因此，展览活动接待的公众的代表面一般很宽，而且针对性较强。

展览活动大致可以分为以下几种类型：

按照展出的地点可分为室外展览和室内展览。室内展览适用于内容较精致、展品较小型、举办时间较长、规模较适中的展览。它的特点是形式较郑重，布置较复杂，不受天气影响，花费较大。室外展览适用于展期较短、展品太大太多、规模较大、要求不高的展览。它的特点是形式较随便，布置较简单，场租等花费较少，但受到天气的制约。

按照展出的内容可分为综合性展览和专题性展览。综合性展览是从各个方面介绍一个组织情况的展览。它要求内容全面，将组织各部门、各环节的各种成就都要加以介绍，同时又要有概括性，突出重点，照顾一般，使公众看完展览后，对组织的全貌有一个完整的印象。专题性展览是围绕组织的一项主要成就或主要专业，或是围绕某一题目命名而安排的展览。它不需要全面系统地介绍组织各方面的情况，而是紧紧围绕一个主题来安排展览内容。其特点是主题鲜明、内容集中，使公众看完展览后，对组织的主要特色或主要成就有一个深刻的印象。

按照展出的形式，又可以分为一个主办单位主办，数个组织参加的联合展览会；将展品到处流动、巡回展出的巡回展览会；根据形势需要而临时安排的轻便型展览会；以较稳定的地点，定期更换展品和展览内容的橱窗展览、门厅展览等等。

展览活动是传播组织有关信息的一种重要手段。公众对展览和组织的印象如何，不仅要取决于组织本身有无特色、有无成就，而且也要取决于展览活动的质量和水平。因此，如果决定举办展览，公共关系人员应进行精心筹划和组织。一般来说，要做好以下几个方面的工作：

在举办展览会之前，应做好展览的规划，制定展览的活动方案。在展览规划中应明确展览的目的，围绕目的确定几个或一个鲜明的主题，围绕主题去安排内容和参展项目。

预先估计参观者的范围、类型和人数。根据参观者的类型准备展品和展品资料。如果是专业技术对口的参观者，介绍资料应较为深入和专业化；如果是普通的参观者，则着重普及性宣传，用通俗易懂的语言介绍资料。根据参观者人数确定相应的接待人员和组织工作。比如选择展览地点，配备辅助设施，尽量为参观者提供方便、舒适和安全的参观条件和服务。

突出展览的特色和重点。各类组织的各种展览活动经常都在举行，因此要想吸引公众，并使其有深刻印象，就要突出展览的特色和重点。在数个组织参加联展的情况下更是如此。比如在图片印制、图表设计、模型制作、选用实物、版面安排、图片裱贴上，都应精心构思、精心制作。

培训解说和接待人员。解说和接待人员素质的好坏，直接影响着公众对展览会的印象。因此，应对他们进行礼节和接待培训，还应让他们熟悉展览的全部内容，懂得一定的专业知识。对解说员还要求在介绍版面和展品时应以生动的语言和丰富的表情感染公众，对公众的提问要热情回答。

预先估计展览经费，注意量入为出和节约经费。展览会的费用一般包括场租费、水电费、设计建造费、员工费用（薪金、误餐补贴、车船费）、联络交际费、宣传费、运输费和保险费。

做好展览的有关辅助工作。展览会的效果不仅仅取决于展览的内容，与展览的有关辅助工作也密切相关。因此，公共关系人员应掌握组织展览会的一些技巧。例如在布置展厅时，在入口处设立签到处，并贴出展览会的平面图，在出口处设立留言簿，在适当的位置设立咨询台；在布置展览时，从前言到中间的版面、实物和最后的结束语要合理配置、层次分明、重点突出，并准备好配合展览的目录表和宣传小册子；在展览开始时要预先邀请有关知名人士、特定公众和记者出席，并为他们进行详细讲解和操作表演；成立新闻办公室，为报纸、电台、电视台准备有关展览的图片、稿件、消息报道，充分利用各种传播媒介扩大展览会的影响，传播组织的有关信息，在报上刊登展览会展出时间、内容、地点的广告等。

四、图片和其他视听资料的制作

公共关系传播中还有一种影响不大、却很有实效的传播方式，这就是图片和视听资料。

图片资料是照片和各类图片的总称。图片作为公共关系传播资料有其独到的作用：图片能提供清楚具体的形象，能增加公众的印象感受和信任感。图片资料常用来配合文字资料说明某一问题，使公众在文字和图像的双重影响下，有更具体、更形象、更深刻的印象。配以图像的文字，还使公众感到更真切、更可信任。有时，图片也单独使用，主要用于文字无法说明、说不清楚的问题，或者图片本身就能传播很具吸引力和感染力的公共关系信息。此时，也配以文字说明，但是以图片传播为主。

图片的制作除了要注意一些技术要求外，比如用光、色调、背景、被摄物体情趣、拍摄角度、远近比例外，还要注意公共关系传播的一些要求。首先，应确定图片所欲表现的主题，对如何表现这一主题应进行精心构思。其次，应注意图片的使用场合。新闻稿所用照片应能叙述说明一个事件，黑白即可；橱窗张贴的照片最好用彩色，应能组成系列；广告所用照片艺术性要求较高，可采用暗示和联想手法；展览陈列所用照片应较大，对清晰度要求较高。第三，图片应加注。加注的文字应写明姓名、住址和电话号码；应有简洁的标题，说明中心思想；文字说明应说出图片本身不能表达的内容，而不应与图片内容重复。第四，应根据对方要求，制作符合对方需要尺码的图片，并将文字说明用胶纸连在照片下面，不能将文字说明用圆珠笔写在图片背面，以免编辑阅读不便和损坏照片。

公共关系传播中的视听资料主要有电影、幻灯、录音、录像等。在我国目前的公共关系传播中，电影的制作对一个组织来说还是不大可能的，所以我们就不介绍了。

幻灯是一种独具特色的传播方式，它能借助灯光和特定场合，使画面在解说和音乐的配合下，引起公众的高度注意。由于在制作上简便易行，放映时操作方便，幻灯片已经成为公共关系传播活动的一种重要方式。幻灯片在公共关系传播活动中主要用于以下场合：在有关会议上放映，作为资料论证和情况介绍的辅助手段；在公共关系演讲中放映，作为增加演讲生动性和说服力的辅助手段；在展览会上放映，作为增加展览感染力的手段；在来宾参观过程中放映，作为参观内容的一部分，使公众对组织的印象更加全面和深刻。一般来说，幻灯不单独用作公共关系传播方式。

尽管幻灯片有制作简便、节省经费的优点，但是其缺点是不能表达动作。因此，它只适合于表达静止的动作和事物、图解和文字。此外，为提高幻灯片的放映效果，还可采取录音机配合幻灯机做声画同步放映；用两架放映机轮流放映，以便换片时能叠化和给人以流畅的感觉。

录音机之所以成为公共关系的一种传播媒介，首先，因为录音机具有广泛性和普及性，使这种传播具有简便易行的特点。其次，录音带的制作成本也很低。第三，录音带的制作十分简单，只要有录音机就行。录音的使用场合除了前面提到的配合幻灯放映外，还可用于会议记录和准确传达会议精神；可以用于公众意见的收集和意见的分析整理；可以用于公共关系中的培训教学；可以烘托气氛，辅助其他传播；可以用于交换和赠送的资料，代替文字资料和图片资料的交换。录音是对耳朵这种感觉器官的刺激，它能起到和文字、图片等视觉刺激不同的作用：一是它能使人感到亲切和亲近；二是它不具有独占性，人们进行其他工作时，仍可以反复听它的传播，如开车时、看报时等。

录像是一种比较先进的公共关系传播方式。它的发展前景十分宽广。因为它兼有录音、幻灯片、图片的许多优点，而且还有更大的优越性。首先，它的制作简单方便，有摄像机、录像机和磁带就能不受时间、地点限制，制作公共关系传播所需的录像带。其次，它的制作过程迅速，制作的磁带马上可以重放观看，不像拍摄电影片必须经过冲洗，这样需要修改和补充什么镜头，马上可以补拍。第三，它可以和电视传播方式紧密结合起来，为电视台提供新闻稿、宣传稿十分方便，录制电视台的有关本组织的节目也十分方便。第四，录像资料作为一种情报资料交换、保存，都具有较大的信息交换和保存价值，可以弥补文字、图片、幻灯、录音资料的许多不足。第五，录像资料用于展览、参观、会议、产品和服务介绍中，对公众也有较强的吸引力。第六，录像资料除用纪实之外，还可作艺术加工，能更好地收到传播效果。正因为如此，录像传播在公共关系传播中受到了越来越多的重视。

在公共关系传播中，可以利用的传播渠道和传播方式还有许多。只要公共关系人员留心观察，注意积累经验，进行精心设计，是完全可以利用各种渠道、各种方式把组织所欲传播的信息及时、准确、完整地传播出去，赢得公众的理解和支持的。

思考题：

1. 传播有哪几种类型？影响传播的因素有哪些？

2. 公共关系传播为什么特别重视新闻传播媒介？

3. 就你耳闻目睹，你认为可以采取哪些方法和新闻媒介保持良好关系？

4. 公共关系广告有哪些类型？你认为公共关系广告最重要的意义是什么？

5. 公共关系自办刊物的要求是什么？要注意哪些问题？

6. 你认为赞助活动还有哪些形式？这些赞助活动各有什么特点？

7. 你认为公共关系展览活动所要解决的主要问题是什么？请设计一次展览活动。

8. 视听资料的制作在公共关系传播中具有哪些作用？

第八章　公共关系工作中的其他活动

公共关系工作的内容十分丰富。除了注重产品和服务质量，加强沟通传播之外，形成组织的风格和特色，组织各种专题活动，安排好日常公共关系接待工作，都是建树组织形象的重要方面。这些公共关系工作有的是从提高组织素质、加强组织建设着手建树组织形象的；有的是利用一些机会扩大社会交往，密切本组织与各界的关系，改善组织形象的。这些工作和传播工作一样，也需要公共关系人员精心准备，认真筹划。

公共关系人员在和内外公众的交道中，难免会出现意见分歧、利益对立的情况。一味忍让迁就和简单地断然拒绝都不是解决问题的最好办法。因此，公共关系人员还应学会公共关系的谈判活动，掌握有关的谈判技巧，以便化对立为合作，变不利为有利。

第一节　形成组织风格和特色

在强调组织形象的今天，许多组织都开始竭力提高产品质量，完善服务方式，注重传播沟通，加强与公众的联系。如何使自己的组织在这众多的组织中脱颖而出，更受公众重视呢？许多优秀的公共关系人员和成功的组织，不仅把自己工作的重点放在看得见、摸得着的事物和活动上，也放在组织风格和特色的建树上。组织独特的风格既使组织受到公众的瞩目，又统一了员工的价值观，加强了组织的凝聚力，这就为组织扩大自己的影响奠定了坚实的基础。

一、组织风格的表现和作用

组织风格是社会组织在其长期运行过程中有意培养或无意形成的一种行为方式和精神特质。这种行为方式和精神特质体现在组织经营管理的各个方面，影响着组织的一切活动，使一个组织有别于其他组织。在实践活动中，组织风格成为一个组织有别于其他组织的个性特征。毫无疑问，每个组织都有自己的组织风格，都在组织风格的基础上形成了自己的组织特色。只是有些组织风格的特色十分鲜明和引人注目，有些组织风格的特色却平淡雷同，不能引起公众注意而已。同时，组织风格还有高下之分。有些组织的风格既能使员工上下一心、同心同德做好工作，又能给组织带来勃勃生机，使组织充满活力，还能令公众刮目相看、钦佩赞赏；而有些组织的风格不仅使组织内部的经营管理混乱，作风拖沓，人心涣散，而且还使公众为之侧目。

组织的风格一般从三个方面体现出来。一是组织的物质形态和产品等外显事物。例如：组织的产品设计是陈旧的还是新颖的，是随大流的还是独具特色的？产品的质量是马马虎虎的还是精益求精的？组织的广告、商标、徽记、招牌、代表色的特点的倾向，是夸张还是求实，是趋向稳定还是趋向变动？组织的制服、信笺、办公室设计，组织的部门设置和内部结构等等物质形态都会凝结成组织风格，同时也影响了组织风格的形成。二是组织的活动和运行方式。如组织的经营管理方式是重物质还是尊重人？是重感情还是重制度？是严厉还是温和？组织的活动效率是雷厉风行还是拖拉疲沓？组织各部门是职责明确、敢于负责还是爱推委扯皮？管理制度是健全完善的还是残缺不全的？组织的活动状态和活动方式是体现组织风格的一个主要方面，它对组织风格的形成至关重要。三是组织的文化和价值观等组织的精神方面。这里的文化不全指文化水平，而是指组织内部共同的文化观念、行为习惯、道德规范及员工的精神风貌等等的状态。价值观指的是组织中大家推崇的对人生和社会的看法，大家所信奉的生活和工作信念。例如日立化成公司的总经理横山亮次介绍说，日立制作所的创始人小平浪平生前以儒家“仁、义、礼、智、信”的思想为根据，制定了“社训”——“和”、“诚”、“言行一致”。如今，这一社训已成为日立集团的精神支柱。组织的文化和价值观是体现组织风格的深层因素，它对组织风格的形成有着导向和定型的重要作用。

组织风格不仅对组织形象的形成和建树有极大的影响，而且对组织生存、发展的影响也至关重要。因此，在现代管理学中，有人将组织的结构、系统、风格、员工、技术、策略、共同价值观称为现代社会组织的七大要素。英国管理学家戈德史密斯和克拉特巴克认为，社会组织吸收各种经营管理风格，并使之形成适应自身条件的风格，是其取得成功的关键。组织风格对组织的运行和组织形象有以下几种作用：

首先，组织风格作为组织整体的一种行为方式和精神特质，制约和影响着全体员工的思想观念、思维方式和行为特征。组织风格对每个员工来说，是一种氛围和环境。员工在这种氛围和环境中不可能不受到感染，也不得不屈从于影响。例如，欧美人士普遍认为，在日本的企业中，组织风格中浸透着一种对工作如痴如醉地钟爱之情，从而使大多数日本工人视奋斗为美德，有时简直成了工作狂。

其次，组织风格作为组织整体的一种行为方式和精神特质，制约和影响着组织中的风气和工作作风。尤其是组织的经营管理风格和体现风格的组织结构、管理制度以及道德与行为规范对形成组织风气和养成工作作风，有着更直接的作用。例如，任何现代社会组织都需要在组织中形成一种既有竞争又有协作的团队精神。而这种精神能否形成，与组织经营管理风格上是否尊重人、是否公正、赏罚是否分明、领导是否得力和得法有关。

第三，组织风格作为组织整体的一种行为方式和精神特质，制约和影响着员工的精神面貌和心理状态。尤其是体现组织风格的价值取向，影响着员工对社会和人生的追求，影响着他们对自己行为的评价和取舍。例如日本人除了以奋斗为荣外，还以作为企业的一员为荣。一些美国企业企图以高薪从日本企业挖人才，但是发现“待遇取胜”这一招对忠于企业的日本人似乎不那么灵。

第四，组织风格作为组织整体行为方式和精神特质，制约和影响着组织员工的工作状态和工作效率。尤其是组织的活动和运行方式，对员工的适应性、主动性、责任性、凝结性、积极性都有较大影响。组织风格还影响到员工对组织的关心程度和进取精神，从而进一步影响到员工的劳动积极性和工作效率。

第五，组织风格的各个方面，无论是物质的、精神的、还是行为的特征，都将给公众留下一个印象，使他们对组织的形象有或深或浅的认识、或好或坏的评价。

正是由于组织风格的这种作用，使越来越多的社会组织和公共关系人员日益重视组织风格的培养，力求形成一种“企业精神”，作为激励员工、打动公众的重要方式。

二、形成良好组织风格的方法

组织风格的形成远非一朝一夕之功。良好的组织风格更不是自然而然形成的，它需要公共关系人员和组织上下齐心协力的共同努力。

要形成良好的组织风格，首先需要组织领导者的引导和着意培养。影响组织风格形成的因素很多，除了时代因素、民族因素、地理因素和组织本身性质外，组织领导者的管理特色和领导方式是组织风格形成的中心因素。而组织员工的素质和他们在生产经营中的行为方式则是组织风格形成的主体因素。因此，公共关系工作人员应配合组织领导者，自觉形成其符合组织运行和发展的管理特色和领导方式，并且有意识地通过管理特色和领导方式来制约和引导员工在生产经营中的行为方式，有意识地改变和提高员工的素质，使之在生产经营过程中形成特定的工作作风。

要形成良好的组织风格，其次需要培养和确立组织的基本价值观。组织的基本价值观是形成组织风格的核心。这一核心对组织信念、宗旨和组织文化等等的影响，制约着全体员工的日常行为和组织运行的方式。组织的基本价值观作为一种全体员工的共同信念，指导着员工的奋斗方向，支撑着员工对组织目标的追求，激发出员工对组织的义务感和责任感，成为维系和激励员工同心协力、共同奋斗的深层精神动力。因此，形成并确立一个组织成员共同认可的基本价值观，对形成良好的组织风格十分重要。要形成并确立组织的基本价值观，必须做好以下三个方面的工作：

1. 建立共同的基本价值观。美国国际商用机器公司第二任总裁小托马斯·沃森曾说："我坚信任何组织能经得起风浪和获得成功，它必然有一套坚强的信念，成为其一切政策和行动的出发点。……那些基本哲学精神和一个企业的驱动力对其具体成就的意义，远远超过了技术或经济资源、组织结构、创新能力和时机。"① 组织的基本价值观是为实现组织目的服务的，它必须与组织的性质、目的相一致。因此，组织的领导者和公共关系人员在确立共同的基本价值观念时应注意：一是应选择一些适合本组

---

① 《致富秘诀——美国企业家成功经验》，北京科学技术出版社 1985 年版，第 324 页。

织性质、符合组织目标的价值观念，作为组织的基本价值观。美国著名管理学者彼德斯和沃特曼认为，优秀公司主导信念的一些具体内容包括以下几种基本价值观：要当最好的；相信施行一件事情时细节的重要性，坚决把工作做好；相信人作为“个人”的重要性；高等的质量和服务；相信企业的大多数人都可以做“革新者”，也要准备承担失败；提倡不拘礼节，以鼓励相互交换意见；明确认识到经济增长和利润的重要性。例如美国国际商用机器公司的基本价值观由三大宗旨体现出来：尊重每一个人，提供最佳服务，追求杰出。日本松下电器公司的“社训”体现的基本价值观是：彻底认清从事产业的使命，谋求社会的改善和进步，进而贡献于世界文化①。二是要考虑到组织成员的情趣、需要和接受水平。三是一旦选定了组织的基本价值观，就应保持稳定不变，并贯穿于组织活动的始终。要迎接外界不断变化的挑战，可做策略上的调整，但是基本价值观不要随意更改。国际商用机器公司副总裁巴克·罗杰斯曾说：“公司必须灵活，随着时间的变迁，组织的机体经常不断改组和调整，但是公司的信念则应始终不变，并且贯穿于整个变化过程。”这说明了组织基本价值观稳定性的重要意义。

2. 将组织的基本价值观用通俗、明确的方式融入到职工心中，形成组织的精神。组织的基本价值观仅为领导者和公共关系人员掌握是远远不够的，还应成为组织职工人人知晓、个个奉行的准则，成为一种组织精神。这需要组织领导者和公共关系人员将组织的基本价值观转化为具体的、容易掌握和传播的有形的形式和无形的精神。具体做法有制定规章制度、撰写通俗小册子、提出口号、发展组织文化等方式。例如日立化成公司总经理横山

① 罗慰年等著：《实用公共关系 88 例》，科学普及出版社广州分社 1988 年版，第 30 页。

亮次按日立的基本价值观制定了《经营指导思想》、《日立化成纲领》、《企业行动准则》、《信息联络基准》、《职工守则》等。用准确、鲜明、响亮的口号概括组织的基本价值观，使其清晰、突出，更好地发挥其激励和指导作用。例如国内一些汽车公司和建筑公司提出的口号是“高高兴兴上班，平平安安回家”，“为你家人和他人的幸福而注意安全”。国内许多企业由基本价值观演变出来的组织精神通常也以口号形式表现出来：如“白云山人精神”是“爱厂、兴利、求实、进取”，“万宝精神”是“开拓、拼搏、创新、科学，主人翁”，“南方大厦精神”是“真诚、效率、多思、奋发”。在组织基本价值观演变成的组织精神中，日本松下电气公司的组织精神最具特色，这就是闻名于世的“松下七精神”：产业报国、光明正大、和谐一致、奋力向上、礼节谦让、顺应同化、感谢报恩。在将组织的基本价值观转化为通俗明确、深入员工的形式中，建设组织文化是最重要的工作。因为一旦形成组织文化，它就能形成员工共同的思想情趣和心理氛围，形成员工共同的行为准则，并且把组织对成员的感召力和凝聚力演变成各种有形和无形的形式，使组织的各种要素更有效地结合起来，形成组织的特色。建设组织文化是最繁杂的工作。首先它需要处理好传统文化与现代文化、民族文化与外来文化的关系，找到它们相互适应的结合点。比如为世人所推崇的“日本式”管理，其基本指导思想就是以中国的儒学为基础的。其次，通过简报、备忘录、通知、大小会议等方式，及时准确地向员工们灌输组织的基本价值观。第三，借助有关组织的历史掌故、传说、领导人趣事，及以前组织内管理和赏罚案例来影响、感染和暗示员工，使员工借此来预测今后对类似情况的反应，指导、约束、调节自己的行为，达到将员工团结在组织基本价值标准周围的目的。第四，健全相应的奖惩制度，使员工服从组织所要求的原则、标准和行为规范，从而在组织内形成一致的行为规范和评价行为的准则。第五，策化和组织各种文化娱乐活动，通过这些文化娱乐活动促进组织内员工知识和情感的正式交流和非正式交流，在文化娱乐活动和员工之间的交流中，扩大组织基本价值观的影响，并形成和发展出与组织基本价值观相辅相成的其他文化范型和文化模式。第六，举办多种形式的教育培训，通过培训灌输组织的基本价值观、行为准则和信条，形成组织风格和良好的作风，许多优秀的组织就是依靠教育培训来提高员工素质、形成组织风格的。据 1988 年 5 月美国《基督教科学箴言报》报道，美国每年大约花 300 亿美元用于员工的在职培训。仅国际商用机器公司 1987 年就花了大约 7 亿美元对在岗职工进行培训。该公司发言人声称："每个工作日都有一万名工人离开他们的正常工作岗位去参加某种训练。"

3. 组织领导人和公共关系人员对组织的基本价值观身体力行，使组织的基本价值观贯穿于组织的一切活动中。组织基本价值观的建立和在员工心目中扎根固然很重要，但是更重要的是全体员工能够忠诚地去实现这些基本价值观和相应的信念、准则。这就首先要求组织的领导者和公共关系人员是忠诚实现这些基本价值观的表率。因为他们的行动、态度、处世哲学，在组织中往往为员工们提供了角色模式，员工自觉不自觉地都要以他们为自己行动的榜样和参照模式。亨利·基辛格曾说："领导的任务是要把群众从目前的状态带到未来的境界。"日本《经友论坛》领导人若林光照认为，凡成功的企业，其领导人大都有一种献身事业和自我牺牲的精神，因为要保持强大的控制力，领导者本身必须起楷模作用。这样才能把全体员工团结起来，向将来的目标奋进。因此，组织的领导人和公共关系人员在建树培养组织基本价值观时，在将这些基本价值观转变为组织宗旨、信念、组织精神和组织文化时，应忠实地履行自己的责任，包括忠实履行对组织的责任、对家庭的责任、对国家的责任、对社会的责任、对部下的责任，以及对自己的责任；应模范地遵守组织的规章制度、准则和政策；必须客观、公正、谦虚、亲切地对待员工，必须对员工、顾客、股东采取真诚而正直的态度，要尊重所有人的尊严。但是，组织领导人和公共关系人员仅仅要严于律己还是不够的，还应力求将这些工作方式、行为准则贯穿到组织的一切活动之中。这样才能使全体员工更好地受到组织基本价值观和组织文化、组织精神的熏陶，更好地促进组织风格的形成。例如，国际商用机器公司总裁小沃森有一次通知一位部门总经理下午3点开会。但该总经理正巧需要帮助一用户处理急需解决的困难。当晚上6点半他返回公司时，发现小沃森一直没开会，而是让全体到会人员等他，并教训他，希望他能准时到会。当这位总经理解释说，他是按“用户至上”原则处理问题时，小沃森立刻赞扬他做得对。

要形成良好的组织风格，最后还需要借助一些物质形式和日常活动。例如郑重其事地精心为组织命名，制定统一地具有特色的组织制服，编写组织歌曲等。例如，日本许多企业都编写了条文简单明了、意义深远的“社训”，或者张贴在显眼的地方，或者每天开始工作前都要集体背诵。松下公司则要求遍布世界各地的松下分公司、分厂，每天上班之前高唱松下社歌，以此激励职工。

第二节　公共关系专题活动和日常活动的组织

公共关系工作应抓住一切时机来扩大组织影响，建树组织形象。这就要求公共关系人员不仅要做好有规律的、意义重大的经常性工作，而且还应精心组织好各种专题活动，认真安排好平凡的日常活动，使这些活动与其他公共关系工作互相配合、相得益彰。

一、专题活动的特点和要求

专题活动是在公共关系工作中，围绕一个针对性强的主题而专门开展的一种特殊活动。这种活动每次都有一个明确的主题，围绕这一主题筹划和安排出一系列特定的活动，或者加强组织与某一部分公众的联系，或者促进公众对某一部分和某一个侧面的理解，其目的是使专题活动的参加者在特定的气氛中，更真切地感受到组织的存在和作用，感受到组织的特点。例如日本钟表行业为了打破瑞士钟表垄断世界市场的局面，决定通过一次专题活动来证明日本手表质量更好。于是他们精心设计安排了一次活动：让公众目睹从飞机上向地下播撒日本手表，以此说明日本手表即使从空中撒落，也摔不坏，并且丝毫不影响它走时的精确性。这一特殊的公共关系活动，使公众获得日本手表质量上乘的真切感受，结果使日本手表销售一举走红。

专题活动的种类形式很多，任何组织都可以根据自己的性质、特点和需要，精巧地构思出一种独出心裁的专题活动来表现自己。不过，公共关系的专题活动也有一些常用的活动方式，如组织的仪式庆典活动，重大节日、纪念日的联谊活动，对外开放的参观活动，各种文娱演出，节假日的慰问活动，各种比赛或游戏、演讲活动、倡议活动，以及我们在前面传播活动中介绍过的展览活动和赞助活动、响应政府或社会号召的活动等等形式。

专题活动之所以能成为公共关系活动的一种重要方式，主要是由于它有以下一些特点和作用：

针对性强。专题活动是在审时度势后，根据组织或公众的某种特殊需要而举办的，这就使得它的目标很明确，同时活动也比较集中，能较好地解决某一特殊问题。

不受时间限制。专题活动根据需要来组织，可不受时间限制。一是在举办的时间上可长可短，既可短小精悍，只用一二小时，又可持续数周。二是开办时间可选在需要的任何时候。正如有的公共关系人员所说："实际上没有一天、一周、一月、一年是没有特殊事件可供纪念的，而历史上任何事件都有它的一周年、十周年、一百周年……都是值得纪念的。"

活动方式灵活。专题活动除了方式很多，举办时间不受限制外，其规模大小随需要而定，活动内容也可以根据需要来安排，在活动过程中还可以随时做一些调整。这样就能更好地达到公共关系活动的目的。

感染力强。由于专题活动使特定的公众对象身临其境，或耳闻目睹，或直接交往、沟通，这种亲身体验到的感觉和认识，能给人留下更深的印象。更加上情境气氛的烘托，往往具有较强的感染力。

拾遗补阙。弥补日常公共关系工作或经常性公共关系工作之不足。在制定公共关系计划和进行经常性公共关系活动时，难免有疏忽和遗漏。这些疏忽和遗漏多多少少会给组织造成一些麻烦，给公共关系工作带来一些不利影响。专题活动则可以灵活地拾遗补阙，使整个公共关系活动更加完整无缺。

专题活动还可以突出重点，使平淡而又平凡的日常工作"异峰突起"，从而引起公众的注意和兴趣。

专题活动的上述特点和作用，使它在公共关系活动中能达到重点沟通的效果。可想而知，如果在公共关系活动中专题活动与经常性活动能较好的配合，就可取得更好的公共关系成绩。但是，并非所有的专题活动都能达到这种效果。这除了专题活动的主题选择是否得当外，主要与专题活动本身的设计有关。如果专题活动的设计安排失当，就可能使参加的公众乘兴而来、败兴而归，严重的甚至会伤害某些公众，使之产生对组织者的对立和敌视情绪，导致公共关系的恶化。因此公共关系人员应懂得和掌握组织专题活动的一般要求：

专题活动要有特色。专题活动要想产生效果，必须能够吸引公众的注意，使之产生愿意参加的兴趣。在参加之后，又要能够给公众留下深刻印象。这就要求专题必须具有特色。专题活动的特色可以从活动的方式和举办的形式、时间、地点上做文章，也可以在活动的内容上打主意。

专题活动要符合对象公众的口味。专题活动是根据某种需要为特定公众安排的，这就需要注意使它符合特定对象公众的心理需要、审美情趣、文化习惯，在注意照顾特定公众的情绪时，还要顾及社会影响，要符合社会的文化习惯和社会的道德要求，不能顾此失彼。

做的要比说的更好。公众参加专题活动时，都抱有一定的期望值。如果开始时说话说得太满，就可能使公众抱有较高的期望值，在活动过程中就可能大失所望。因此，应适当把握事先的宣传和“吹风”的火候，可以说简单点，让公众期望值较低；做隆重点，让公众喜出望外。尤其是如能设计安排一些公众意想不到的高潮，可以令公众印象更深刻。

专题活动前要做充分准备。无论是大型的还是小型的专题活动，都不能掉以轻心，事先应妥善安排、充分准备。例如要预先布置好活动现场，提前培训接待人员和服务人员，让所有的参加人员明了专题活动全过程和各自的职责；考虑周到的应急措施，以防不测事件和尴尬场面的出现；精心准备讲话稿和致词。大型的专题活动和重要的专题活动最好还要进行彩排。

做好接待欢迎工作。专题活动的效果与活动过程中对公共关系的礼节和接待工作有极大的关系。作为接待欢迎的礼节，要注意以下事项：请柬和通知应提前一到二周发出；活动开始时，应有专门负责签到和引导公众进入活动场所、介绍活动安排的接待人员；主办单位的负责人应与公众直接见面，表示敬意和致谢，如实在不能到场，也要有书面的致词，并要有专人代为解释；对社会知名人士和特邀人士，应给予一定优遇，但是也不能冷落其他公众，使之产生厚此薄彼的感受，而应本着平等、和谐、友好的精神做出适当得体的安排。

安排好专题活动的收尾工作，专题活动应把握好特定公众的兴致和情绪，在考虑结束时，应做到既让公众尽兴，又能“饶有余兴”，不能在公众还兴致勃勃时就宣布结束，也不能等到公众兴致全无时才宣布结束。作为活动的结束应有明确的表示，可以通过口头宣布，也可以通过某种方式暗示。不能让结尾不了了之。如能使结尾和开头一样都出现高潮，则最为理想。

扩大专题活动的影响。专题活动虽是根据某种需要专为特定公众举行的，但是如能广为传播，也是扩大组织影响的极好机会。因此，最好应与新闻传播媒介联系，争取他们对专题活动的参与和支持，使专题活动能借新闻传播媒介广为传播。

二、仪式庆典活动的组织

仪式庆典活动是社会组织本身的重大事件的仪式活动和组织所处社会环境中有关的节日庆典和大事庆典活动的总称。仪式庆典活动的范围很广，常见的有开工典礼、落成典礼、颁奖大会、开业庆典、周年纪念大会、地方传统节日、重大活动的开幕式和闭幕式等。仪式庆典活动形式也很多，例如周年纪念可采取举行职工大会，或举行周年纪念酒会形式，还可以举行颁奖大会、举行茶话会、上街义务劳动和服务的形式，等等。

仪式庆典活动由于其具有不同于组织平常活动的特殊性和隆重性，一般能引起社会公众较多的关注，因此它是扩大组织社会影响力的极好机会。如果公共关系人员能抓住这个有利时机，借助喜庆和热烈的气氛来渲染组织形象，往往能收到意想不到的公共关系效果。

仪式庆典活动虽然不是直接为“促销”服务的，而且有时还要付出一定的经济、人力、物力代价，但是其作用不可低估。首先，可利用仪式庆典来渲染组织形象，扩大组织知名度，例如宣传组织的性质、特点，宣传组织的历史和对社会的贡献，宣传组织的产品和服务等。由于仪式庆典活动的喜庆气氛和主题特点，可以使这种宣传较为间接、隐蔽和巧妙，不易引起公众反感，而于不知不觉中影响了公众。例如日本电通广告公司，于 1967 年 7 月电通成立 66 周年纪念日这一天，由银座的旧址迁入筑地的新楼。当天清晨，两千名员工在公司总经理的率领下，举着“谢谢银座各界人士过去的照顾”，“欢迎筑地各界人士以后多赐教”的旗帜，浩浩荡荡地由银座向筑地行进。沿街公众目睹了这一盛况，日本各大报社和电视台也纷纷报道这一周年纪念日的乔迁之喜，使电通公司闻名遐迩，给广大公众留下了美好的记忆。

其次，借助仪式庆典活动可以广交朋友、化解积怨，打下今后发展的基础。组织的仪式庆典活动一般都可以广邀各界朋友。在仪式庆典活动中，来宾们受到一定礼遇和尊敬，能感受到组织给他们的荣誉，再加上在欢庆气氛中的开怀畅谈，能增加组织与各界人士的友谊。过去无交道和少交道的可以加深友谊，过去关系好的可以增进感情，过去有些怨气的可以乘机化解。总之，仪式庆典为组织与各界的交往提供了一次机会，而且是良好的机会。因为人们都有在喜庆时不计前嫌和更易亲切的心理。

第三，仪式庆典活动有助于组织建树自己更完整的形象，提高组织美誉度。组织在以往的活动中，总是受到业务任务和业务指标的压力，组织形象往往具有浓郁的业务色彩。如果是商业组织，则易给人以惟利是图的商人形象。仪式庆典活动则可以使公众更全面地了解各种的组织活动，而组织在仪式庆典中也尽可以塑造自己的社会性、公益性、娱乐性等等方面的形象，从而给公众留下组织更完整的形象。例如广州花园酒店首次将西方的“母亲节”介绍到广州，与广州市妇联联合举办“母亲节征文比赛和表扬模范母亲活动”，从而给公众留下了花园酒店是热心推动我国精神文明建设、热心于中西方文化交流事业的社会组织的良好印象。

仪式庆典活动是所有公共关系活动中表演色彩较浓的一种活动方式，如何使这一活动开展得有声有色，引起社会公众的广泛注意，是需要公共关系人员颇费一番心思的。作为组织仪式庆典活动的一般过程，公共关系人员应注意以下几点：

第一，要明确仪式庆典活动的主题，围绕主题来设计安排活动内容。每次仪式庆典活动似乎都已经有了名目，这就是举行仪式庆典的事由。但是，这仅仅是形式主题，通过公共关系人员根据组织需要和公众的需要进行的精心设计，还可以在形式主题下巧妙地再插进一个主题。在确定真正的主题后，再围绕主题来安排穿插有关活动内容和活动形式。例如日本电通广告公司形式上是以周年纪念和乔迁为主题，实际上是向新老朋友致意，表示友好并炫耀实力。

第二，拟定仪式庆典活动的程序，落实有关任务，明确职责分工。仪式庆典活动一般都较盛大，工作任务繁重，需要组织内部各部门有关人员密切配合、共同完成。要做到有条不紊、忙而不乱，就要确定仪式庆典的程序，并按照仪式庆典规格确定司仪人员，按照有关活动内容将任务具体落实到人头上。尤其是后勤工作和组织工作一定要有专人负责，对负责签到、接待、摄影、录像、音响、现场布置者要讲清活动内容、礼节、纪律等要求，在仪式庆典活动前要仔细检查有关仪器设备和材料。

第三，拟订邀请的宾客的名单。宾客名单不仅要考虑有关单位和左邻右舍，而且最好能邀请一些社会名流和新闻界人士。在宾客名单中还宜考虑一些公众代表和员工代表。拟订名单后，应将请柬提前一至二周前送达出席人员手中。请柬中应写明活动事由、方式、时间、地点。

第四，确定致贺词的宾客名单和双方剪彩的人员。参与致贺词的宾客要有一定的代表性，或者有一定的社会地位。参与剪彩的己方人员应是组织的负责人，客方人员应约请地位较高和有一定声望的知名人士。

第五，为仪式庆典活动安排一些制造气氛的活动和促进理解的活动。制造气氛的活动主要指为了活跃仪式庆典主题活动气氛而安排的一些辅助活动，如敲锣打鼓、挥舞彩旗、燃放鞭炮、舞狮、合唱歌曲、呼喊口号等。这类活动还有仪式庆典后的歌舞演出、电影放映等。促进理解的活动主要是配合仪式庆典主题活动而安排的辅助活动，如仪式庆典结束后的茶话会、便餐、恳谈会、参观组织设施。

第六，利用新闻媒介扩大仪式庆典活动的社会传播面和影响面。能够参加仪式庆典的公众毕竟是有限的。仪式庆典作为公共关系活动应争取传播到更大公众范围中去，这就需要借助新闻传播媒介来扩大影响。如能争取到新闻报道，还可以起到鼓舞士气的作用。例如，成都饭店全面改建竣工周年纪念活动就借助新闻报道，简述了活动内容，回顾了饭店历史，选载了国家旅游局的贺电，表达了饭店与同行搞好关系，交流经验，为公众提供优质服务的良好意愿[①]，从而扩大了自己的影响。

要组织好仪式庆典活动，给公众留下深刻的印象，需要公共关系人员精心构思，认真筹划，使活动进行得热烈隆重，富有特色。

三、开放参观活动的组织

公共关系参观活动是组织对外部公众开放，让他们到组织内部参观，了解组织机构、设施、生产活动和各种成果的一种活

---

① 《成都晚报》1988 年 5 月 18 日何宗敏文章。

动，又叫开放参观活动。开放参观活动有两种类型：一种是向特定公众开放，如向政府领导人开放、向合作对象开放、向员工家属开放、向新闻界开放、向股东开放等。一种是向普通公众开放，当地居民、寻常百姓，谁有兴趣，都可以前去参观。这两种类型的开放在组织方式上也略有不同。前者只向特定公众发出邀请和通知，并安排专门的接待工作，持续的时间一般也较短。后者则利用新闻媒介和广告向社会广为传播，宣布组织开放的目的和时间，争取尽可能多的公众前往参观，并且持续的时间也较长，甚至转化成日常性工作。如广州许多大饭店、大酒店欢迎公众随时入内参观。对这种开放参观，不必安排专门的接待工作，由日常工作人员兼顾。

开放参观活动使组织的正常生产运行活动突然介入了许多不相干的人，可能给组织的正常工作秩序带来一些不利影响，对正在工作的员工会产生压力和干扰，从而为组织增添了麻烦。这似乎是一件得不偿失的活动。但是，从组织的长远利益和公共关系活动来看，只要组织得法，这是很有价值的活动。

首先，它能促进公众对组织的进一步了解和支持，或者了解到组织的技术特长和经济实力，更加愿意和组织合作，或提供信贷和技术支持，或者了解到组织的生产状况和努力，消除误解和怀疑。例如，化学工业对环境有较大污染，这是人人皆知的。化工厂所在社区的公众对自己的“芳邻”总是心存疑虑。如何让公众放心，理解和支持化工厂呢？意大利蒙爱石油化工厂就是通过参观来释疑的。他们让公众参观他们的污水处理系统和严密的监视系统，以及让公众登上瞭望塔观看在工厂内的自然保护区中栖息的160多种鸟类，让各种事实、测试指标和不会说谎的小鸟来表明他们的努力和努力的效果——让社区公众消除怀疑。

其次，它能促进组织与公众的意见交流和情感联络。开放参观活动是组织向公众表示友好的举动，也是与公众联络感情的活动。并不是所有组织都能让公众参观和愿意公众参观的。如果组织主动向某些公众开放，它会被这些公众视为友好的举动，能博得这些公众的好感。而在参观活动中，组织又与参观的公众多了一次接触和交流意见的机会，使双方能较好地沟通、联络感情。

第三，开放参观活动可以增加员工的荣誉感，促进他们工作的自觉性。社会心理学研究发现，“他人在场”会有促进作用。参观者对组织的工作性质、特点、成就有兴趣才会来，如果有络绎不绝的人到组织参观，会使组织员工产生一种“在这种重要组织（或令人羡慕的组织）中工作很荣幸”的荣誉感。一般来说，我们总喜欢在别人面前表现得更好些、更突出些。当参观者观看注视、品评赞叹时，常会促使被观看者更积极地工作。

开放参观活动虽然比较简单，但是组织得好不好，效果却有天壤之别。因此，公共关系人员对开放参观活动不能掉以轻心，还是应认真筹划准备。一般要求做好以下工作：

突出开放参观活动的主题。开放参观活动和公共关系中的任何活动一样，心须要有一个公共关系主题。主题确定后，应想方设法在参观活动中突出主题、表现主题。如何在参观中突出和表现主题并不是一件容易的事情，需要公共关系人员仔细思考提炼。

确定开放参观时间。除了政府要员的视察时间不能由组织安排外，其他公众参观时间都由组织决定。时间最好安排在一些特殊的日子，以强化参观者的印象。如周年纪念日和其他组织的纪念日、社区的各种纪念日等。至于是否安排在节假日，要视组织的情况和参观的目的而定。开放参观的目的在于让公众了解组织各方面正常工作情况的，应避开节假日。开放参观的目的在于适应公众方便的，可以安排在节假日。例如上海电视台于元旦、中秋、春节等佳节之际，邀请员工家属来电视台参观，既含有慰问员工的意义，又有酬谢家属对员工工作支持的意义。同时，还让家属们理解了员工工作的重要性和崇高性，使员工们为自己的工作感到自豪。安排开放参观时间还要考虑到季节性变化的因素，对一般组织来说，春秋两季是开放参观的好时机。

安排参与活动的人员。如果是邀请特定公众的开放参观，不仅要安排好一般工作人员，还要确定组织哪一级负责人出面。开放参观活动的主题涉及哪一个部门，就应由该部门的主管出面，以示对来宾的重视。向导和解说人员也应安排懂得有关方面业务的人员，以便讲清情况，回答参观者的专业问题。如果是对一般公众的开放参观，由于耗时太多，组织负责人可根据需要决定何时露面、露几次面，不必陪同到底。在开放参观持续数月和转入长年化的情况下，向导和解说员可稍事培训一下，而不必安排专业人员负责。

认真规划开放参观活动的路线。开放活动不是一种自由随便的活动，不能由参观者到处乱走动。一是涉及劳动安全防护问题，防止发生伤亡事故。二是涉及工作秩序问题，以免影响正常的工作秩序。三是涉及技术机密问题，防止盗窃工艺机密。日本一家制瓷企业就曾借参观之名到我国制瓷业偷窥工艺秘密。四是涉及主题表现问题。对整个组织的工作现场、成果、组织特点应有重点的展示，不涉及主题表现的部分可以“跑马观花”或略去。因此，应认真规划好开放的路线。

妥善安排好开放参观活动的细节。欲使开放参观活动收到更理想的效果，就需要妥善安排和设计开放活动的有关细节。诸如准备好路线图、介绍性小册子；在参观前放映幻灯片或录像介绍情况；在参观中插入模型和图片展览、图表说明；参观路途远、时间长的，要安排适当的休息场所和休息机会；对特殊对象公众还可准备些茶点，例如为小学生准备点心和茶水；对过多的参观者应将其分成小组；应设置指示牌和路标，一是可让参观者自己安排参观进度，二是可让掉队者找到路线；在入口处放置签到簿，在结束处放置意见簿，以了解参观者人数、类型和交流意见。

准备适当的小型纪念品。纪念品能增强公众好感、加深公众印象，有助于忆起组织的这次活动，还可以通过参观者扩大组织的影响。纪念品可选择纪念章、纪念小册子，也可以是本组织的小产品。在具体活动中，有的组织是赠送印制精美的宣传资料、产品介绍，有的是送给儿童的气球或印有组织字样的衬衫，有的是赠送代表组织的小工艺品。

开放参观活动是组织与公众直接接触，展示自己特点，表示自己意愿的极好机会，也是听取公众意见和意愿的极好机会，公共关系人员应抓住机会，虚心征求公众意见，使参观活动收到双重的效果。

四、会议的组织

会议在目前是各项工作的一个重要组成部分，在公共关系工作中，它也是一种运用极广泛的工作方式，既被用于日常工作之中，也被用于专题活动之中。会议种类很多，从公共关系工作中涉及的会议来看，有座谈会、汇报会、招待会、总结会、研讨会、工作会议、经验交流会、职工大会、股东会议、协调会议等等。按会议涉及的公众不同，将其分为内部公众会议和外部公众会议；按涉及的地区范围分则可把会议分为地区性会议、行业会议、全国会议、国际会议。各种会议涉及的内容和范围千差万别，但其主要形式无外乎两种：一种是少数几个人发言，或介绍情况，或布置任务，或汇报工作，而相当数目的公众充当听众。一种是一二个人主持会议，其他与会者发表意见。前一种会议的规模可大可小，后一种会议的规模一般都不大。

会议在公共关系工作中，有其独到的作用。首先，会议可以在短时间内向一定数量的特定公众传达信息、介绍情况。会议把各方面的有关公众召集到一起，可利用较集中的形式、较短的时间，向这些一定数量的公众介绍有关情况，传达有关信息，而不必分头传达，可节省人力、物力。其次，在传达组织有关信息时，能够及时收集意见，得到信息反馈。由于会议组织者或信息传达者与会议参加者是面对面的接触，会议参加者及时提出自己的看法和意见，不明白处可以直接提问，会议组织者也能及时根据对方的反应和传达的信息表示自己的意见，调整自己的传达，使彼此更好地沟通。第三，会议是一个信息交流的极好场所。由于会议参加者来自各个方面，大家有机会聚在一起，交流彼此所获得的信息，促进彼此的理解，使与会者更全面、更充分地了解各方面的情况。第四，会议为参加会议的人员提供了一次情感交流的机会和场合。由于会议具有上述作用，国外一些公共关系专家认为会议是一种大众传播媒介无法比拟的极好的双重沟通方式。

会议是我国人民熟悉的一种活动方式。但是，对公共关系人员来说，一般的会议和公共关系工作中的会议要求既有相通之处，又略微有些区别。因此，公共关系人员在参与会务组织工作时，既要注意会议的一般要求，又要兼顾到公共关系工作的要求。

各类会议的一般要求是：第一，会议主题清楚明确。有明确清楚的会议主题是开好会议的基础。会议主题明确后，可以判断会议是否值得召开，开会是否是达到主题目的的最好手段，这样还可以使会议活动内容紧紧围绕主题展开。清楚明确的会议主题还可以防止到会者乱“放炮”，避免会议失去中心、漫无边际，而是能够有准备地、有目的地发言，从而节约时间和精力。为了做到这一点，会议开始前应向与会代表说明会议目的和要求，在会议中应把与会代表的发言引导到会议主题上来。第二，会议参与者是与会议所欲达到的主题目的有关的人员。尽管这一点谁都明白，但是，有时会议组织者为了造声势，为了应付任务，或为了在会议中表明自己有更多的支持者，常常使会议规模过大，许多无关人员或对会议不感兴趣的人员也被邀出席。结果不但造成人力的浪费，而且影响了会议效果。因为这些无关人员的到场，往往会由于讲话、做杂事、无精打采而破坏了会议气氛，干扰了会议纪律，影响了会议效果。第三，应尽量争取开短会。时效观念是现代组织活动的一个重要指标。会议虽然比其他沟通方式要节省时间，但是如果组织不当，有时反而会造成时间的浪费。日本太阳工业公司有一个计算会议成本的公式：

会议成本 $= 2s \times q \times t$

其中 s 代表职工每小时平均工资的 3 倍（因为职工劳动产值比职工工资高出 3 倍）；q 指参加会议的职工人数；t 指开会所耗时间（以小时为单位）；之所以 s 要乘以 2，是因为参加会议的人员要停止经常性的工作，故成本要从 2 倍计算。为了节省会议成本，一是要将可开可不开的会议省去，即填平“文山会海”；二是要尽量开短会。第四，根据会议阶段，把握阶段的进度和特点，争取最好的会议结果。会议一般分为导入、讨论、结论三阶段。在导入阶段要讲清主题和要求，要介绍有关情况，耐心启发大家发言；在讨论阶段要鼓励大家发言，打破会议的思维定势，提倡各抒己见，敢于发表不同看法，提出新的见解；在结论阶段，要概括和总结会议情况，使大家对会议有明确的一致的认识。

对组织好会议，日本效率协会有一个建议：①事先对会议目的及讨论方式要心中有数；②不可随意无目的地开会；③控制参加会议的人数，无关者不要参加；④严格遵守时间，一次会议不超过 2 小时为宜；⑤主持人有维持讨论秩序和做出明确决定的责任；⑥避免插入与会议无关的议题，要把会议开得生动活泼；⑦主持人要每隔 3 次～5 次发言做一次小结；⑧发言应简明扼要，每次不超过 1 分钟，一次谈 1 件事；⑨会议结束时，主持人要让全体与会者确认会议的结论；⑩主持人应对会议记录负责任；⑪必要时，主持人应在会后写出会议简报分发与会者。

对公共关系工作人员来说，仅注意到组织会议的一般要求是不够的。例如会议应有一个或数个明确的主题，然而不是所有的会议主题都与公共关系工作有关，或能够自然地起到公共关系活动的作用。这不是要另立主题取代原有主题，而是通过有目的、有意识地努力和准备，使会议既能达到原有主题目的，又能收到一定的公共关系活动效果。为此，公共关系人员应努力做到以下几点：

利用有关会议，传达公共关系信息。会议开始之前，会议主办者一般要向有关部门和会议参加者散发有关会议主题的有关资料，公共关系人员应利用这一机会附上所欲传达的公共关系方面的信息。在会议间隙期间，也可通过个别接触和友好礼貌地与人打招呼，来进行有关信息的传播沟通。

利用有关会议，收集公共关系信息。在会议分发资料时，附上意见征询表，了解与会代表对组织的看法和意见，了解与会代表的工作职责范围和特长。在会议过程中可找机会单独座谈和拜访，了解他们对组织的进一步的意见。会议结束后，编印代表通讯录，建立代表档案，以备日后之需。

利用有关会议，与会议代表建立和巩固联系。公共关系人员可以利用开会时各方面人士较为集中这一特点，选择一些“重点户”与之建立和巩固联系。这些“重点户”可能是以前素昧平生或知之甚少的，也可能是有一定联系的，公共关系人员可利用会议提供的机会与之建立和巩固联系，如会议中的单独拜访等。会议后的信件联系、会议后的专程拜访及以会议为契机而进行再度联系，是建立和巩固关系的良机。

其他做法还有：在会议中鼓励和提倡各抒己见，有意营造自由轻松的气氛，认真记录或倾听他人发言，向与会代表赠送纪念品等。这些做法都可以使非公共关系方面的会议起到公共关系活动的一定作用。

五、来访接待活动的组织

来访接待工作是指组织对因为各种事由来组织联系、了解、投诉和解决某一问题的公众的接待工作。这是公共关系工作中最常见的一种日常性工作，也是送上门的公共关系工作。来访的公众一般有两类：一种是组织邀请来参加某一活动的特定公众，一种是自己找上门来的公众。对前一类公众，公共关系人员一般都能认真地接待，表现出应有的礼貌。再加上有一定的接待准备和安排，他们一般都能满意而去。对后一类公众，由于事情通常都较平凡、繁杂，一般又没有事先的准备，所以要接待得令人满意，较为困难。尤其是前来投诉的公众，或因其怒气冲冲、言辞不当，或因投诉的问题涉及的权限范围，常不能得到圆满的处理。这样，就难免会损害组织的声誉和形象。

公共关系人员对日常接待工作绝不能掉以轻心。来访接待工作虽然平凡、繁杂、费事费时，似乎收效不大，但实际上却能产生较大的影响，因为来访接待是组织的专门工作和基础工作。首先，它是公众了解组织的第一步，也是组织给公众的第一印象。社会心理学研究表明，人的“第一印象”尤为重要，它能影响到人们的进一步认识和感受，而且不太容易改变。如果来访接待工作没做好，就易给公众留下不好的“第一印象”。这可能需要组织花更大的代价、更多的精力去扭转这一不良形象。有时甚至因公众的一怒而去，造成不可挽回的影响。其次，来访接待工作是公众与组织具体的直接接触活动，它不仅涉及公众的利益问题，也涉及公众的尊严、感情等心理敏感问题。公众自身亲自的体验和感受，比任何宣传都更能说服他。一个疏忽，给公众留下的心理创伤会使其终身难忘；一个友好、亲切的表示和接待，也能使公众铭记肺腑。第三，小事情同样能反映出组织的特点和形象。许多组织对重大事件和重大活动都比较敏感和重视，一般都会精心设计，认真准备。但是许多平凡小事却受到忽视。殊不知平凡小事同样能反映出组织的特点和形象，这就是常言说的“见微知著”。许多公众也喜欢从这一点来认识、了解组织。而且还有许多公众认为，平凡小事更能反映一个组织的风格和作风。第四，接待工作既是公众了解组织的窗口，又是组织了解公众的窗口。公共关系人员可以通过接待工作与部分公众建立经常联系，通过接待工作从公众中聆听到一些需要的信息，感受到社会发展的脉搏和公众需要的特点。因此，公共关系人员应认真做好来访接待工作。

做好来访接待工作要坚持以下几条原则：一是对所有来访者都要以礼相待。无论来访者是何事由、是何人等，均是组织的客人，应一律以礼相待，切忌“以衣帽取人”、“以事由取人”。起立、问好、迎送、请坐、倒水是起码的礼节。二是对所有来访者均应热情接待。无论对方是来了解情况的，还是联系工作的，或者是来致谢的，或者是来投诉的，都应热情、友好地予以接待。对其所欲了解的问题，应不厌其烦地讲清楚。对联系工作的应予记录，对所提出的问题，尽量予以答复，实在不能当即答复的，应约定时间和约定方式答复。对致谢的热情接待并不难，对投诉的要热情接待就要困难些。这时应从公共关系工作大局出发，考虑到投诉者的心情和怨气，不能火上浇油，而应以平息怨气为主，对当时能解决的，应尽可能马上解决，对不能及时解决的，应说明原因，不能一推了之；否则，将给组织带来严重的不利影响。三是对所有来访者均应真诚相待。由于种种原因，不可能对来访者的问题有问必答、有求必应。但是，对其不应拒绝接待和会见，回避其难题，而应委婉地说明组织的难处。对已发生的事故最好不要隐瞒真相，要明确表示组织知错必改和敢于承担责任的态度。

对来访者接待工作，还有一些技术要求。接待室应布置得整洁、美观、舒适，应有相应的资料设置，诸如存放文件档案和来信来函的柜子，对内、对外联系的电话，不受干扰的谈话处等。对特邀来访者的迎来送往应周到、热情、细致，尽量为客人提供方便。怎样才算方便和周到，是大有学问可做的。比如接人应提前到达，客人一下飞机、火车、轮船就见有人等候，心情定会十分愉快；如果接迎的客人是素昧平生的，应举着小牌子，上面书写“某某某先生（女士），欢迎你（你们）到来”的字样，既可免去辨认的焦虑，又可使客人感到满意；还应主动问候客人，介绍自己，帮客人拿行李；在行车途中先向客人介绍其关心的日程安排，介绍住宿的安排和特色；为客人介绍本地区、本组织的情况，奉送有关的各种资料；在接待客人中，要主动谈论各种话题，以免呆坐无言的尴尬；如果客人旅途不适或有病，应为其请医送药；分手时说好下一次联系的时间、方法、地点；对客人逗留期间的生活安排要征询客人意见，对客人的要求如能满足应尽量满足。公共关系人员如能按上述要求做好接待工作，就能使客人对组织有较好的印象和愉快的心情，同时也为客人参加组织的有关活动打下了基础，使组织与客人的合作事宜能进行得更顺利。

第三节　公共关系工作中的谈判活动

只要存在着人与人、个人与组织、组织与组织之间的活动，彼此间就会有谈判活动。公共关系人员代表组织与各类公众打交道，同样也会面临各种各样的谈判活动。尽管各种谈判不尽相同，但是谈判的基本过程和基本要素是不会改变的。因此，公共关系人员应了解和掌握谈判的基本原则、类型和策略。

一、谈判的特点和类型

在社会的各种活动中，代表各个组织和个人的人们彼此在一起活动，既需要相互配合、协调和合作，又存在着各自的利益、立场和观点。如何使彼此的立场接近，使彼此的观点一致，使彼此的利益分歧减少，使大家有一个共同认可的行为依据，从而更合理地进行合作和配合，这就需要通过谈判来达到目的。所谓谈判，就是人们为了协调彼此关系，达成一致协议而进行的交换意见、相互磋商的活动。

在许多人心目中，谈判似乎是一种郑重其事地由少数专家来进行的活动。其实，谈判是我们每个人都曾进行过，并且在日常生活中经常进行的活动。与上级或同事讨论工作安排，讨论奖金分配问题；与家人协商家务活动的安排；与商人就商品价值讨价还价……都是一种谈判活动。美国谈判学会会长尼尔伦伯格认为：谈判涉及的范围最为广泛。每一个要求满足的愿望，每一项寻求满足的需要，都是诱发人们展开谈判的潜因。只要人们是为了改变相互关系而交换观点，只要人们是为了取得一致而磋商协议，他们就是在进行谈判①。因此，可以说，普遍性是谈判的第一个特点。

谈判的第二个特点是，谈判是建立在彼此对对方需要的基础之上的。谈判的每一方，都有自己希望得到满足的各种直接和间接的需要，而对方正好能满足自己的这种需要。正是这种彼此的需要，使双方能走到一起来谈判。如果能满足彼此的需要，谈判就可能顺利进行。忽视彼此的需要，只考虑自己需要，想一方全

---

① 杰勒德·I·尼尔伦伯格：《谈判的艺术》，上海翻译出版公司 1986 年版，第 2 页。

赢，只能使谈判破裂。因此，预测和满足彼此需要，是谈判的核心问题。为此，对人的心理行为或组织需求的认识是一切谈判的基本要求。

谈判的第三个特点是，谈判有赖于彼此的信息交流，是一种双向沟通活动。人们为彼此的需要而谈判，就要向对方表明自己的态度和本组织所能提供的条件，并了解对方的态度和对组织所能提供的条件。因此在谈判过程中，既要说，又要听，不能只听不说，也不能只说不听，而且还要做到准确理解，不了解对方的真实意图时不可不懂装懂，有了疑问应及时提出。作为谈判双方都有责任清楚、明白地表达自己的立场、观点、利益要求，不能含含糊糊、模棱两可。如果含含糊糊可能会使人感到缺乏诚意，更危险的是会导致对方对协议理解的歧义。

谈判的第四个特点是，谈判是一种利益交换活动，双方从谈判中应各有所得。谈判的目的是双方都想改变现状，得到某种利益，这就涉及双方的利益调整问题。因此谈判的双方不仅要乐意“取”，而且要愿意“给”，愿意进行等价交换。谈判不同于体育竞赛，要决出优胜者，谈判时双方都是赢家，都能得到自己所需要的东西。因此，在谈判中应避免对谈判进展无所助益的争执，不能一心想占尽便宜，而应精心拟订合乎双方利益的解决方案。

舍去谈判的对象和内容，从谈判的方式（手法）看，谈判最常见、最普遍的形式是提出并坚持一系列较高要求，然后再做出让步。这就是俗话所说的“漫天要价，就地还钱”。经过一番厉害的讨价还价，双方也许能达成协议和成交，但是也可能不欢而散。显然，公共关系工作中的谈判不太适合这种谈判模式。哈佛大学教授罗杰·费希尔和哈佛谈判学丛书副主编威廉·尤瑞认为谈判有三种模式：一种是硬式谈判，一种是软式谈判，一种是原则性谈判。

硬式谈判的方式和特点是：把谈判的对方看成是对手；把谈

判的目标定为取得胜利；把对方做出让步作为保持关系的条件；对人对事采取强硬态度；不信任对方；坚持自己的立场；提出威胁；谎报自己最低限度的要求；坚持把自己片面得益作为达成协议的条件；只寻找自己可以接受的一种答案；坚持自己的要求；努力赢得一场意志的竞争，给对方施加压力。

软式谈判的方式和特点是：视谈判对方为朋友，将谈判的目标定为达成协议，通过妥协让步来搞好与对方的关系，对人对事采取的态度是信任对方，轻易改变自己的立场，提出建议，提出自己最低限度的要求，同意以己方片面损失来促成协议，只寻求一种对方可以接受的方案，坚持达成协议，努力避免一场意志的竞争，屈服于压力。

硬式谈判和软式谈判相比各有千秋。硬式谈判往往会花费更多的时间，付出更大的代价，并且增加了谈判破裂的危险性；同时，还使谈判成为一场意志的较量。即使凭借意志力量达到目的，结果也会使屈服的一方产生愤怒和怨恨。软式谈判虽然效率较高，但是容易使自己或自己的组织受到手段强硬者的损害。由于软式谈判者不强调胜利的目标，而是强调达成协议的必要性，往往以屈服、让步来避免僵局，就可能产生一个不明智的协议。显然这两种模式都不太适合于公共关系中的谈判。

原则性谈判把谈判划分为四个基本因素：人、利益、选择和标准。认为人的感情容易和问题的客观性纠缠在一起，因此首先要把人的感情与问题分开。其次强调不在立场问题上讨价还价，而是注重使谈判的目的能够满足双方的基本利益。第三，强调决策以前先考虑各种可能性，在谈判中注意解决在压力下如何找到最令人满意的解决方法，尽可能在广泛的范围内，考虑增进共同利益和协调冲突利益的解决办法。第四，坚持独立于双方意志之外的公正标准或通用标准，不顽固地坚持自己的标准，也不向对方的片面标准妥协，而是用市场价格、专家意见、习惯或法律作为公正标准。这样，双方都不必让步，即可找到公正的解决办法。原则性谈判的方式和特点是：既不把谈判的双方看成是敌手，也不看成是朋友，而看成是问题的解决者；谈判的目标是达到互相得益的方案；对人采取友好态度，对事采取公正态度；超然于信任之上；在谈判中没有最低限度；不是只找一种对方可接受的答案，或只找一种自己可接受的答案，而是探讨多种方案，而后做出决策；努力达到以公正标准为基础的结果，而不进行意志方面的竞争或回避意志方面的竞争；服从原则，而不屈服于压力①。原则性谈判是一种以公正为原则，使双方利益都得到保证和照顾的谈判，自然也是公共关系谈判中所推崇的最理想的谈判模式。

正式谈判的过程一般分为六个阶段：首先是试探和准备阶段。双方通过预备性接触，了解对方的愿望，表示自己的愿望，看双方各自有什么条件，有无合作和谈判的可能与必要。在确定谈判可能性的同时，公共关系人员应确立谈判主题，列出讨论点及事实，确定谈判方式、时间、人员及地点。其次是概说阶段，双方应概略地表达自己的目的、意图和基本设想、条件。在这一阶段，介绍者不必做冗长详细的独白，关键是创造一种和谐的气氛，消除对方的疑虑。第三是方案介绍阶段。此阶段可详细介绍自己的方案和了解对方的方案。应尽量用适合对方的术语来表达自己的方案，依次在每一点上消除对方对方案的疑虑，消除对方对方案的误解。了解对方的需要后，应逐步让对方和自己“走”到一起，找双方的异同点。第四是交换意见阶段。意见交换可能是心平气和的，也可能是激烈的交锋。应尽量挖掘问题，寻找澄清问题的方法，请对方更彻底地解释他们的观点，并详细地论证

① 罗杰·费希尔、威兼·尤瑞著，郭序、张泰译：《谈判技巧》，北京大学出版社1987年版。

自己的观点，用提问的方式诱导对方站在自己的立场上考虑问题，避免无益的争论，用第三方的故事和社会惯例来暗示解决分歧的办法，还要寻找对方的弱点。这一阶段能使双方的意图更加明确，并推动谈判向前发展。第五是解决分歧和争议阶段。谈判中由于各自立场、角度、利益的差异，分歧和争议是难免的，故最理想的是依靠大家承认的、社会公认的公正标准来解决分歧和争议。但是，有时这一原则并不完全适用，还需要通过要求、让步、论证、坚持来获取进展。在让步中不能急于做出承诺，或做出更多承诺，不能得到公正利益而让步就不是成功的谈判。在坚持时不能当成是拼意志、拼消耗的竞赛，而应考虑到问题的解决。谈判成为僵局时最好采取其他通融办法来解决，可先在小争议上取得一致，再由小到大，循序渐进，在大争议上达成谅解。第六是协议阶段。在基本达到双方的理想需要，或基本满足了双方的共同利益要求后，便可草签协议。最后，再通过对条文的具体拟定、审查、补充、修正，就可以正式签署协议。此外，在协议中应注意加上监督条款和处罚条款。当然，谈判也可能不欢而散，发展到破裂或无限期休会中去。公共关系人员应尽量挽救颓势，不使谈判破裂。如采用多种备用方案，或在中止谈判前总结双方坚持的立场和利益要求，找出问题的症结点，予以明确表述，在主要问题上让对方在两种可能中做出选择。一般来说，谈判者都不希望谈判破裂，这一类努力有时是会收到效果的。如果这类努力仍不能挽回颓势，对方坚持一些无理要求，公共关系人员绝不能拿原则做交易。每次谈判不论结果如何，都应有记录和评价。对达成协议的项目要有执行时间表。

二、谈判的原则和策略

谈判是一项复杂多变的活动，谈判的进程和发展取决于双方的态度、意愿、利益和立场，也取决于双方的谈判技巧。鉴于某些谈判的艰巨性，因而谈判还是一场心理决斗，是知识、信息、修养、口才、风度的较量。在这么一个复杂的活动过程中，不可能设想谈判能完全按照初期的设想和方案一成不变地进行。谈判实际上又是相当灵活的活动，它需要谈判者随机应变，并有可供选择的多种方案，有变通地处理障碍的能力，在一定范围内有权决定取舍和更改，有权做出让步以交换对方的让步等。同时，谈判还是一项原则性很强的活动。无论怎样灵活处理问题，都必须恪守一些基本原则。在涉及基本原则时，绝不能变通处理和让步。除了谈判内容方面的基本原则应坚持外，公共关系人员还应在谈判方式和谈判态度上信守一些原则：

把谈判看做是一项合作的事业。谈判者在谈判中应寻求共同的利益和需要，也是人们常说的求大同、存小异，这是使谈判得以成功的基础。在谈判中应始终抱着这种态度来对待谈判。如果能使对方在一个合作的基础上谈判，为实现利益均沾的目标而努力，就可以使双方都更有可能成功地达到谈判目标。而要使对方持合作态度，必须自己先持合作态度。当然，合作不是要求放弃竞争。竞争是谈判的必要手段，在合作的大前提下，应当努力竞争。如果双方都能将谈判视为一项合作的事业，那么对共同利益的追求就可成为取得一致意见的巨大动力。

在谈判中保持自信心。谈判是一个艰巨复杂的过程，在谈判中不论风云如何突变，都应保持清醒的头脑、沉着的态度。这与谈判者是否有自信心有关。谈判者有充分的自信心保护己方尊严，防止对方讹诈，就能帮助我们克服障碍，坚持不妥协的态度，使对方不敢轻视我们。一般来说，实力强大的谈判者不乏自信心，实力弱小的谈判者则常感自信心不足。如果己方恰好处于弱者地位，也不应丧失自信心，一味地惟对方马首是瞻。而应认识到，谈判是互利的活动，对方之所以和你谈判，必然存有某种期望，而离开你他就不能实现这一期望，或者不能很好地实现这一期望。对方有时表现一下生气和愤怒，只是一种谈判的伎俩。

在谈判中言而有信。在谈判中，谈判者应当用各种策略和方法来达到自己的目的，即使使对方头痛，感到难以对付，也没有关系。但是，他必须是可以信赖的，这是谈判的一个必要条件。没有人愿意与出尔反尔的人谈判，缺乏信赖性常使谈判无法达成协议，即使有了协议也可能成为一纸空文。为此，谈判者应说话算数，言而有信。一旦做出允诺，就要遵守它，使对方放心。这一原则要求也告诉我们，千万不要随便允诺。

在谈判中少玩弄花招，不随便威胁对方。在谈判中，冲突、困境和僵局随时都可能出现，因此随时都应小心谨慎。坚持坦率和诚实的态度（只要不是天真幼稚），对谈判的气氛和谈判者一般都是有利的，有时，也可采取一些谈判的策略，但是应尽量少玩弄花招。玩弄花招不仅会破坏坦率、诚恳的气氛，还可能因对方感到对其智力的侮辱而愤怒，有时则可能将对方导入玩弄花招的游戏。因为很少有谈判对手不懂谈判花招，故玩弄花招常弄巧成拙。此外，也不要随便威胁对方，强压对方接受条件。当不得不运用实力时，要用得有水平、用得适当，并少用为佳。

谈判还是一项技巧性很强的工作。公共关系人员要想做好谈判工作，还应掌握谈判的一般技巧和策略。谈判中常用的技巧和策略如下：

做好充分的准备工作。充分的准备工作，有助于增加谈判者在谈判中的实力地位，可使谈判者在谈判中有较大的主动性。准备工作的要点有：尽可能详尽地了解己方的实力和对方的实力，了解双方的意图，了解对方让步的可能性，了解对方参与谈判的人员的特点和习惯，了解对方在所谈判事件上的长处和弱点、谈判对手有多大的决策权、谁有决策权等。在收集和研究资料的基础上，确立己方目标，做好定位和策略拟订。在准备工作中，确定对方的需要和自己的底线最为重要。只有弄清了对方的需要和迫切程度，己方才能信心十足地出现在谈判桌上，才能确定自己能否满足对方需要、满足的程度，以及能否用其他方式来满足这种需要，能否用其他需要来代替、折换这种需要（例如以心理需要来代物质需要，以长期合作需要来弥补物质需要的暂时不满足）。准备工作还包括创造谈判的气氛，诸如注意仪表、礼节周到、态度谦和、行为端庄、遵守时间等，给对方一个诚恳的印象。

后发制人。谈判者都需要自我介绍和提出谈判的主题，要向对方透露自己的情况和条件。正确的做法是只披露必要的情况，以引起对方的兴趣，询问应弄清的问题，详细听取对方回答。应尽可能多听少说，有时还可用提问方式诱使对方多说，留心倾听对方的陈述，捕捉言谈举止中的信息，领会对方的意图，发现对方的弱点。这样也有利于掌握问题的症结，确定解决问题的良机，判断对方让步的权限。当己方再开口时，可以使语言表述更适合对方口味，使矛盾减少到最低限度。让对方减价，为他们的期望目标定一个界限，就可为己方保留走向另一个极端的自由。后发制人要注意的问题是，应保持对方的兴致；否则对方会因你的沉默而怀疑你的诚意，识破你的计谋，或者生气地走开。

不形诸于色。在谈判中，双方都在摸底、试探，注意通过谈判桌和桌下的社交场合观察对方。因此谈判者要小心谨慎，喜怒不能形之于色（作为策略而使用的喜怒表情是另一回事）。尤其是对急于得到的东西要有耐心，不能过于急躁和热切。如果你露出了急躁的表情而被对方察觉，对方就会利用你这个弱点，使你处于不利境地，此即所谓欲速则不达。即使十分希望尽快达成协议，也应从容自如按既定程序有条不紊地进行谈判。

留有余地。谈判中免不了要讨价还价。给自己留有余地，则事情好办得多。谈判中常见的做法是尽量将对方逼近底线，这为的是不给对方留有余地。反过来，对自己则应尽量留有余地，不把底牌全部亮出来。这样，自己才有退步和做出交换的条件。有人建议，“让对手最后尝到的甜头比他原来想象的还要好一点就行了”。留有余地，既可以是条件方面的，也可以是方案方面的，还可以是权限上的。例如不要让对方觉得你有较大的决策权和拍板，否则他会催促你拍板，而你强调授权有限，就有了拖延的借口。

让对手们竞争。在谈判中增加己方实力是非常重要的。随着谈判的展开，实力不断此消彼长。为了增加己方的实力，可以使对手明白，你的谈判对手还可能有其他人，如果别人抓住机会，一再拖延下去，他就可能丧失机会。如果已有谈判的竞争者，在开始谈判前，不妨先让对手们进行竞争，如果是谈判过程中新出现的竞争者，则不妨以某种委婉方式透露出现，使正在谈判的对手感到自己的地位正在削弱。有时，组织和个人面临的谈判对手是一个联合体。在谈判桌上他们肯定会坚守阵地、配合默契。在出现僵局时，不妨先放一下，在谈判桌下将其分化击破，这将比谈判桌上容易处理得多。

委婉否决，并让对手保持期望。在谈判中，谈判对手可能提出一些过分的要求或无理的要求，这是谈判中的一种策略，或许是他们换取其他条件的筹码，或许是为了给自己更大的余地，当然也可能是他们真的如此期望。对这些要求你显然不能答应。为此，谈判可能出现僵局。摆脱僵局的常用做法是各让一步。这时要求双方都要有诚意，适当地调整自己的目标，做出必要的让步，使谈判能继续进行下去。让步是让一大步，还是让一点，是缓缓的让步，还是在坚持后突然让步，都可视具体情况和对方心理而定。但是，有些要求的确不能让步，这时就需要否决对方的要求。否决时应立场坚定，但是态度和语气应委婉和有礼貌，对事不对人。如果僵局不能因此而打破，不要一下把门关死，轻易放弃谈判，而应寻求其他沟通方式和替代条件。通过分析双方分歧的焦点和差距，借用通用的惯例，诉诸权威，寻找客观标准来评判和说服对手；也可以提出其他解决方案，在众多的方案中选择几个较公平的方案让对手选择。

暂停和忍耐。当谈判中的种种努力都无法打破僵局时，要学会忍耐，克制自己的行为，避免冲动，强忍焦虑，等待时机。一种是明确宣布暂停，宣称自己授权有限，要请示处理；一种是假撤退，宣称要暂停，但实际上是以退为进，迫使对方考虑让步；一种是不动声色的撤退，利用正常休会于谈判桌下做大量工作，给对方或自己找一个下台阶的梯子；一种是到此为止，真正中断谈判，等待时局变化。暂停和忍耐有时又不如及时采取果断的行为有效。究竟何者更为有效，应根据具体谈判情况而定。

戳穿对手玩弄的伎俩。在谈判中，并不是所有谈判对手都能采取合作态度，采取正当的策略，有不少谈判者都会面临对手的阴谋诡计。面对对手的欺骗愚弄，一是要学会识别，一是要学会揭露。阴谋诡计常见的有两种：一种是故意欺骗，一种是施加压力战术。故意欺骗的伎俩有：歪曲事实；提供假证据；答应虚假条件后来又找借口推翻；假装高姿态，却借口合作者不愿意等。施加压力的手段有：进行人身攻击，使你失去理智；提出威胁；提出极端要求；拒绝谈判等。学会了识别诡计，就可以使诡计落空。学会了揭露诡计，就会使对手因耍诡计而产生心理上的压力。但是，揭露诡计的最重要的目的是争取一个协商谈判规则的机会。

以上谈判策略仅是谈判中常用策略的一部分。公共关系人员要提高谈判的能力，还应广泛收集谈判案例，并且在公共关系谈判中不断摸索和总结经验。

公共关系谈判工作和其他公共关系工作一样，入门并不难。只要愿意学习，有机会实践，人人都可以成为公共关系人员。但是，要想把工作做好，做一个杰出的公共关系人员就不仅要刻苦学习理论知识，虚心学习别人的经验，还应在实践中自觉锻炼，有意识地提高自己。

思考题：

1. 公共关系人员为什么应使组织形成自己的风格？怎样才能形成组织风格？

2. 什么是公共关系专题活动？它有哪些形式和特点？

3. 怎样才能组织好仪式庆典活动？试设计一次仪式庆典活动的方案。

4. 开放参观活动应如何组织？应注意哪些问题？

5. 组织好会议活动的意义是什么？

6. 为什么说来访接待工作是最平凡、最琐碎，同时也是较艰巨的活动？

7. 公共关系谈判活动区别于其他谈判活动的特点是什么？

8. 公共关系谈判应注意哪些原则？

9. 公共关系谈判应不应该讲究策略？为什么？

参考文献

[1] [英] 弗兰克·杰弗金斯著，何道隆等译．公共关系学．成都：西南财经大学出版社，1987

[2] 中国社会科学院新闻研究所公共关系课题组编著．公共关系学概论．北京：科学普及出版社，1986

[3] 王乐夫，廖为建，郭巍青等著．公共关系学．沈阳：辽宁人民出版社，1986

[4] 居易主编．公共关系译文集．开发杂志社，1987（10）～（11）

[5] 陈韵昭等编著．实用公共关系手册．广州：南风窗杂志社增刊，1986

[6] 曹小元，黎岳粱编著．企业公共关系必读．广州：广东人民出版社，1986

[7] 居延安著．公共关系学导论．上海：上海人民出版社，1987

[8] 张汉彪著．公共关系必读．香港：香港万里书店，1985

[9] 居易等著．公共关系学入门．合肥：安徽人民出版社，1987

[10] 中国社会科学院新闻研究所世界新闻研究室编．传播学．北京：人民日报出版社，1983

[11] 吴文虎编著．传播学概论．北京：中国新闻出版社，1988

[12] [美] 丹尼斯·麦奎尔，斯文·温德尔著．大众传播模式论．祝建华，武伟译．上海：上海译文出版社，1987

[13] 刘宁，刘绍亮编著．广告心理世界．武汉：湖北人民出版社，1987

[14] 崔一伦著．广告与推销术．谢淑君改写．重庆：重庆出版社，1985

[15] [日] 川胜久著．广告心理学．汪志龙，施锦标译．福州：福建科学技术出版社，1985

[16] 徐百益编．实用广告手册．上海：上海翻译出版公司，1986

[17] ［俄］肖·阿·纳奇拉什维里著．宣传心理学．金初高译．北京：新华出版社，1984
[18] 赵宗预著．中国人的交际术．哈尔滨：黑龙江人民出版社，1987
[19] ［日］原一平著．撼动人心的推销法．福州：福建科学技术出版社，1985
[20] 俞文钊著．管理心理学．兰州：甘肃人民出版社，1985
[21] 居延安著．信息、沟通、传播．上海：上海人民出版社，1986
[22] ［日］田崎醇之助著．管理者行为的心理．郭洁梅译．长春：吉林人民出版社，1986
[23] 高慎盈编著．社会心理效应透视．杭州：浙江人民出版社，1987
[24] ［美］海伦·H·克林纳德著．人际关系成功之道．李飞等译．北京：北京体育学院出版社，1987
[25] ［美］朱迪·C·皮尔逊著．如何交际．陈金武等译．长沙：湖南人民出版社，1987
[26] ［日］桑名一央著．怎样挖掘你的潜在能力．金凤吉，王秉硕译．北京：科学普及出版社，1985
[27] 孙彤编．组织行为学．北京：中国物资出版社，1986
[28] ［美］马克·麦考马克著．在哈佛商学院学不到的经营之道．朱惠祥译．上海：上海人民出版社，1986
[29] ［美］沃尔特·戈德史密斯，戴维·克拉特巴克编著．制胜之道．曹景行等译．上海：上海翻译出版公司，1987
[30] 中国科学院人才交流服务中心编译．致富秘诀——美国企业家成功经验．北京：北京科学技术出版社，1985
[31] ［美］杰勒德·I·尼尔伦伯格．谈判的艺术．上海：上海翻译公司，1986
[32] ［美］罗杰·费尔希，威廉·尤瑞著．谈判技巧．郭序，张泰译．北京：北京大学出版社，1987
[33] ［美］约翰·温科勒著．经济谈判的诀窍．李雄等译．成都：四川人民出版社，1987
[34] ［美］巴克·罗杰斯著．IBM 道路——国际商用机器公司成功秘诀．刘文德，张翠译．北京：中国展望出版社，1987

后　记

在改革开放的形势下，为适应社会主义市场经济的发展需要，公共关系迅速成为席卷中华大地的热潮。公共关系活动的发展和公共关系学研究的兴起，对我国经济、政治活动的现代化、民主化将起巨大的促进作用，对我国在发展市场经济过程中树立新的道德规范也将产生良好的影响。

在公共关系热潮中，不可避免地会产生一些生搬硬套国外某些理论和做法的问题，或者在实践中将其庸俗化，或者把一些非公共关系活动也称为公共关系活动等等，这些都是在所难免的。我们绝不能因此就指责公共关系不适合我国国情，或认为它助长了不正之风。任何活动和学科研究在热潮中总是会出现这样或那样的偏差，更何况公共关系是从商品经济高度发达的国家介绍到国内来的。要使公共关系适合我国国情，在我国社会主义建设中发挥它的积极作用，需要全国公共关系同仁们的一致努力，需要我们大家利用“公共关系热”提供的条件和基础，注意摸索和总结经验，搞好这门学科的建设，促进公共关系活动在我国健康、正常地发展。

根据实践和教学的需要，我们编著了这本教材。此书第一章由范铨远同志执笔，第二、三、四、五、六、七章由张晓舟同志执笔，第八章由贺玲同志执笔，张晓舟同志对全书进行了统稿。这本教材原稿曾于 1988 年 9 月在四川大学经济管理系选修课和学校的公共选修课上使用过；以后又根据实践中的体会和教学中的需要做了某些改动，于 1989 年 1 月定稿成书，并被四川省高教自考委员会指定为高教自考文秘专业必读教材。本书出版后，受到读者的欢迎和专家同仁们的好评。成都大学的黄灵万副教授、刘连青副教授、四川大学的戴宪生先生和深圳大学的杨松先生给予了我们极大的鼓励和支持，同时也提出了一些修改建议。

此书在使用过程中，根据形势发展，曾于 1993 年 3 月做了第一次修订，此次修订根据四川省高等教育自学考试委员会颁布的教学大纲和命题要求，对全书做了多处改动，使之更加适合于成人自学。

编　者

1999 年 3 月于成都